후삼국,
영웅들의 시대

후삼국, 영웅들의 시대

왕건, 견훤, 궁예, 유금필,
그리고 인생 역전을 노린 승부사들

우재훈 지음

주류성

목차

중세 한반도의
전국시대로 들어가며

역사에는 전국시대(戰國時代)라는 개념이 존재한다. 영어로는 Warring States period, 곧 각 나라들이 격전을 벌이는 시기라는 뜻으로, 통일된 정치체제가 무너지고 지역의 각 세력들이 너도나도 실력발휘에 나섬으로써 전국적으로 극도의 혼란을 겪는 약육강식(弱肉强食)의 시대를 일컫는 말이다. 외부와의 전쟁이 아닌 국내적 분열로 인식되기 때문에 일종의 내전(civil war)으로 볼 수도 있지만, 전국시대의 경우에는 양대 세력간의 분쟁이 아닌 다대다의 격전 상황이기 때문에 좀 더 분열 양상이 다각화되는 측면이 강조된다.

동북아시아의 역사에는 각국별로 전국시대라는 기간이 공히 존재한다. 기원전 고대 중국에는 춘추·전국시대로 통칭되는 백가쟁명(百家爭鳴)의 시기가 있었고, 중세 일본에서는 유명무실한 천황을 대신해 사실상 쇼군(將軍)을 중심으로 궁웅할거(群雄割據)가 이루어진 1백 년간의 센고쿠(せんごく) 시대가 있었다.

한반도에도 이와 비슷한 역사적 기간이 존재했다. 바로 후삼국(Later Three Kingdoms) 시대이다. 660년 백제 그리고 668년 고구려의 멸망을 끝으로 오랜 삼국시대를 마감하고 한반도 내에서는 신라가 통일의 주체로 등장하였으나, 팍스 신라(Pax Silla)의 시기는 2백여 년만에 마침표를 찍게 된다. 그리고는 또 다시 지역세력들이 각자 들고일어나 후기 신라 외에 후고구려(또는 태봉)와 후백제의 3강 체제로 재편되었다가, 최종적으로 고려가 재통일을 이루기까지 약 40여 년의 기간이 곧 후삼국시대이다. 삼국시대는 통일된 국가가 분열한 것이 아니기 때문에 전국시대라고 보기 어려운 반면, 후삼국시대는 신라의 몰락으로 한반도 내 각 지역들이 독자세력화하여 치열하게 생존경쟁을 벌였던 기간인 만큼 전국시대라고 부를 수 있는 것은 이때뿐이다.

역사의 패러독스이지만, 혼란은 단기적으로는 비극이 되지만 장기적으로는 발전을 낳는다. 중세 한반도의 유일한 전국시대였던 후삼국 역시 마찬가지이다. 당대에는 극도의 사회적 혼란 탓에 죽을 만큼 고통스러울 수밖에 없었으나, 고려로 재통합을 이룬 다음에는 평화와 번영의 시기를 맞이하게 된다. 고대 신라의 지극히 폐쇄적이었던 사회체제로는 결코 이겨낼 수 없었을 거란, 여진, 몽골과 같은 온갖 대규모 외침을 다양성과 개방성을 지녔던 고려는 모두 다 견뎌낸다. 사회 외적인 존재들에 대한 공공연한 차별뿐만 아니라 대내적으로도 철저한 계급구별의 의식을 지녔던 보수적인 신라라면 받아들이지 못했을 상황을, 어떻게든 살아남기 위해 통합의 방법론을 배우지 않을 수 없었던 후삼국시대를 거침으로써 고려는 예컨대 노비안검법같은 사회정의를 위한 노력과 발해유민을 위시하여 수많은 외부세력을 흡수해나가는 노하우를 발휘할 수 있었다. 역대 최강대국들 사이에서 생존이라는 목적을 달성하기 위해 치열한 외교전과 능수능란한 북방영토 개척이 가능했던 것도 뭐든지 시도해보고 무엇이든 가능하도록 만들어야 했던 치열한 후삼국시대를 살아가야 했기 때문이었다.

후삼국은 그런 시대였다. 실력 하나로 당위성을 이기고, 무모한 승부수가 경쟁에서 통하는 그런 시대 말이다. 평화시에는 평화의 규칙이 있다면, 혼란기에는 그에 걸맞은 룰이 존재한다. 난세에 처한 이들에게 치세의 잣대를 들이밀 수 없고, 위기에 처한 사회에 일반적인 도덕률을 요구하는 것은 무리인 것이다. 후삼국은 질서가 무너져내린 혼란의 시기였던 만큼 누구나 살아남기 위해 갖은 노력을 다해야 했고, 그 속에서 자신만의 삶의 방식을 강구해야 했으며, 또 어쩌면 그와중에 운좋게 성공의 방정식을 찾아내기도 하는 그런 시대였다. 즉 인생에 있어 정답이라고는 존재하지 않던 이 당시는 가혹한 현실 속에서 허덕일 수밖에 없던 대다수의 이들에게는 너무도 고통스러웠던 세월이었지만, 한편으로 소수의 누군가에는 좀 더 넓게 바라보고 좀 더 깊이 살펴보면 그만큼 무한한 기회가 열려 있던 경쟁의 장이기도 했다. 그렇기에 후삼국은 한 시대를 풍미한 영웅들의 시간이 될 수 있었다.

신라의 마지막 여왕,
진성 김만

전쟁과 흉년이라는 두 재앙이 한반도를 뒤덮었다. 이보다 더 상황이 악화될 수 없을 만큼 들판에는 굶주려 죽은 시체와 전쟁 중에 버려진 시신들이 마치 하늘의 별무리처럼 즐비하였다. … 세상은 혼란에 빠져들고 국토는 온통 전쟁터가 되니 그 속에서 사람들은 어떻게든 살아남기 위해 길 잃은 짐승처럼 끊임없이 헤맬 수밖에 없었다. 나라는 이제 곧 무너져내릴 것만 같았다.

- 해인사 묘길상탑지, 오대산사 길상탑지

신라 하대의 대표적인 지식인 최치원을 위시한 당대인들은 889

신라 말 혼란 속에 절을 지키다 희생된 스님들을 기리는 해인사 길상탑(895년) - 국가유산청

년부터 895년까지 약 7년 간의 생지옥같았던 상황을 이렇게 묘사하였다. 이 당시 스무 살이 채 되지 않았던 왕건도 훗날 이때를 돌이키며 "지난날 신라의 정치가 쇠퇴하자 도적들이 들고 일어났고 백성들은 뿔뿔이 흩어져 거친 들판에는 해골이 나뒹굴었다"고 평가할 정도였다.

이때부터 신라는 본격적인 추락의 길을 걷게 된다. 훗날 '후삼국시대'라고 일컬어지는 시기는 이 무렵에 이미 태동하고 있었다. 정확한 시작 시점은 학자마자 의견이 분분하지만, 정확히 후삼국이 모두 성립되는 시점을 중점적으로 보자면 901년부터가 될 것

    후삼국, 영웅들의 시대

이고, 이 시기 3대 영웅들 중 처음으로 실질적인 건국을 표방하였던 시점을 기점으로 잡는다면 892년이 될 것이다. 그러나 사실상 후삼국의 시작점은 889년이라고 봄이 타당할 듯하다. 이 해에 벌어진 한 사건이 이후의 모든 일을 결정짓게 되기 때문이다.

그것은 바로 원종(元宗)과 애노(哀奴)의 난이었다. 이들의 출신이나 신분은 정확히 밝혀져 있지는 않으나, 역사가들은 대개 이들을 농민 반란군으로 보고 있다. 지방 관리였다면 정확한 직책명 등이 기록에 나타나야 할 텐데 단순히 이름만 나오기 때문이다. 그렇다고 사회적 압박에 즉흥적으로 발생한 오합지졸의 봉기였냐 하면 또 그렇지는 않다. 이들을 단순히 도적 등으로 비하해서 표현하지 않고 반란으로 규정하는 것을 보면 어느 정도 규모와 체계를 갖추고 조직적으로 대정부 투쟁을 전개하였음을 미루어 짐작할 수 있기 때문이다. 이들이 봉기를 일으킨 근거지였던 사벌주(沙伐州)는 후기 신라의 지방행정체제였던 9주5소경 중 한 주로, 오늘날 경상북도 상주시가 위치해 있는 곳이었다. 결코 작은 촌락 규모의 반란이 아니었던 것이다. 이는 신라 중앙 토벌군과 대적하는 상황을 보면 더욱 명확해진다.

나마(11등급) 영기(令奇)가 정부의 명으로 토벌군을 이끌고 나왔지만 이들 반란세력의 진영을 보고는 그 규모와 기세에 두려움을 느낀 나머지 감히 진격할 엄두도 못내었다. 그러나 신라군 진영에는 겁쟁이만 있었던 것은 아니었다. 그를 대신하여 촌주(村主) 우련(祐連)이 용감히 나섰고 온힘을 다해 싸우던 중 장렬히 전사하였다. 이 소식을 보고받은 진성왕은 칙령을 내려 명령 불복종을 사유로 지휘관 영기를 처형시키는 한편, 아직 10대였던 우련의 아들을 아버지의 뒤를 이어 촌주로 임명하였다.

그 이후 원종과 애노의 난의 결과는 알려져 있지 않다. 진압되었다는 말이 없기도 하지만 사실상 신라 정부군에 의해 진압될 수 있는 상황도 아니었으니 시간이 흐르면서 아마도 자연소멸되었거나 혹은 지방 군벌에게 중간에 흡수된 것은 아니었을지 짐작만 해볼 따름이다. 여담이지만 『삼국유사』의 후백제 견훤 조에 서술되어 있듯이, 이 무렵에 모습을 드러내는 아자개라는 인물이 이 시기에 이곳 사벌주에 있는 사불성(沙弗城)을 근거지로 하여 장군으로 성장하였던 것을 보면 원종과 애노의 난과 모종의 연관성이 있었던 것은 분명해 보인다. 그는 이들의 민중 봉기가 종결되고도 한참 후인 918년까지도 상주 지역을 자신의 세력권으로 차지하고 있었다고 하니 아마도 잔여 세력을 끌어들여 자신의 성공의 발판으로 삼았던 것은 아니었을까.

어쨌든 이것으로 모든 상황이 정리된 것은 결코 아니었다. 890년을 전후한 시점에 죽주(竹州, 경기도 안성)에서도, 신라 5소경 중 하나인 북원(北原, 강원도 원주)에서도 지역 반란군의 모습이 포착되며, 점차 세력이 늘어나 오늘날 강원도 지역까지 이들의 세력권은 확대되었다. 또 직후인 892년에는 무진주(武珍州, 광주광역시 일대)

  후삼국, 영웅들의 시대

에서 백제를 잇는 세력이 대두되자 그 동남쪽 지방이 자진하여 건국에 동참하기도 하였다.

그밖에도 또 다른 농민 반란군이 896년에 신라의 서남쪽 지역에서 세력을 키운 사례도 있었다. 이들의 본거지는 구체적으로 알려져 있지는 않지만 옛 백제의 땅에서 시작된 것으로 보인다. 복장을 붉은색 바지로 통일함으로써 스스로 시각적인 차별화를 꾀했기에 사람들은 이들을 적고적(赤袴賊)이라고 불렀다. 주변 지방 도시들이 이들로 인해 피해를 크게 입었고, 심지어 신라의 수도 가까이 진출하여 서부의 모량리(牟梁里)까지 와서 약탈을 하고 돌아간 적도 있었다.

이와 관련된 일화가 한 가지 전해지고 있다. 『삼국유사』에 기재된 손순(孫順)이라는 모량리 출신의 효자 이야기가 유명한데, 그가 극심한 가난 탓에 고민 끝에 노모를 위해 자식을 포기하고자 마음먹고 땅을 파던 중 우연히 신기한 석종(石鐘)을 얻었다는 내용이다. 이 신비로운 이야기는 신라 사회에 널리 퍼졌고, 당시 흥덕왕(興德王)의 귀에까지 이 이야기가 전해져서 이에 감동한 왕이 손순에게 포상을 해주었고, 또 그의 집 자리에는 홍효사(弘孝寺)라는 절을 짓고는 그 석종을 이곳에 보관하게 하였다고 한다. 60여 년이 흘러 이곳 홍효사도 바로 적고적이 모량리를 공격해왔을 때 같이 약탈을 당하였는데 유명한 석종도 이때 잃어버렸다고 한다.

마찬가지로 적고적의 이후 행적은 역사에 드러나지 않지만, 이들 외에도 비슷한 무장세력들은 신라 곳곳에서 활약하였던 것으로 보인다. 예컨대, 훨씬 북쪽인 증성(甑城)에서도 명귀(明貴)라는 이가 이끄는 적황색 복장을 한 도적떼가 활동하였던 모습이 포착된다. 이처럼 규모는 천차만별이었지만 전국 각지에서 신라 중앙정부의 지배를 거부하고 독자적인 세력화를 도모하는 움직임은 다양하게 일어났다.

신라 국내에서만 이런 예들이 존재하는 것은 아니다. 국경을 접한 북국 발해 지역에서도 이러한 존재들은 눈에 띈다. 조금 더 시간이 흘러 921년 2월에는 발해의 지방민이자 말갈의 한 부족인 달고(達姑)의 무장세력 171명이 신라 약탈을 목표로 하여 고려의 북쪽 변경을 침입해왔다. 이때는 다행히 고려군 기병대가 중간에서 이들을 요격하여 신라측은 피해를 입지 않을 수가 있었다.

또는 아예 세력을 연합하는 사례도 드물지 않았던 모양인데, 윤선(尹瑄)이라는 사람을 예로 들어볼 수 있다. 그는 아마도 915년경을 전후한 시점에 북쪽으로 발해와의 국경지대로 이동한 후 삭방(朔方, 북한 강원도 안변)의 골암성(鶻巖城)을 베이스로 삼은 인물인데, 마찬가지로 발해의 지방민인 흑수말갈의 무리들까지 아우르며 2천 명까지 세력을 키워서 주변 지역들을 괴롭혔다.

물론 이들이 모두 도적단의 모습만 하였던 것은 아니다. 오히려 생존을 위해 평화롭게 이주해오는 경우도 당연히 있었다. 이를테면 921년 2월에 흑수말갈 추장 고자라(高子羅)가 170명을, 4월에는 같은 흑수말갈 출신의 아어간(阿於間)이 부족민 200명을 이끌고 고려로 망명해온 사례가 대표적이다. 이때만 해도 아직 발해라는 나라가 멸망하기 전이었던 만큼 무언가 발해 내부에서 복잡한 이슈가 터져나오고 있었음은 분명하다.

그렇다면 9세기 말부터 10세기 초에 이르기까지 한반도의 신라 그리고 좀 더 나아가 발해에서는 도대체 무슨 일이 있었기에 상황이 이렇게까지 악화된 것이었을까?

역사의 희생양 진성왕

전국적으로 민중 봉기가 동시다발적으로 벌어지기 불과 2년 전에 새로운 국왕이 즉위하였다. 그 인물은 바로 천년왕국 신라의 세 번째 여왕이자 동시에 마지막 여왕이 되는 제51대 진성왕(眞聖王, 재위 887~897)이다. 앞서 후삼국시대의 시작 시점을 889년으로 잡을 수 있다고 하였었는데, 그녀의 치세 기간은 오롯이 이 후삼국시대의 시작과 맞물려 있는 셈이다.

진성왕의 이름은 김만(金蔓, ?~897)으로, 아버지는 제48대 경문왕(景文王, 재위 861~875) 김응렴(金膺廉, 846~875)이고, 맏오빠인 김정(金晸, 862(?)~886)이 진성왕보다 앞서 제49대 헌강왕(憲康王, 재위 875~886)으로 왕위를 이었었다. 870년 5월 친모의 사망과 오빠와의 나이 차로 유추해보자면 진성왕의 즉위 당시 나이는 대략 스무 살쯤 되었을 것으로 보인다. 물론 그래도 스무 살 정도면 그 당시에 이미 성인으로 인정받는 나이이긴 하였지만, 아직 의존적인 성격이 남아 있어서였는지 몰라도 작은아버지인 대각간(1등급 위) 김위홍(金魏弘)과의 사실혼 관계는 그녀가 반대세력들로부터 정치적 공격을 받는 포인트가 되었다. 재위 초에 김위홍이 사망하자 다른 국왕들이 후궁을 들이듯이 그녀 역시 미소년들에게서 심리적 위안을 찾았던 모양인데, 이로 인해 그녀에 대한 조정 내 비난 여론은 더욱 커져만 갔다. 그렇다면 국정 운영에서의 치적이라도 남달랐다면 모를까 그녀에게는 불운이 잇따랐다.

즉위 첫해인 887년 겨울, 신라에는 눈이 전혀 내리지 않는 기상이변이 발생하였다. 뿐만 아니라 바로 다음 해인 888년에는 봄에 천둥이 치고 우박이 쏟아진 기록만 있을 뿐 또 다시 여름에 비가 내리지 않아 가뭄이 들고 말았다. 언제 다시 비가 내리기 시작하였다는 기록은 따로 없지만, 890년 봄 1월이 되어서야 비가 내린다는 신호인 햇무리 기사가 나오는 것을 보면 이 당시의 가뭄이 얼마나 심각했었는지 미루어 짐작해볼 수 있을 듯하다. 이때는 국가의 근간이 농경사회였던 것을 감안하면 기상이변은 국가적으로 커다란 경제 위기를 가져오는 중대한 이슈였다.

어쨌거나 진성왕이 즉위 1년차에 조세를 면제해준 이후 곧바로 발생한 이상기후와 이로 인한 경제난의 악화로 889년까지 전국에서 정상적인 세금 납부가 이루어지지 못했고, 따라서 정부의 창고가 비었다고 표현될 만큼 국가 재정은 금세 파탄 지경에 이르렀다. 어쩔 수 없이 정부 차원에서 세금 독촉에 나서게 되자마자 각 지역마다 스스로의 생존을 위한 조세 저항이 거세게 일어났다. 그리고 그 시발점이 앞서 언급한 원종과 애노의 난이었다.

이렇듯 그 생명력이 다해버린 신라 사회에 불만을 품은 수많은 이단아들이 독자적으로 세력화를 도모하면서 각자의 운명을 개척해나가는 상황이 전국적으로 벌어졌다. 그렇다고 물론 신라 정부도 손놓고 가만히 있었던 것은 아니다. 대표적으로, 894년 봄 2월에 최치원이 시무 10여 조라는 개혁안을 올리자 진성왕은 이를 채택해 최치원을 아찬(6등급)으로 삼고 힘을 실어주었지만, 문제는 당시 신분체계상 6두품에 머물렀던 그의 말을 신라 사회의 기득권 세력이 기꺼이 따라줄 리 만무했다. 여러 모로 이미 움직이기 시작한 몰락의 시곗바늘을 되돌리기에는 턱없이 늦은 상황이었다.

심지어 신라 내부의 대혼란은 해외에까지 영향을 미쳤다. 대표적으로 가까운 일본에서는 신라 해적이 이 시기 여러 차례 피해를 끼친 일이 있었다. 일본측 기록인 『부상략기(扶桑略記)』에 따르면, 894년 초에는 소규모로 공격을 하면서 아마도 일본의 상황을 파악하였던 것 같고, 다시 9월에는 대규모로 본격적인 약탈을 감행한 것이다. 대마도를 목표로 신라의 해적선 45척이 급습을 가해 왔는데, 이는 선발대에 불과했고 곧바로 본진영까지 합류하였다.

일본측도 낌새가 이상하다고 느꼈던지 지난달 8월에 이미 예전에 폐지된 상태였던 사키모리(防人) 제도를 부활시켜둔 상태였다. 이는 일종의 외적 방어를 위한 변방 수비체계였다. 대마도측의 적극적인 반격으로 신라 해적은 결국 패퇴하고 마는데, 전사자만 302명에 빼앗긴 배는 11척, 그외에도 많은 무기를 잃어버렸다고 한다. 일본측에서는 포로로 사로잡은 한 명의 신라인으로부터 자세한 사정을 들을 수가 있었는데, 총 1백 척에 전부 해서 2천5백 명이 이들 해적단의 구성이었다는 것을 파악하였다. 신라인 포로가 털어놓은 이들의 침공 사유는 다음과 같았다.

"우리나라는 흉년으로 인한 기근 탓에 백성들은 굶주림으로 고통받고 있고, 창고도 텅 비어버려 왕성마저도 분위기가 어수선한 상황입니다.(彼國年穀不登, 人民飢苦, 倉庫悉空, 王城不安.)"

그의 말은 결코 변명이 아니었다. 실제로 신라 사회는 평상시라면 농사지으며 평화롭게 지내고 있을 그와 같은 사람들을 단체로 해적으로 만들어버릴 정도로 철저히 무너져내리고 있었다.

이렇게 백약이 무효한 상황에서 진성왕은 결국 자포자기하고 만다. 897년 여름 6월, 그녀는 신하들에게 자신의 결심을 털어놓았다.

"근래에 백성이 곤궁하고 도적이 벌떼처럼 일어나니, 이는 모두 내가 부족한 탓이오. 어진 이에게 왕위를 물려주기로 이미 마음을 정했소."

그리고는 아직 10대 초반의 어린 소년에 불과했던 김요(金嶢, 885(?)~912)에게 국왕의 자리를 넘겨주었다. 이러한 상황까지 미리 대비하였던 듯 3년 전에 그녀는 오빠인 헌강왕의 서자인 조카 김요를 태자로 삼아두었었다. 이렇게 하여 그가 52대 효공왕(孝恭王, 재위 897~912)으로 즉위하게 된다. 『동문선(東文選)』에 전해지는 이때 당나라에 보낸 국서(양위표〔讓位表〕)에는 이 당시의 상황이 언급된 부분이 나와 있다.

제 조카 김요는 세상을 떠난 오빠 김정(헌강왕)의 아들로, 나이도 어느덧 15세를 바라보고 있고 그 자질이 종실을 일으킬 만하기에 밖에서 구할 필요없이 안에서 천거했습니다. 최근에 그에게 국정을 임시로 맡게 하여 국가적 재난을 진정시키고 있습니다.

그렇게 마무리까지 마친 그녀는 그해 겨울 12월 4일 북쪽 궁궐에서 재위 10년 동안의 그토록 고달팠던 삶을 뒤로 하고 생을 마감하였다.

사실 모든 역사서에서 진성왕에 대한 평은 그리 좋지 못하다. 어쩌면 당연한 일일 것이다. 실제로 그녀의 치세에 국가가 제대로 돌아갔다는 부분을 찾기는 어렵다. 그녀의 무능력 때문인지 준비 부족 때문인지 판단하기는 쉽지 않지만, 본래 왕위 계승의 대상자가 아니었던 상황에서 급하게 즉위를 하게 된 배경을 감안하였을

경주 효공왕릉 - 국가유산청

때에는 기본적으로 둘 다 해당이 될 수는 있을 것이다. 다만 그럼에도 작은 변명을 해보자면, 이미 신라 사회는 돌이킬 수 없는 쇠락의 길로 접어든 상태였기에 웬만한 능력자로도 그 기세를 돌이키기 어렵지 않았었을까 하는 측면이 있다. 심지어 일종의 폭탄 돌리기의 상황에서 가장 마지막 순서에 왕위를 떠맡게 된 게 그녀의 탓은 아니지 않을까 한다.

오빠인 헌강왕 시절 신라의 수도에서는 궁궐이 아닌 민가들조차도 당시 고급재료였던 기와로 지붕을 얹을 정도였고, 밥을 할 때에도 땔나무가 아닌 숯을 사용해서 연기를 볼 일도 없다며 국왕과 신하들이 다 같이 자화자찬하였던 게 880년, 곧 그녀의 즉위로부터 고작 7년 전의 일이었다. 그녀가 태평성대를 순식간에 망쳐놓은 것이 아니라 알게 모르게 선대로부터 누적되어온 거대한 사회적 모순이 하필 이때에 접어들어 복합적으로 터져버렸다는 것이 좀 더 합리적 해석일 것이다.

국가의 창고가 완전히 비어버렸다(府庫虛竭 國用窮乏)고 표현될 정도로 진성왕이 선대로부터 물려받은 정부의 재정상황은 최악이었다. 2년도 못가 국가 재정이 파탄지경에 처했다는 것은 결코 국왕 한 사람의 잘못이 아니었다. 그녀의 잘못이라면 사태의 위급성을 제때 인식하지 못했다는 점, 그리고 나아가 적절히 대응하지 못했다는 점이었다.

그럼에도 그녀는 자신이 할 수 있는 것은 모든 다 하려고 했고, 또한 끝까지 책임지는 자세를 보여주었다. 다만 뭘 하려고 해도 결과가 다 좋게 나오지 않는 상황에서는 누가 되었든 자포자기하지 않을 수 없을 것이다. 차기 군주로서 처음부터 완벽하게 갖춰져 있지 않은 상황에서, 또한 마음의 준비조차 되어 있지 않은 상태에서, 둘째 오빠인 제50대 정강왕(定康王, 재위 886~887) 김황(金晃, ?~887)의 요절로 인해 갑자기 그녀가 즉위하게 되었으니 믿고 의지할 만한 사람은 원숙한 나이의 남편 한 명밖에 없었다. 그런데 그마저 사회적 지탄 속에서 먼저 세상을 떠나버리니, 완성된 성인으로서 아직 뚜렷한 국정철학과 자기주관을 가지고 그때그때 필요로 하는 적절한 의사결정을 내릴 수 있는 능력을 충분히 갖추고 있지 못하던 그녀로서는 그 모든 것이 난관이었을 수밖에 없었을 것이다.

그렇게 그녀의 치세에 한꺼번에 터져버린 사회적 모순은 역설적으로 수많은 야심가들에게 새로운 세상을 꿈꿔볼 수 있는 기회를 열어주는 장이 되었다. 즉 오늘날 우리가 이때를 구분지어 부르는 명칭인 후삼국시대는 불운하게도 역사의 희생양이 되어버린 그녀의 치세와 함께 그 문을 열게 된다.

시대의 풍운아,
태봉국 궁예

궁예(弓裔, ?~918)의 출생은 철저히 베일에 가려져 있다. 그가 어느 신라 국왕의 서자라는 말도 있기는 하지만, 단재 신채호가 잘 지적하였다시피 그것을 입증해줄 수 있는 사람은 어렸을 적 키워주었다는 유모와 그 자신 외에는 아무도 없다. 전설과도 같은 이야기에 따르면 유모는 어린 궁예에게만 그 사실을 털어놓았다고 하니, 그것이 정말이라면 궁예 스스로가 직접 떠들고 다녀야지만 가능할 일이고 말이다. 그런데 이후에 궁예가 정치적 선전에 매우 능한 모습을 보이는 것을 보면, 아마도 그가 직접 그런 소문을 만들어서 유포하였다기보다는 은연중에 주위 사람들이 그렇게 생각하도록 만드는 모종의 행동들이 자연스럽게 입소문을 타게 되었던 것은 아닐까 싶다.

예를 들어, 처음 '고려(高麗)'라는 나라를 건국한 다음에 신라에 대해 노골적으로 적개심을 드러내는 것을 보고는 주변 인물들이 그가 태어나자마자 신라라는 나라로부터 버림받은 것에 대한 원망이 컸기에 개인적인 분노를 표출한 것으로 이해하도록 유도하였던 것처럼 말이다. 또한 나중에 남쪽 지방으로 순행을 떠나면서 흥주(興州, 경상북도 영주)의 부석사(浮石寺)에 들렀을 때 마침 벽에 그려진 어느 신라 국왕의 초상을 보고는 갑자기 칼을 뽑아 내리쳤다는데, 그때의 칼 자국이 고려시대까지도 남아 있었다고 한다.

여기서 포인트는 결코 그는 자신의 입으로 자기의 출생에 대한 비밀을 직접 토로한 적이 없다는 사실이다. 대신 그의 행동들이 자연스럽게 그러한 뉘앙스를 풍기도록 만드는 데 천부적인 재능이 있었던 것이다. 그가 신라 왕족이라는 설은 자신이 출가해서 머물고 있던 세달사(世達寺, 강원도 영월군 소재) 시절부터 본인 스스로 주위에 자신이 애꾸눈인 사실을 기반으로 불운했던 출신성분을 마치 탄압받는 영웅의 탄생기로 미화하면서 포장하기 시작하였을 수 있고, 혹은 최소한 주위에서 그렇게 인식하도록 분위기를 조장하였을 개연성이 크다. 또한 한번 만들어진 소문은 자연스럽게 퍼져나가기 십상인데, 더욱이 부석사에서의 행동같은 일화들을 통해 이러한 소문을 기정사실화하는데 성공하였던 것은 아니

세달사지(강원도 영월군) - 영월군청

었을까 싶다. 후대의 역사서에는 그가 신라왕의 후예라고 기술하고 있지만, 이를 있는 그대로 믿기는 어렵다. 그래서 단재 신채호 역시 궁예의 신라 왕족설을 부정적으로 본 바 있다.

어쨌든 그는 어려서 출가하여 세달사에 들어갔고, 스스로 선종(善宗)이라고 법호를 지었다. 그는 나이가 들어서도 승려의 계율에 구애받지 않았으며, 외모가 훤칠하고 담력이 있었다고 한다. 신라 말기 대혼란의 상황에서 민중들은 생존의 위협을 받게 되자 살기 위해서 들불같이 일어났고, 이 와중에 신라의 지방정부들 중 절반은 이를 기회로 삼아 독자세력화에 나서는 것을 본 궁예는 이 혼란을 틈타 자신도 한 몫할 수 있지 않을까 하는 기대를 품게 되었다.

시점은 불분명하지만 890년을 전후한 즈음에 그가 처음 찾아간 인물은 죽주(竹州, 경기도 안성)에서 반란군을 이끌고 있던 기훤(箕萱)이었다. 왜 그가 그 동안 머물던 강원도를 떠나 이곳까지 찾아갔는지는 알 수 없으나, 어쨌거나 처음의 선택이 그의 마음에 들지는 않았던 모양이다. 기훤이 보기에는 아직 군사 경험이 없던 궁예가 아마추어 정도로밖에 여겨지지 않았을 테니 어찌 보면 당연한 일이겠으나, 난세에 인생역전이라는 일생일대의 기회를 잡고자 하는 젊은 야심가였던 궁예의 입장에서는 그런 자신을 업신여기고 제대로 대우해주지 않는 기훤이 많이 서운하였을 수밖에 없었다. 큰 꿈을 꾸고 세상에 나온 궁예는 적당히 나이만 차고 미래는 불투명한 자신의 처지가 스스로 불안했기에 그런 답답한 속을 달랠 길이 없었다. 자신에게 큰 일을 맡겨주지 않는 기훤 휘하에서 그가 할 수 있는 일이라고는 같은 처지에 있던 원회(元會), 신훤(申煊) 등과 친구이자 동료가 되는 것뿐이었다.

그렇게 허송세월을 보내던 중 아무래도 기훤 말고 새로운 조직에서 길을 찾아봐야겠다는 생각이 들었던 궁예는 그를 떠나서 북원(北原, 강원도 원주)에 근거지를 두고 있던 양길(梁吉)을 찾아갔다. 확실히 양길은 기훤과 달랐다. 그는 궁예가 가진 재능을 정확히 알아보고는 대우도 파격적으로 높여주었다. 891년 겨울 10월에

석남사지(강원도 원주시) - 국가유산청

양길은 궁예에게 기병 1백 명을 배정해주고 동쪽으로 영토 확장을 명하였다. 이에 궁예는 치악산의 석남사(石南寺)에 본진을 마련하고는 주천(酒泉, 강원도 영월), 나성(奈城, 강원도 영월), 울오(鬱烏, 강원도 평창), 어진(御珍, 경상북도 울진) 등 10여 곳의 지역을 돌면서 모두 정복하였다. 결과적으로 양길의 보는 눈은 역시 옳았다.

궁예는 894년 겨울 10월에 더 나아가 신라의 9주5소경 중 한 곳인 명주(溟州), 곧 하슬라(何瑟羅, 강원도 강릉)까지 진출하였다. 그의 휘하는 처음에는 6백 명이었지만 거의 6배가 늘어서 이제는 3천5백 명까지 커진 상황이었다. 이들을 14개 부대로 나누고는 금대(金

大), 금모(黔毛), 흔장(昕長), 귀평(貴平), 장일(張一) 등을 그 단위부대
의 지휘관격인 사상(舍上)으로 삼았다. 이 무렵 그는 자신의 병사
들과 함께 동고동락하면서 상벌 역시 엄정히 집행하는 등 사람들
의 마음을 얻는 데 성공하였다. 덕분에 병사들의 추대를 받아 스
스로 장군으로 올라설 수 있었다. 그가 세상을 나오면서 꾸었던
처음 꿈이 드디어 이루어진 것이다.

이에 멈추지 않고 그의 세력 확장은 계속해서 파죽지세로 진행
되었다. 895년 8월에는 저족(猪足, 강원도 인제), 성천(狌川, 강원도 화
천)을 먼저 함락시키고, 연이어 부약(夫若, 강원도 철원), 금성(金城, 북
한 강원도 김화), 철원(鐵圓, 강원도 철원) 등 10여 개의 성까지 획득하
였다. 이 무렵 궁예의 군세가 매우 강하다는 소문이 북방 지역에
서 특히 널리 퍼지다보니, 심지어 멀리 패서(浿西, 황해도 일대)의
지방세력들 중에도 궁예의 밑으로 들어오겠다고 하는 이들이 있
었다.

이에 궁예는 스스로 생각하기에도 충분히 세력이 커졌으므로
독립하여 건국을 해볼 만하다고 판단하였던 듯하다. 그는 이때
처음으로 철원성(鐵圓城)을 수도로 삼고 관직을 설치하였다. 이는
초기 형태로나마 정부 조직을 구성하였다는 것이니, 사실상 건국
준비가 끝났음을 말해주는 것이다. 실제로 그가 이때 나라로서의
체계를 마련하였다는 것은 그의 호칭이 이 당시 '대왕(大王)'이었
다는 점을 보면 알 수가 있다. 다만 이때 국명까지 결정하였는지

는 명확치 않다. 아마도 이보다 약간 앞서서 견훤(甄萱)이 마찬가지로 사실상의 국가 체계를 다 완비하고도 스스로 국가명과 국왕이라는 호칭은 자제하였던 것을 참고해볼 수 있지 않을까 싶다.

어쨌거나, 이 무렵 패서 지역으로부터 궁예를 찾아온 이들 중에는 이제 갓 스무 살이 된 맏아들을 데리고 온 송악군(松岳郡, 북한의 개성)의 사찬(8등급) 왕륭(王隆)이라는 이도 있었다. 그 아들은 약간 각진 턱에 이마가 넓고 목소리가 좋은 젊은 청년이었다. 이들의 합류를 기뻐한 궁예는 특히 왕륭이 마음에 들었던 듯 그를 당시 자신의 본거지인 철원군, 즉 금성군(金城郡)의 태수로 임명하였다. 다만 왕륭 입장에서는 역으로 자신의 본거지를 내놓고 떠나야 하는 점이 아무래도 마음에 걸렸던 듯하다. 그는 겉으로는 궁예의 태수 제안에 기뻐하는 표시를 내면서 궁예에게 이와 같이 건의하였다.

"대왕께서 진정 조선(朝鮮), 숙신(肅愼), 변한(卞韓)의 땅에서 왕이 되고자 하신다면, 먼저 송악에 성을 쌓고 제 장남을 성주로 삼으시는 것이 좋겠습니다."

여기서 조선, 숙신, 변한의 땅이라고 한 부분은 거칠게 말하자면 대략 오늘날 만주부터 한반도 전역을 지칭하는 것으로 해석되는데, 아무래도 왕륭의 폭넓고 장기적인 시각에 기분이 좋았는지 궁예는 이 계획에 흔쾌히 동의해주었다. 그렇게 송악에서는 왕륭의 아들이 주축이 되어 발어참성(勃禦塹城)을 쌓고 지역의 맹주였던 아버지의 뒤를 이어 성주가 될 수 있었다. 이때의 그 젊은이의 이름은 왕건(王建)이었다.

왕륭이 합류하였던 것과 같은 해인 896년에 궁예는 승령현(僧嶺縣, 경기도 연천)과 임강현(臨江縣, 황해도 장단) 두 곳을 공격하여 차지하였고, 이듬해인 897년에는 인물현(仁物縣, 개성 개풍군)까지 항복시켰다.

이 무렵 궁예는 왕륭의 축성 제안이 있었기도 했지만, 송악군이 한강 이북에서 지리적 이점이 좋고 풍경이 아름답다고 여겨서 자신의 새로운 수도로 적합하다고 판단하여 천도를 최종적으로 결정하였다. 다만 그래도 준비기간은 필요했기에 실질적 천도까지는 1년의 시간이 필요했다. 어쨌거나 그 사이 897년에는 또 공암(孔巖, 서울 강서구 일대)과 금포(黔浦, 경기도 김포), 혈구(穴口, 인천 강화도) 등의 성을 공격하여 함락시켰다.

궁예는 898년 2월에 송악성(松岳城), 즉 발어참성의 보수를 마무리하고는 드디어 송악군으로 수도를 옮겼다. 이때 궁예는 22세가 된 송악의 왕건을 정기대감(精騎大監), 곧 정예기병대의 리더로 임명하고는 오늘날로 치면 서울 및 경기도 일대의 복속 임무를 맡겼다. 뿐만 아니라 이해 가을 7월에 궁예는 패서도(浿西道, 황해도 서부지방)와 한산주(漢山州) 지역에 위치한 30여 개 성을 탈취하는 데 성공하였다. 상상컨대 궁예의 입장에서는 이때가 아마도 자신이 뭘 하려고 하면 뭐든지 다 이루어진다고 느끼기 시작한 시점이 아

영원산성(강원도 원주) : 신증동국여지승람에 따르면 양길의 근거지로 추정 - 국가유산청

니었을까 싶다.

이렇게 한창 궁예가 잘 나가자 자연히 그를 시기 질투하는 이가 생기지 않을 리가 없었을 것이다. 그것은 하필 그의 옛 상관인 양길이었다. 궁예가 북방 영토를 동서로 휘젓고 다니는 동안에 이 당시의 양길은 여전히 북원을 근거지로 하여 남쪽으로 국원(國原, 충청북도 충주) 등 30여 성을 차지해나가고 있었다. 그도 나름 이 시대 누구와 비교해도 가히 밀리지 않을 만큼의 독자적인 세력을 구축한 상황이었다. 그럼에도 그는 한때 자신의 부하였던 궁예가 영토도 상당히 넓혔고 다스리는 백성도 그만큼 많아졌다는 소식에 배신감을 참기 어려웠던 것 같다.

899년 가을 7월, 양길은 국원 등 10여 곳의 휘하 성주들과 함께 비밀리에 계획을 모의하였다. 목표는 한때 자신의 부하였으나 지금은 배신하여 독립한 반역자 궁예의 철저한 처단이었다. 그러나 결과는 짤막한 역사기록 그대로이다. 양길이 자신의 정예병사들을 이끌고 비뇌성(非惱城, 경기도 안성 인근 추정)까지 진군해왔을 때 궁예에게 예상치 못한 반격을 당해 완패하고 말았다. 다만 이때 양길의 병사들이 흩어져 달아났다고만 나와 있지 양길이 죽었다는 기록은 없다. 그의 신변은 더 이상 알 수 없지만 여하튼 한때 궁예의 상관이자 그를 영웅으로 키워주었던 이는 이렇게 쓸쓸이 역사에서 퇴장하였다.

그렇게 양길을 격퇴한 궁예에게는 계속해서 행운이 뒤따랐다.

안성 기솔리 석불입상(일명 궁예미륵) - 한국민족문화대백과사전

그는 900년에 광주(廣州, 서울부터 경기도 남부), 충주(忠州, 충청북도 충주), 청주(靑州, 충청북도 청주)의 3주와 당성군(唐城郡, 경기도 화성), 괴양군(槐壤郡, 충청북도 괴산) 등의 군현 정복을 추진하였는데, 겨울 10월에는 양길의 세력권 하에서 청주, 괴양은 물론 국원까지 아우르고 있던 청길(淸吉)과 신훤 등이 해당 지역을 들고 그대로 궁예에게 투항해왔다. 여기서의 신훤은 궁예가 기훤 시절에 우애를 쌓았던 옛 동료였다.

여하튼, 이로써 궁예는 정말로 자신감을 얻었는지 901년이 되자 스스로 왕위에 올랐는데, 이때의 국호가 바로 '고려'였다. 그의 취임 일성은 이러했다.

"지난날 신라가 당나라에 군사를 청하여 고구려를 멸망시켰던 탓에 옛 수도 평양은 지금 잡초로 가득할 뿐이다. 이에 내 반드시 그 원수를 갚고자 한다!"

이때 사람들은 그가 태어나자마자 신라라는 나라로부터 버림받은 것에 대한 원망이 컸기에 개인적인 분노를 표출한 것으로 이해하였다. 궁예의 정치적 선동 기술은 그만큼 탁월했다. 하지만 그는 신라 왕실과는 딱히 직접적인 관계도 없었을 뿐더러, 사실 그의 배경 어디에서도 고구려와 연관된 부분은 없다. 그저 그가 기반하고 있는 주된 영토가 지금 신라의 북방이자 옛 고구려의 남단에 해당한다는 게 유일한 공통점일 뿐이었다.

그가 실제로 노린 부분은 신라 입장에서는 저 멀리 변경에 불과한 외진 지역을 삶의 터전으로 삼고 있는 소외된 이들의 심리였다. 강원도 지역의 경우 신라인 출신 이주자들도 상당수 있었지만, 이 당시의 패서 지역 즉 오늘날 황해도에 해당하는 곳에 남아 있던 사람들은 옛 고구려에 혈연적 내지 심정적인 기반을 두고 있던 이들이었다. 지금은 발해와의 국경 너머이지만 옛 고구려의 수도 평양이 이들에게는 신라의 수도보다 훨씬 가까운 위치였다. 그 물리적 거리만큼이나 심리적 거리감이 분명 존재했을 것이다. 더군다나 이들 현지인들은 출신에 따른 온갖 차별이 존재하던 신라에서 상대적으로 사회계층적 손해를 볼 수밖에 없는 처지였다. 그러니 신라에 대한 강한 악감정을 표출하는 궁예가 그들 앞에서 고구려를 외친 것은 자연스럽게 이들과 함께 심정적으로 하나가 되겠다는 선언에 다름 아니었을 것이다.

더욱이 궁예는 일전에 남쪽으로 순행하던 중 부석사에 들렀을 때 마침 벽에 그려진 어느 신라 국왕의 초상을 보고는 갑자기 칼을 뽑아 내리치는 액션을 의도적으로 보여주었다. 신라라고 하면 치를 떠는 이들을 향한 그의 고도의 정치적인 행위였다. 그에게 인생이란 결국 자기 자신마저도 진짜로 속여넘기는 한 편의 잘 짜여진 연극과도 같은 것은 아니었을까.

다만 그에게 있어 커다란 장점이자 동시에 치명적 단점이었던 것은 어느 한 가지에 만족하고 안주하지 못하고 끊임없이 새로운 것을 추구하는 집착적인 성격이라는 점이었다.

903년 궁예는 송악에서 또 다시 도읍을 옮기고자 철원(鐵圓)과 부양(斧壤, 북한 강원도 평강 지역)으로 가 지형을 쭉 둘러보았다. 이미 잘 알고 있던 철원 인근이었던 만큼 아마도 송악이 갖는 지리적 차이와 직접적 비교가 가능했을 것이다. 오늘날 지도상에서 보면 철원은 한반도의 정가운데이다 싶을 정도로 내륙의 한 중심이었다. 궁예 스스로 동쪽으로는 동해안에서부터 서쪽으로는 송악의 서해안에 이르기까지 다양하게 경험을 해보았다보니 그 중앙에 위치한 철원의 이점을 너무도 잘 알 수밖에 없었을 것이다.

이에 반해 송악은 나중에 합류한 곳이라 정보도 상대적으로 부족할 뿐더러 사실상 해양 세력의 활동 중심지이기도 해서, 한 마디로 자신이 잘 아는 전문 분야가 아니었다. 더군다나 자진해서 투항해왔기에 직접 정복한 곳도 아니기에 그들의 세력은 별다른 타격 없이 온전히 그 자리에 그대로 남아 있었다. 이 때문이었는지 의도적으로 터줏대감인 왕륭을 송악군에서 잠시 떼어놓은 것을 제외하면 사실상 자신보다 더 그 지역을 잘 아는 이들이 절대다수로서 그 지역에 여전히 터를 잡고 있었다.

그렇게 그는 다시 한번 결정을 내렸다. 이로써 아직 정식으로 국가가 아니던 시절 자신의 본거지였던 철원이 신생 국가의 새로운 수도로서의 위상을 되찾게 되었다. 나아가 궁예는 천도와 맞물려 904년 새로 정부를 구성하였는데, 신라의 국가체제를 참고는 하되 명칭은 새로 부여하였다. 또한 동시에 국호를 기존 고려에서 새롭게 마진(摩震)으로 변경하였고, 연호도 무태(武泰) 원년으로 정하였다. 이때의 정부 조직구조는 『삼국사기』에 따르면 다음과 같다.

부처	비교(고려)	담당 업무
광평성(廣評省)	중서문하성(中書門下省)	국정 총괄
병부(兵部)	(좌동)	군사행정 및 호위, 역참 등 관리
대룡부(大龍部)	창부(倉部)	호구 관리, 세금 및 경비 담당
수춘부(壽春部)	예부(禮部)	제사, 회의, 외교행사, 관리선발 등 각종 의례 총괄
봉빈부(奉賓部)	예빈성(禮賓省)	손님 접대 및 연회 담당

의형대(義刑臺)	형부(刑部)	고발,공소 등 법률 업무
납화부(納貨府)	대부시(大府寺)	물품 및 창고 관리
조위부(調位府)	삼사(三司)	전국의 재무회계 업무 총괄
내봉성(內奉省)	도성(都省)	6부(部)를 관장하며 국가행정을 총괄
금서성(禁書省)	비서성(秘書省)	경전과 축문 등을 담당
남상단(南廂壇)	장작감(將作監)	토목건축과 수리
수단(水壇)	수부(水部)	수리·관개시설의 건설 및 유지보수
원봉성(元鳳省)	한림원(翰林院)	사명(詞命) 작성 등 문서 업무
비룡성(飛龍省)	태복시(太僕寺)	국왕 마차와 말 사육 담당
물장성(物藏省)	소부감(少府監)	장인 및 보물의 관리
사대(史臺)	-	외국어 통역을 담당
식화부(植貨府)	-	과실, 수목 등 관리
장선부(障繕部)	-	성과 해자의 수리
주도성(珠淘省)	-	그릇 제작

광평성의 경우 관직으로 광치나(匡治奈), 서사(徐事), 외서(外書) 등을 신설하였고, 또 관리의 등급으로는 정광(正匡), 원보(元輔), 대상(大相), 원윤(元尹), 좌윤(佐尹), 정조(正朝), 보윤(甫尹), 군윤(軍尹), 중윤(中尹) 등을 제정하였다.

물론 여기서 끝은 아니었고 그의 치세에도 계속 변화와 추가가 이루어졌다. 예컨대 순군부(徇軍部), 진각성(珍閣省), 백서성(白書省), 내군(內軍) 등의 조직이 중간에 신설되었고, 대룡부는 나중에 창부(倉部)로 개칭된 것으로 보인다. 또한 광치나, 서사, 외서와 같은 고유의 관직명도 좀 더 동아시아에서 보편적으로 사용된 용어인 시중, 시랑, 원외랑으로 자연스럽게 변경이 이루어졌다.

그 이름만으로는 무엇을 하는 조직인지도 잘 모를 정도로 참신하게 새로운 명칭들을 많이 도입한 것이 특징이다. 역시 새로운 것을 좋아하는 궁예의 스타일이었다. 어쨌든 기존의 시스템을 참고는 하되 최종적으로는 새롭게 만들어내는 그의 방식을 보면 궁예라는 인물이 가지고 있는 독자성과 창의성, 그리고 변화를 즐기는 성격이 자연스럽게 느껴진다. 굳이 기존 방식에 구애받지 않고 또 현재에 안주하지 않는 그의 과감한 스타일이 바로 지금의 성공한 궁예를 만들어낸 자원이자 근간이었을 것이다. 나중 일이지만 그가 이번에 정한 체계는 고려 이후까지도 꾸준히 참고가 되니 나름 어느 정도 타당성도 갖추고 있는 것 또한 알 수 있다.

하지만 인간이라면 누구나 가지고 있는 본연의 보수성이라는 것이 있다. 하던 방식과 달라지면 새로 적응하는 데까지 그만큼의 스트레스가 따르기 마련인데, 심지어 그 변화가 급속도로 이루어지고 또한 빈번하게 반복된다면 평범한 인간들은 그 변화를 따라가기 힘들어지고 결국 변화의 좋은 의미는 퇴색된 채 집단적 반발심만 불러일으킬 가능성도 높아진다. 그가 국명과 수도, 연호를 변경하였던 것만 뽑아보면 다음과 같다.

895~6년, 철원에서 처음으로 자체 정부조직 구성

897~8년, 송악군을 수도로 결정하고 송악성 보수 후 천도

901년, 고려 건국 선포

904년, 국호를 고려에서 마진(摩震)으로 변경, 연호는 무태(武泰) 원년

905년, 철원으로 환도, 연호도 불과 1년 만에 무태에서 성책(聖冊)으로 변경

911년, 국호를 태봉(泰封)으로 변경, 연호도 수덕만세(水德萬歲)로 재차 변경

914년, 연호를 다시 정개(政開)로 변경

이렇게 한 국가의 국명이 자주 바뀐 사례를 본 적이 없을 것이다. 본인의 임기 중에 수도도 두 번, 연호는 세 번이나 바꾸었다. 이렇듯 변덕스러운 군주에게 매번 적응해야 했던 동시대인들의 스트레스가 얼마나 컸을지 가히 짐작하기도 어렵다.

그런데 그는 신생국의 내치를 다지기 위해 온 신경을 집중하던 와중에도 또 한 번 새로운 도전을 준비하고 있었다. 바로 해상 진출이었다. 그의 곁에는 그 임무에 가장 적합한 해상 전문가가 있었다. 903년 3월, 어느덧 27세가 된 왕건에게 해군을 이끌고 출진할 것을 명하였다. 목적지는 후삼국시대에 궁예와 유일하게 대적할 수 있던 인물인 견훤의 후백제, 그것도 치열한 국경지대가 아니라 아무도 예상치 못했던 더 멀리 떨어진 배후지였다. 함대를

이끌고 서해를 통해 남진하여 금성군(錦城郡, 전라남도 나주)에 다다른 왕건의 군대는 전격전을 통해 광주(光州) 가까이까지 10여 군현을 공격하여 차지하는 데 성공하였다. 이후 금성은 나주(羅州)로 개칭하여 오늘날에 이르고 있다.

이 무렵 북으로는 예성강 일대 패강도(浿江道)의 10여 주현(州縣)이 궁예에게 항복하였고, 남으로는 상주(尙州, 경상북도 상주) 등 30여 주현을 쳐서 차지하였을 뿐만 아니라, 후백제와의 접경지대에서도 대표적으로 공주(公州, 충청남도 공주)가 스스로 투항해오는 등 궁예의 전국 각지에서의 영토확장에는 거칠 것이 없어 보였다. 얼마 후 궁예는 자신이 얻은 패강의 서부 지역을 총 13개의 진(鎭)으로 재편하였다.

그리고 드디어 905년 가을 7월, 궁예는 철원을 공식적인 수도로 삼고는 청주 사람들 1천 가구를 신도시인 철원성으로 이주시켰다. 그리고 대궐과 누대(樓臺)를 수리하였는데 극히 사치스러웠다는 평가를 받았지만 그게 바로 궁예의 스타일이었다. 마치 새 술은 새 부대에 붓는다는 식으로 연호도 불과 1년 만에 무태에서 성책(聖冊)으로 변경하였다. 참고로 이 철원성은 일명 궁예도성이라고도 하는데, 현재 남북 군사분계선 사이의 비무장지대에 정확히 갇혀 있어서 발굴조사가 불가능한 상황이다. 지금까지 남아 있는 유적으로 보면 3중 성곽으로 도성을 구획하였고, 내부의 궁성 1.8km, 내성 7.7km, 그리고 외성 12.5km의 규모라고 한다. 언젠가

궁예도성 내 석등 - 국립중앙박물관

남북 공동발굴 등의 형태로라도 궁예의 도성에 접근이 가능하다면 좋겠다. 참고로 근래에 철원군에서 인근에 "태봉국 궁예왕 역사공원"을 개장하여 그 옛날의 분위기를 조금은 느껴볼 수가 있게 되었다.

그리고 곧바로 다음 달인 8월 군대를 보내 신라의 변경을 침략하여 죽령(竹嶺, 오늘날 경상북도 영주와 충청북도 단양의 경계) 동북쪽에까지 이르렀다. 이 당시 신라의 국왕이었던 효공왕은 나라의 강역이 나날이 줄어든다는 소식에 걱정이 컸으나, 그렇다고 막을 수 있는 힘이 있는 것은 아니었다. 여러 성주에게 명하여 신중을 기해 출전하지 말고, 견고히 수비하도록 조치하는 게 전부였다. 반면 궁예는 자신의 세력이 강성해졌다고 스스로 뿌듯해 했는데, 궁극적으로는 신라를 무너뜨리겠다는 게 목표였던 만큼 또 다시 심리전을 펴서 사람들에게 신라를 조만간 멸망할 곳이라는 뜻으로 멸도(滅都)라고 부르게 하였다. 나아가 신라로부터 오는 자는 모두 죽였다고 하는 기록도 있지만, 이는 신뢰하기가 어렵다. 아마도 이 역시 궁예 특유의 정치적 선전의 한 꼭지가 확대 재생산된 사례가 아닐까 싶다.

그런에 이보다 중요한 사건은 남쪽 신라가 아니라 훨씬 북쪽에서 찾아왔다. 이 무렵 평양성주인 장군 금용(黔用)과 또 증성(甑城, 평안남도 증산 추정)에서 적황색 복장의 도적떼를 이끌고 있던 명귀(明貴) 등이 궁예에게 귀부해온 것이다. 이들의 중요한 이유는 다

　　후삼국, 영웅들의 시대

름 아닌 지역에 있다. 그들이 있는 곳이 바로 발해와의 접경지대였기 때문이다. 이들의 합류는 운 좋게 역사기록으로 남은 빙산의 일각으로 보아야 할 것이다. 비슷한 시기를 살았던 윤선(尹瑄)과 같은 인물은 역으로 북방으로 옮겨가서 이민족인 흑수말갈과 결탁하여 독립적인 세력을 형성하기도 하였다.

909년 6월의 어느 여름 날, 궁예는 이제 33세가 된 왕건에게 재차 해상 진출을 명하였다. 그렇게 왕건은 한찬(5등급)에 해군대장군(海軍大將軍)이 되어 궁예가 함께 보내준 알찬 종희(宗希)와 김언(金言) 등을 부장으로 삼아 2천5백 명의 군사와 함대를 이끌고 진도군(珍島郡, 전라남도 진도)을 함락하고는, 나아가 고이도성(皐夷島城, 전라남도 완도군 고금도로 추정)까지 항복시켰다. 그리고는 나주의 포구에 이르러, 목포(木浦, 전라남도 목포)부터 덕진포(德眞浦, 전라남도 영암)까지 포진해 있던 견훤의 대규모 해군과 치열한 해상전을 벌여 화공으로 가까스로 견훤을 물리치는 데 성공하였다. 이때의 승리 덕분에 후백제에 장기간 포위를 당해 궁색한 처지에 몰려 있던 나주도 숨통이 트일 수가 있었다. 뿐만 아니라 이 무렵 궁예의 마진국은 "삼한의 땅을 절반 넘게 차지하였다"는 평을 들을 정도로 영토가 확장되어 있었다. 손대는 일마다 모두 다 잘 되는 궁예의 입장에서는 자신의 계속되는 전성기에 끝모를 자신감이 붙었을 만도 했다.

그래서 궁예는 911년 봄 1월 국호를 태봉(泰封)으로 한번 더 변경하고, 연호도 수덕만세(水德萬歲)로 재차 바꾸었다. 913년에는 부장 김언에게 해군대장군의 자리를 물려주도록 하고 이제 37세가 된 왕건을 파진찬(4등급)으로 승진 및 최고위직인 시중(侍中)으로 임명하여 중앙정부로 불러들였다. 이로써 일인지하 만인지상의 위치에까지 오르게 되었으나 왕건은 사실 궁예의 본심을 꿰뚫어보고 있었다. 궁예가 그 자리를 통해 곧 자신의 목숨줄을 쥐고 있다는 사실 말이다. 그가 소리 없는 전쟁터인 조정을 벗어나 일부러 최전선에 나가 있고자 하였던 것도 궁예의 위험천만한 감시의 눈길을 피하기 위함이었다.

사실 얼마 전부터 궁예는 미륵불(彌勒佛)을 자처하고 있었다. 미륵이란 일종의 종교적 구원자, 곧 혼란의 시대에 세상을 구원해줄 메시아같은 존재였다. 머리에는 금색 두건을 쓰고 몸에는 가사를 걸쳤으며, 외출할 때면 항상 비단으로 말갈기와 꼬리를 장식한 백마를 탔다. 혹 시작은 여느 때처럼 정치적 선전 활동의 일환으로 한 행동이었을지 몰라도, 어느덧 자기 스스로도 그렇게 믿어갔던 것은 아닐까. 또한 처음에는 자신의 노력과 능력으로 성공을 만들어내었겠지만, 이후에도 전투마다 승리하고 각지에서 줄지어 투항해오는 상황이 반복되면서 어느덧 스스로에 대한 확고한 믿음이 점차 과신의 수준으로 커져만 갔던 것은 아니었을지 싶다.

그는 두 아들을 보살이라고 불렀으며, 행차할 때 어린아이들로 하여금 깃발, 일산, 향(香), 꽃을 들고 앞에서 인도하게 하고 또 비구 2백여 명을 시켜 범패를 하며 뒤를 따르게 하였다. 더 나아가 스스로 불교 경전 20여 권을 지었는데, 심지어 이를 바탕으로 직접 강설하기까지도 했다. 그런 자신의 종교적 활동에 대놓고 반대하는 이는 권위에 대한 도전으로 여겨 과감히 살해하였다고 한다.

그런데 여기서 한 가지 의문스러운 부분은, 나중에 고려가 건국된 다음 왕건은 궁예의 시기를 되돌아보면서 그가 절호칭존(竊號稱尊) 즉 사실상 칭제건원(稱帝建元)을 한 것처럼 묘사하는데, 이 중 연호를 제정한 것은 여러 차례 눈에 띄지만 황제를 자칭하였다는 부분만큼은 확인이 안 된다는 점이다. 사실 고려도 건국 초기 똑같이 연호를 제정하였고, 아들 대에는 직접 황제까지 오르니 소위 사돈남말하는 격이긴 하지만, 어쨌든 궁예가 왕도 아닌 황제로 자임하였다는 기록은 찾을 수가 없는데, 이 당시 미륵불로 자칭하였다고 하면서 기술된 화려한 행렬의 행차 모습을 보면 이것이 바로 황제로서의 권위를 내세우고자 하였던 실제 증거가 아니었을까 싶다. 즉 미륵불은 정적들이 궁예를 일종의 무속에 심취한 존재로 격하시키기 위한 장치였고, 사실 궁예는 대관식을 치른 태봉제국의 황제로 스스로 자리매김한 이후, 중앙집권적 권위를 강화하기 위해 집단적으로 반발하는 귀족파를 숙청하던 모습이 저 폭군의 형상으로 남아 있게 된 것은 아닌가 하는 것이다.

어쨌거나 915년에는 부인 강씨(康氏)가 궁예에게 그의 국왕으로서의 처신과 국정 문제에 대해 직언을 하자, 이에 분노가 치밀어

오른 그는 아내는 물론 두 아들까지 모두 처형해버리고 말았다. 마치 스스로 무오류라고 믿게 된 절대군주의 전형적인 모습처럼 보일 지경이다. 이후 의심이 많아지고, 불같이 화도 많이 내게 되어 지위고하를 막론하고 모두가 두려움에 떨게 되었다. 이유는 뚜렷이 나오지 않지만 특히 수도 인근인 부양과 철원 사람들이 반감을 많이 가지고 있었다고 한다. 굳이 짐작해보자면 수도 철원을 중심으로 궁예가 지나치게 의전을 강화하면서 이를 위한 온갖 행사에 이곳 주민들이 강제로 동원되다보니 불만이 커져갔던 것은 아닐까.

그렇게 인생의 최고 절정기에 다름 아닌 자신이 건설한 수도 한복판에서 자신을 향한 쿠데타가 일어났다. 아마도 두뇌회전이 남달랐던 인물이었던 만큼 궁예도 내심 모든 경우의 수에 대한 대비를 하고 있었고, 또 내군(內軍)같은 조직까지 동원해 밀고 제도를 통한 엄격한 사회 통제를 하고 있었음에도 한번 태동하기 시작한 음험하고 은밀한 움직임은 그 역시도 어쩔 도리가 없었다.

사실 궁예에게는 사전에 쿠데타를 막을 기회가 있었다. 그가 제2의 권력자였던 왕건의 불충을 의심해 사실 확인을 하던 중 최응(崔凝)이라는 문신이 기지로 그를 도와준 덕분에 가까스로 단죄까지는 나아가지 못하고 구두 경고로만 끝난 적이 있었다. 하지만 그것이 오히려 궁예의 실책이 되고 말았다.

계속해서 반-궁예 여론이 악화되어 가던 와중인 918년 6월의 어느 여름 날 최종 쿠데타 모의가 있었다. 주연은 궁예 정권의 2인자 그룹까지 올라 있던 42세의 왕건이었고, 그의 캐스팅을 담당한 것은 궁예의 젊은 장수 4인방이었다. 네 사람이 사전에 비밀리에 모의하고 뜻을 모은 다음에 한밤에 왕건의 사저에 찾아와서 쿠데타 참여를 설득하였다. 물론 처음에는 완강히 거부하였다. 그러나 왕건의 부인까지 나서서 적극적으로 설득한 끝에 결국 왕건도 쿠데타 동참을 결심하였다.

이렇게 왕건은 궁예 휘하의 사람들에게 정식으로 추대를 받았다. 궁예는 급보를 전해듣고는 어찌할 바를 몰라 하면서도 빠른 판단으로 일반인의 옷으로 갈아입고는 도망쳐 달아났다는데, 그의 운도 다했는지 숲속에서 곧 부양 지역 백성들에게 발각되어 결국 살해당하고 말았다. 정말로 민심을 잃고 죽임을 당한 것인지, 그의 목에 내걸린 포상금에 현혹된 누군가가 저지른 일인지, 그도 아니면 쿠데타 세력의 촘촘한 포위망에 걸려들어 현장에서 즉결 처분당한 다음 여론조작을 위해 지역민들의 소행으로 둔갑시킨 것인지 오늘날 우리가 알 길은 없다. 어쨌거나 해당 지역에 지금까지 남아 있는 전설들만 봐도 그가 그렇게 민심을 잃고 비참하게 살해되었다고 보기는 어려운 측면도 있다는 점만 밝혀둔다.

한때 분열된 삼한을 통일할 것으로 누구나 1순위로 예상하였던 인물의 최후 치고는 참으로 허무한 결말이었다. 젊은 시절부터 스스로 장군이 되어 모든 전투에서 승리를 거둔 무패의 군주였던 그

궁예묘(북한 강원도 안변, 일제강점기) - 국립중앙박물관

였다. 정적들이 그에 대해서는 온갖 폄훼를 다 쏟아부었지만 전쟁에서의 패배만큼은 함부로 조작을 해볼 생각조차 못했을 정도로 그의 군사적 성공은 완벽했다. 생각해보면 동시대의 경쟁상대였던 견훤도 후삼국의 최종 승리자 왕건도 다들 수차례 패전을 겪었는데, 놀랍게도 궁예만큼은 기록상 패배를 경험한 적이 한 번도 없었다.

궁예가 자신의 성공에 대한 자부심에 취해 스스로 신성화를 도모하였던 것은 사실일 것이다. 또한 그가 의심을 품고 자신에게 적대적인 인물들을 제거하였다는 것 또한 사실로 보인다. 왕건은 나중에 자신의 상관이었던 궁예를 이렇게 평가하였다.

"궁예는 전국이 무너지는 때에 도적의 무리를 제거하고 점점 영토를 넓혀갔다. 그러나 천하를 다 아우르는 데 미치지 못하고 갑자기 잔혹함과 포악함으로 백성을 다스렸으며, 간사함을 가장 올바른 것으로 여기고 위협과 업신여김을 중요한 방법으로 삼았다. 인력동원이 잦고 세금이 무거워 사람은 줄어들고 땅은 텅 비었다. 그런데 오히려 궁궐만은 크고 장대하며 옛 제도를 따르지 않고 힘든 공사가 그치지 않으니 원망과 비난이 일어난 것이다. 더욱이 함부로 연호를 정하고 스스로를 높였으며 처자를 살육하였기에, 하늘과 땅이 용납하지 못하고 귀신과 사람이 함께 원한을 품어 왕업의 기반을 송두리째 추락시켰으니 어찌 경계하지 않을 수 있겠는가."

하지만 냉정하게 말해서, 인생에서는 좋은 사람이 성공하는 것이 아니라 성공한 사람이 결과적으로 좋은 사람이 되는 것이다. 더욱이 역사는 승자 독식의 기록이다. 승리한 사람은 역사에 무엇을 쓸지 선택할 수 있다. 반면 패배한 이에게는 무엇을 기록할 것인지 아무런 권리도 남아 있지 않게 된다. 중세 한국에서 왕건은 수많은 전투에서 승리하여 국가를 전복하고 마침내 분열된 한반도를 통일했다. 그래서 그는 역사의 주인공이 될 수 있었다. 반대로, 궁예는 처음에는 당대 권력자들 중 가장 강력한 영웅이었지만, 즉위 후 강력한 중앙집권화를 시도하다가 정치적 반대세력에

의해 제거되었다. 그렇게 그는 역사에서 안타고니스트(antagonist)
가 되었다.

물론 그에게도 수많은 단점이 있었지만, 여전히 그가 정말 고려
의 역사가들이 기록하였듯 절대악이었을지는 의문이다. 처음 군
에서 리더로 활동을 시작하였을 때, 그는 병사들에게 매우 공정했
고 그들로부터 존경을 받았다. 그는 당대에 가장 유능한 장군들과
가장 넓은 영토를 보유하고 있었다. 결코 그가 무능력했다면 불가
능했을 성과들이다. 그리고 우리는 승자의 기록을 통해서만 역사
를 읽을 수 있다. 그렇기에 오늘날 우리는 궁예의 삶을 그에게 적
대적이었던 이들의 관점에서만 읽을 수 있을 뿐이라는 점을 잊어
선 안 되겠다.

난세의 영웅,
후백제 견훤

어린 시절

모든 영웅들에게는 신화가 뒤따른다. 고대 로마를 건국한 로물루스와 레무스 형제는 늑대의 젖을 먹고 자랐다고 한다. 나중에 하나의 역사를 만들게 되는 위인들에게는 그만큼 신비한 이야기가 만들어지기 마련이다. 중세 한반도에도 로물루스와 비슷한 전승을 가진 인물이 있다. 다름 아닌 견훤(甄萱, 867~936)이 그러했다. 아버지가 농사를 짓고 어머니가 식사를 나를 때, 잠시 풀숲에 놓아둔 아기에게 호랑이가 와서 젖을 주었다는 흥미로운 이야기가 전해진다.

그는 867년 상주(尙州) 가은현(加恩縣, 경상북도 문경)의 일반적인 농가에서 태어났다. 아직 세기말의 혼란이 도래하기 이전이긴 했지만, 제47대 경문왕 치세의 신라도 지속적인 자연재해와 전염병으로 혼란스럽기는 매한가지였다. 경문왕 자신이 전왕의 사위로서 왕위를 이었기 때문인지 심지어 쿠데타 시도 역시 반복적으로 겪어야만 했다.

이런 불안정한 사회 분위기 속에서 견훤은 성장했다. 신라와 같은 철저한 신분제를 지닌 보수적인 사회에서는, 특히나 평화로운 시기에는 일반 백성의 자식으로 태어나 성공하는 길은 사실상 막혀 있었다. 별다른 가문적 배경이 없이 그런 사회에서 성공하려면 결국 종교 아니면 군대밖에 달리 방법이 없었다. 그래서 비슷한 시기에 궁예는 신체적 문제 때문이었는지 몰라도 전자를 택했던 것이고, 반면 체격도 뛰어나고 머리도 비상한 데다가 야심만만하기까지 했던 견훤은 자연스럽게 후자를 선택하였다.

시점은 정확하진 않지만 그가 군에 들어간 것은 15세 무렵인 881년경으로 여겨진다. 견훤이 처음에 군에 들어가 복무한 곳은 신라의 왕경(王京), 오늘날의 경주였다. 그리고 그가 목격한 수도의 모습은 집마다 땔나무 대신 숯을 써서 연기가 나지 않고, 모든 집이 비싼 기와를 사용할 정도로 부유했다고 전해지는 헌강왕의 치세에서도 정점일 때의 풍경이었다. 궁예는 한 번도 왕경을 방문

경주 동궁과 월지 - 국가유산청

하지 않았고, 왕건도 한참 후에나 고려의 국왕 자격으로 국빈 방문을 하였으니, 후삼국의 삼걸 중 신라가 온전히 제기능을 하던 시절의 천년고도 경주의 본모습을 본 것은 견훤이 유일하다. 과연 이때 그가 느낀 신라라는 나라는 어떠했을까? 그는 겉보기에도 휘황찬란한 신라의 전성기를 보았을까, 아니면 겉은 번드르르하지만 실상 내실은 무너져내리기 시작하는 광경을 목도하였을까?

얼마 후 견훤은 신라 왕경을 떠나 서남해, 아마도 오늘날 순천과 여수 인근의 방수군으로 전방 근무를 하게 되는데, 기개가 남달랐던 그는 적을 대비하기 위해 언제나 밤에 잠잘 때조차도 창을 베고 잠들었을 정도로 임무에 매진하며 살았다. 그는 결과적으로 병사들 중 제일 가는 용기를 인정받은 데다가 실제로 실력까지 입증하였기에 그 공으로 젊은 나이에 독립부대의 지휘관인 비장(裨將)까지 승진하였다. 오늘날로 치면 병장 출신이 능력과 공적을 통해 장교로 특진을 한 것으로 비유해볼 수 있을 것이다.

하지만 그의 야심이 먼저였는지 혹은 집안이 문제였는지는 알 수 없으나, 이 무렵 일대 사건이 그의 인생경로를 뒤바꾸게 된다. 바로 889년 원종과 애노의 난이 그것이었다. 후삼국시대를 열게 되는 계기가 된 이들의 봉기가 일어난 곳이 하필 사벌주, 즉 견훤의 고향인 상주였다는 게 문제였다.

견훤의 아버지의 이름은 아자개였다. 역사에서는 조상이 신라의 왕족 출신이라든지 성이 이(李)씨였다든지 하는 기록들도 있긴 하지만 전부 다 믿을 수는 없다. "농사를 지으며 제 스스로의 힘으로 살다가 후에 가문을 일으켜 장군이 되었다"는 『삼국사기』의 표현이 가장 정확할 것이다. 즉 원래 상주 지역에서 농사를 짓는 인물이었던 모양인데, 원종과 애노의 난을 계기로 그에게도 나름 신분상승의 기회가 찾아왔던 모양이다. 다만 그가 얼마나 이들의 봉기에 가담하였는지까지는 확인이 불가능하다. 우리는 이후의 결과만 확인할 수 있을 따름이다.

아자개는 이 무렵 이미 상주의 사불성(沙弗城)을 차지하고는 스스로 장군이라고 일컬었다. 그는 그곳에서 무려 30년 간이나 지방

토호로 살아남는다. 그런데 이는 역으로 정부군에서 정식으로 복무하고 있던 견훤에게는 연좌제(緣坐制)가 적용될 수도 있는 심각한 문제였다. 가뜩이나 그는 신분상 불리한 여건에서 비장의 지위까지 빠르게 치고 올라갔는데, 정작 그의 아버지는 지방에서 반란 세력의 일파가 되어 독자적으로 성까지 차지해버렸으니, 한 마디로 반군의 자식이 정부군에 근무하고 있는 셈이 된 것이다.

그래서 추정컨대 889년 동시간대에 견훤 역시 이미 신라 정부군에서 일정 부분 독립을 하였을 공산이 크다. 그의 야심이 먼저였는지 아버지의 반란군 참여가 먼저였는지만 불분명할 뿐이다. 그가 공식적으로 독립의 기치를 드는 것은 892년의 일이지만, 사실상 견훤이 신라 정부로부터 분리되어 나와 독자세력화를 개시한 시점은 『삼국유사』에 따르면 889년이다. 그는 아버지 아자개가 상주의 사불성의 성주로서 장군을 자칭한 것과 거의 동시에 신라 왕경에서 서남쪽 해안가를 차지하였다. 늑대의 젖을 먹고 자란 로물루스 형제가 빈 터전에서 자신들만의 신도시를 건설하였다면, 호랑이의 젖을 먹고 자란 견훤은 옛 백제의 땅을 발판으로 자신만의 왕국을 세우는 영웅의 길에 나선 것이다.

야망의 시작

889년의 신라는 지옥과도 같았다. 진성왕이 국정에 대한 통제력을 잃어버린 사이, 전국적인 기근으로 수많은 국민들은 살아남기 위해서 떠돌이 생활을 택할 수밖에 없었고, 각지에서는 생존을 위해 스스로 무장하고 약탈에 나서는 사태가 빗발쳤다. 이해 23세의 젊은 견훤은 이 혼란스러운 상황에서 자신이 담당하고 있던 신라 서남쪽 해안가를 중심으로 인근 지역들의 병합에 나섰다. 자신의 야심을 실현할 일생일대의 기회가 찾아온 것이기도 했지만, 한편으로는 이러한 총체적 난국을 스스로 어떻게든 바로잡고자 하는 마음도 있었지 않았을까 싶다.

지역에서 나름 유명했던 비장 견훤이 신라 수도의 서남쪽 일대를 휩쓸며 빠르게 질서를 찾아나가자, 드디어 구세주를 만난 듯 지역민들도 이에 호응하여 견훤에게 자발적으로 힘을 보태는 경우가 늘어갔다. 그렇게 견훤은 불과 한 달만에 무려 5천 명에 달하는 군세를 확보할 수 있었다. 뿐만 아니라 평소 지역에서 알아두었던 이들의 참여도 주목할 만하다. 대표적으로 승주(昇州, 전라남도 순천) 출신의 박영규(朴英規)도 아마 이 즈음에는 견훤에게 합류하였던 것 같은데, 나중에 그는 견훤의 딸과 혼인하여 장군으로서 큰 도움을 주게 된다.

이렇듯 독자세력화에 성공하고 휘하의 세력도 커져가자 견훤도 이제 본격적으로 미래를 구상하기 시작하였다. 이제 앞으로 무엇을 할 것인가? 그는 치밀한 준비를 거쳐 892년 자신의 다음 타깃으로 무진주(武珍州), 즉 지금의 광주광역시 일대를 노렸다.

무진주, 또 다른 이름으로 무주(武州)는 신라가 삼한일통을 달성한 다음 9주(州) 5소경(小京)으로 지방 행정체계를 개편하였을 때 9주 중 하나로 지정되었던 만큼 후기신라 서남부의 핵심지역이었다. 견훤이 이곳을 노린 이유는, 첫째, 혹여나 토벌군에 대비하기 위해서라도 신라 중심부로부터 좀 더 먼 곳을 찾아서 거점을 이동해야 했을 것이라는 현실적인 이유, 둘째, 자신의 새로운 세력기반을 탄탄히 하기 위해서라도 기왕이면 반신라 정서를 활용할 수 있는 옛 백제 지역을 확보할 필요가 있었을 것이라는 능동적인 이유를 들 수 있겠다.

그렇다고 그의 기대만큼 무진주 점령과 통치가 쉽지만은 않았던 모양이다. 이 무렵의 기록이 담겨 있는 무진주의 금석문들, 이를테면 개선사지 석등 명문, 보림사 석탑지, 성주사 낭혜화상 탑비문 등을 살펴보면 이곳에 대한 신라의 지배력이 완전히 무너진 상황은 아니었기 때문이다. 더욱이 신라에서 만보당(萬步幢)이라는 두 부대와 미다부리정(未多夫里停)이라는 군단이 배치되어 있던 곳이었다. 과정은 알 수 없지만 견훤이 무진주를 차지한 다음 한참 후까지도 군부대를 주둔시켜 통치를 하였던 것을 보면 완전히 승복시켰다기보다는 여전히 힘으로 눌러야 했던 이유가 존재했을 것이다. 참고로 한동안은 견훤의 또 다른 사위 지훤(池萱)이 성주로서 지역 방어를 담당했고, 나중에는 아들 용검(龍劍)이 도독으로서 무주를 다스렸다. 둘 다 단순 행정직이 아니라 군까지 관장하는 직책이었다.

여기서 잠깐, 무진주는 내륙에 위치해 있었고 사실 이보다 서남쪽에는 당시 금성군(錦城郡)이라고 불린 오늘날 나주 일대가 배후에 존재했다. 이곳은 결정적으로 견훤도 오랫동안 점령하지는 못했던 듯하다. 나중에 왕건과의 치열한 격전지가 되는 이곳에 대해서는 따로 좀 더 자세히 다뤄보도록 하겠다.

어쨌거나 흥미로운 부분은 견훤의 측근 내지 신하 중에 무진주 출신이 딱히 눈에 띄지 않는다는 점이다. 확실히 견훤은 이곳에 그저 편하게 머물며 현실에 안주할 생각은 처음부터 하지 않았던 것 같다. 아마도 무진주를 자신의 수도로 선택하지 않았던 수동적 이유로는 자신에게 반감을 가지고 있는 지역에 본거지를 두는 게 부담스러울 수 있었다는 점, 더욱이 좀 더 나아가 서남해의 해상을 차지하지 못하면 어차피 내륙에 갇혀 있게 된다는 전략적 한계, 그래서 한반도 남부의 한곳에 너무 치우쳐 있기보다는 대외확장을 위해서라도 지리적으로 전진기지가 필요했으리라는 점, 그리고 끝으로 자신에 대한 반감을 누그러뜨리기 위해서라도 정서적으로는 반신라 감정이 더 강한 지역이 활용가치가 높았으리라는 점을 고려해볼 수 있을 것이다.

그가 장기적으로 건국을 준비하면서 최종적으로 수도를 삼는 곳은 전혀 다른 곳이다. 그의 눈에 들어온 곳은 더 북쪽이었다. 그렇게 견훤의 최종 타깃은 완산주(完山州), 곧 전주(全州)로 결정되었다. 무진주 점령 후 수년에 걸쳐 영토확장을 통해 전주, 공주(公州) 일대까지 차지한 그는 최종적으로 자신의 수도를 그 중 전주로 삼은 것이다. 그가 전주를 선택한 과정이 간략히 기록되어 있는데, 자신이 점령한 지역들을 순행하던 중 완산주에서 지역민들의 특별한 환대를 받았고 이에 결심을 굳히게 된 것으로 보인다. 이때 그가 하였다는 말이 전해진다.

"삼국의 시초를 보면 마한이 먼저 일어났고 차례대로 진한과 변한이 뒤따라 생겨났다. 백제가 금마산(金馬山)에서 시작하여 건국한 지 6백여 년만에 당 고종이 신라의 요청을 받아 장군 소정방(蘇定方) 휘하에 수군 13만 명을 바다 건너 보내왔고, 신라의 김유신 역시 군사를 거느리고 황산(黃山)을 통과해 사비(泗沘)에 이르러 당나라 군대와 힘을 합쳐 백제를 공격하여 멸망시켰다. 그러니 이제 내가 완산에 수도를 정하여 의자왕의 오래된 원한을 풀어야 하지 않겠는가!"

그는 이전까지는 스스로 "신라서면도통(新羅西面都統) 전주·무주·공주군사(軍事) 전주자사(全州刺使)"라고 서명을 하였는데, 아직 정식으로 국왕으로 선언하지는 않은 상태에서 신라 정부의 동의 없이 신라 서부군의 최고지휘관이자 전주·무주·공주 3주의 군사

책임자, 그리고 전주를 치소로 삼는 지방행정관을 자임한 것이다. 그런데 900년에 완산주, 곧 전주를 수도로 삼으면서 견훤은 드디어 "백제"의 부활을 선언하였고, 그렇게 우리가 오늘날 후백제라고 부르는 새로운 나라가 건설되었다. 스스로 국왕으로 올라선 그는 독자적인 정부를 구성하고 행정조직의 설치까지 일사천리로 마무리하였다. 그는 또 국왕의 자격으로 중국의 오월(吳越)에 사신을 파견하여 외교의 물꼬도 텄다.

그런데 그가 정식으로 국왕 즉위 후 다음 해에 벌인 일이 조금 재미있다. 901년 가을 8월에 신라와의 국경지대에 있는 대야성(大耶城, 경상남도 합천)을 공격한 것이다. 이곳은 삼국의 쟁투가 한창이던 642년에 백제의 장군 윤충(允忠)이 신라 김춘추의 딸 고타소(古陀炤)를 그녀의 남편과 함께 숨지게 한 역사적인 장소였기 때문이다. 이는 이로부터 신라의 삼국통일에 대한 의지가 불이 붙었다고 할 만큼 중요한 사건이었다. 심지어 시점도 그때나 지금이나 똑같은 가을 8월이다. 아마도 옛 백제 지역민들의 신라에 대한 반감에 불을 지피고자 계획하였던 이벤트가 아닐까 싶은데, 결과는 그의 기대와는 달리 실패였다. 아직 이때까지는 다행히 신라에게도 국방력이라는 게 조금은 남아 있었던 모양이다.

결과적으로 견훤 입장에서는 체면이 빠지는 일일 수밖에 없었던지, 그대로 퇴각하지는 않고 자신에게 적대적인 금성(錦城) 남부를 쑥대밭으로 만드는 것으로 대신 분풀이를 했다. 그런데 왜 군

대야성(경남 합천) - 국가유산청

이 금성이었을까?

나주 쟁탈전

여기서 잠깐 당시 금성, 곧 오늘날의 나주 지역을 살펴보자. 일반적으로 견훤이 신라의 서남해에서 군 경력을 시작하였다고 하여 순천, 여수를 넘어 나주, 목포까지 넓게 이해하기도 하는데, 사실 신라는 도시국가 시절의 왕경인 금성(金城, 지금의 경주) 시절부터 시작하여 상당히 폐쇄적이고 지극히 도시 중심적인 가치관으로 지역을 통치하는 그런 사회였다. 그렇기 때문에 서남해라고 표현해도 전체적인 관점에서 한반도의 서남해를 지칭하는 것이 아니라 수도로부터 바라보는 서남해를 의미하는 셈이다. 그가 서남부의 주현을 공략하였다는 것도 실제로 신라 수도로부터 서남부를 가리키기에, 즉 견훤이 처음 출세하는 기반은 오늘날로 치면 순천, 여수 지역이 된다.

그리고 여기서 더 나아가서, 892년 무진주를 탈취할 당시 그 동남쪽 지역들이 그에게 합류해왔다고 하는 것에 주목할 필요가 있다. 이는 거꾸로 보자면 무진주의 서남쪽, 곧 금성(나주) 지역은 견훤에게 투항하지 않았다는 뜻이 되기 때문이다. 그 이유까지는 정확히 나와 있지 않지만, 무진주가 생각보다 그다지 견훤에게 호의적이지 않았던 것에 빗대어 짐작해볼 수 있지 않을까 싶기도 하다.

이곳 금성, 즉 나주 지역이야말로 아마도 고대 마한(馬韓)의 지배 영역으로 백제의 지배권 하에 들어온 게 한참 후여서 견훤이 백제의 이름을 빌려 새로이 건국하였다고 하여 심정적으로 동조할 여지도 별로 없었던 데다가, 신라 대비 후백제가 무엇이라도 실익이 있다면 좋겠지만 아마도 이들 지역민들 입장에서는 외지인으로의 지배층의 단순 교체로만 인식하여 오히려 독립에 대한 갈망만 커진 측면이 있지 않았을까 싶다.

이들 외에도 후백제에 속하지 않은 독자적인 세력들은 더 있었다. 예컨대 무진주에서 금성과의 서남쪽 경계인 반남현(潘南縣) 및 압해현(壓海縣)과 갈초도(葛草島) 등 일대에서 활약한 능창(能昌)이라는 인물이 있는데, 섬 출신에 별명이 수달일 정도로 해전에 능한 것으로 유명했다. 그는 이 지역 해적들로부터 영웅으로 추앙을 받을 정도로 나름 명성을 떨쳤는데, 후백제에 직접 소속되지 않은 채 독자세력으로서 활동을 했던 것으로 보인다. 더욱이 거의 동시대에 적고적(赤袴賊) 역시 무진주의 동남부에서 위세를 떨쳤던 것을 보면, 후백제의 남부 지역들은 금성의 주류세력뿐만 아니라 각자 독립된 세력권들이 형성되어 있었음을 알 수 있다.

그렇다고 이런 현상이 후백제에서만 특별히 그러했다는 것은 아니다. 후삼국 시기 신라의 변방에서도 비슷한 상황들이 연출되는데, 이를테면 오늘날 김해 지역에서 진례성을 기반으로 자체적인 세력을 형성한 소율희(蘇律熙, 혹은 김율희) 일가의 존재라든가, 이보다 후에 강주(康州)를 세력권으로 하여 천주절도사(泉州節度使)를 자임한 왕봉규(王逢規)가 신라 정부와는 별개로 독자적으로 후당(唐)과의 외교를 벌이는 모습 등이 목격되기도 한다.

이처럼 후백제가 지역의 맹주로 성장해 나가는 과정이라 하더라도 주변부까지 모두 통치력을 발휘하지는 못하는 상황이었기에, 이 당시 북방의 강자였던 궁예의 고려, 즉 후고구려도 비교적 손쉽게 이 지역에 손을 뻗칠 수 있었던 것으로 생각된다. 그 과정을 한번 살펴보자.

903년, 궁예는 이해 27세가 된 젊은 왕건에게 후백제 너머의 금성 지역의 확보를 명하였다. 아마도 금성의 주류세력 측에서 먼저 궁예에게 도움을 요청하였다고 보는 게 정확할 것 같은데, 대야성 공략에 실패한 견훤이 그에 대한 보상으로 금성 일대를 휩쓸어버린 게 불과 2년 전이었기 때문이다. 기록에 따라서는 왕건이 금성을 공격하여 함락시켰다는 내용도 있긴 하지만, 정확히는 금성 주변의 후백제 세력권에 대한 공세를 표현한 것으로 보인다.

여하튼 왕건은 해군을 동원해 서해로 금성군에 진입하였고, 이후 10여 개 군현을 점령한 다음 마지막으로 후백제의 직접 관할 영토인 무진주 인근까지 진격하였다. 이때 무진주의 방어를 책임지고 있던 인물이 견훤의 사위였던 성주 지훤이었다. 그는 왕건의

견훤산성(경북 상주) - 국가유산청

맹공에도 성을 필사적으로 지키면서 항복하지 않았다. 이에 어쩔 수 없이 왕건도 물러나서는 금성 지역 일대에 방어군을 남겨두고 본국으로 귀환하였다. 이 무렵 언젠가부터 금성은 개칭하여 나주(羅州)라고 불리게 된다. 이렇게 왕건과 인연을 맺게 된 나주는 이후 고려 왕실과 끈끈한 연을 이어나간다.

한편 왕건과 견훤의 악연 역시 이때부터 시작되었다. 3년 후인 906년에 또 다시 궁예가 왕건과 정기장군(精騎將軍) 금식(黔式)에게 명하여 3천 명의 군대를 이끌고 견훤의 고향이기도 한 상주를 공격하게 했다. 상주의 사화진(沙火鎭)에서 견훤은 왕건과 수차례 치열한 접전을 벌여야만 했다. 기록에 따르면 최종 승자는 왕건이 었다고 하는데 쉽게 믿기는 어렵다. 연이어 다음 해인 907년에 견 훤이 상주 바로 아래에 인접한 일선군(一善郡, 경상북도 구미) 이남의 10여 성을 모두 차지하게 되기 때문이다. 아마도 오히려 견훤의 상주에 대한 공세를 겨우 막아냈다고 보는 게 좀 더 합당하지 않을까 싶은 부분이다.

후백제와 후고구려의 쟁투는 다시 바다로 이어진다. 궁예는 909년에 33세가 된 왕건을 해군대장군(海軍大將軍)으로 승진시키고는 재차 해외원정을 결행했다. 주도적인 성격의 궁예로서는 내륙에서의 수비에 매진할 의사가 전혀 없었기에, 견훤을 상대로 오히려 적극적인 배후 공세를 벌이겠다고 생각한 것은 아니었을까 짐작된다. 이에 왕건은 궁예의 의도대로 해군을 이끌고 출진하여 무진주 서부 염해현(鹽海縣)에 주둔하였고, 여기서 우연찮게 후백제가 중국 오월로 보내는 사신의 배를 포획하는 데 성공하였다. 이를 궁예에게 보고하기 위해 잠시 본국으로 돌아온 왕건은 지금의 개성 옆에 있는 정주(貞州)에서 전함을 수리하고는 2천5백 명의 군을 지휘하여 재출진하였다. 이번에는 좀 더 남쪽 해안지대를 타깃으로 삼았다. 한반도의 서남단 끝자락의 진도군(珍島郡)을 공략한 왕건은 여기서 멈추지 않고 더 나아가 남해안으로 돌아서 고이도(皐夷島)까지 당도하였다. 이에 고이도성의 사람들이 싸워볼 엄두도 내지 못하고 항복하였다.

그렇다고 견훤 역시 가만히 손을 놓고 있었던 것은 아니었다. 두고두고 나주 지역에 대해 원한을 가지고 있기도 했지만, 또 한편으로는 후백제의 배후에서의 공격에 대해 일말의 두려움을 느끼기도 했던 견훤은 다시 한 번 나주 공략에 나섰다. 910년, 그는 직접 보병과 기병 총 3천 명을 이끌고 나주성을 포위 공격하였다. 열흘 넘도록 공성전을 벌였지만 물러날 길이 없었던 나주성의 방어 능력도 만만치 않았다. 그렇게 나주 공성전은 무위로 돌아갔으나 규모 면에서 물량공세가 가능했던 견훤은 나주 일대 곳곳을 후백제군으로 통제하며 압살하는 전략을 썼다.

결국 912년경 궁예는 다시 왕건을 나주로 파병하였다. 그는 이전처럼 해상으로 진군해 와서 나주의 포구에 도착하였다. 하지만 사전에 정보를 파악한 견훤은 대규모의 전함 선단을 목포(木浦)부터 덕진포(德眞浦)에 이르기까지 빼곡히 배치해 두고 있었다. 그 규모에 압도당하긴 했어도 후고구려 해군은 그래도 왕건의 아이디어로 적벽대전(赤壁大戰)을 재현하듯 화공에 나섰고, 다행히 바람의 도움에 힘입어 수많은 익사자와 함께 백병전으로 5백 여 명을 쓰러뜨렸다. 견훤은 마치 삼국지의 조조마냥 급히 전장에서 피신할 수밖에 없었다.

나주 지역은 궁예에게 투항하기는 하였지만 후고구려는 한참 멀리 있다보니 훨씬 가까운 후백제의 총력전에는 구조적으로 취약할 수밖에 없었고, 그 때문에 후백제군의 군대에 사방이 가로막혀 자칫 아무런 지원조차 기대할 수 없는 상황에서는 아무래도 마음이 흔들릴 수밖에 없었다. 하지만 이 해전 이후로는 후고구려군의 도움을 직접 경험한 데다가 신뢰까지 쌓여 후백제에 대한 배후 거점으로서 오랫동안 남을 수 있었다.

경쟁자 고려의 등장

이후로 916년에 대야성을 재차 공격하였던 것을 제외하면 한동안 견훤의 후백제는 별다른 움직임을 보이지 않았다. 아마도 덕진포 해전의 여파는 생각보다 컸던 모양이다. 그간 급격한 성장에만 몰두하였던 것에 대한 반성이었을 지도 모르겠으나, 수년간 견훤은 국정에 있어 내실을 다지는 데 신경을 집중하지 않았었을까 생각된다. 그런데 상황변화는 의외로 빨리 다가왔다. 918년 6월 15일, 후고구려 즉 태봉(泰封)의 수도인 철원경(鐵圓京)에서 쿠데타가 발생한 것이다.

왕건이 궁예를 몰아내고 즉위하였다는 소식을 접한 견훤은 8월에 일길찬(7등급) 민합(閔郃)을 사자로 보내서 공작 부채(孔雀扇)와 지리산의 대나무화살(竹箭) 등의 선물과 함께 축하의 말을 전하였다. 고려에서도 광평시랑(廣評侍郎) 한신일(韓申一)을 영접사로 하여 후하게 대접하고 환송해주었다. 어쨌거나 이때의 실제 견훤의

속마음은 알 수 없지만 다루기 힘들었던 당대의 영웅 궁예보다는
그래도 수차례 전장에서 마주쳐본 적이 있는 좀 더 젊은 왕건이
그나마 상대하기 쉽다고 생각하였던 것인지도 모르겠다. 한편 당
시까지 상주에서 호족으로 군림하고 있던 아버지 아자개가 이때
신생국 고려로 투항하였다는 소식에는 그가 어떻게 반응하였는지
는 역사 기록으로 남아 있지는 않다.

이제 슬슬 견훤도 움직이기 시작했다. 920년 겨울 10월, 그간의
숙원이었던 대야성을 드디어 함락시키는 데 성공한 것이다. 보병
과 기병 총 1만 명을 동원한 결과였다. 과거 백제 때 윤충이 대야
성 공략에 성공하였을 때 동원한 병력 수가 1만 명이었다고 하니
대야성 정도 되는 곳에는 그 정도의 대규모 병력이 필요했던 모양
이다.

그는 곧이어 진례성(進禮城, 경상남도 김해로 추정)으로 진군하였고,
이에 놀란 신라의 제54대 경명왕(景明王, 재위 917~924) 박승영(朴昇
英, ?~924)은 아찬(6등급) 김율(金律)을 고려로 파견하여 왕건에게
원군을 요청하였다. 소식을 들은 왕건이 지원군을 파병하자 이미
소기의 목적을 달성하였던 견훤은 더 이상 확전을 원치 않았는지
자진하여 퇴각하였다.

이때의 견훤의 급습은 아마도 이해 1월에 이루어진 고려와 신라
간의 외교관계 개설에 대한 일종의 견제가 아니었을까 싶다. 917
년에 즉위한 신라의 경명왕이나 918년 고려를 건국한 왕건이나

둘 다 이제 새로 시작하는 입장이었다는 점과, 이미 쇠락해버린 나라의 국왕이든 아직 지위가 위태로운 신생국의 국왕이든 모두 상대방의 어려운 처지를 알기에 서로 통하는 바가 있기도 했을 것이다. 현실적으로도 신라는 당시 강국이었던 고려의 군사력이 필요했고, 또 고려는 천년왕국 신라의 권위를 필요로 했으니 서로의 니즈 또한 잘 맞았을 것으로 보인다.

그러나 견훤의 입장에서는 이런 상황이 불편했을 수밖에 없다. 아직 제 궤도에 오르지는 않았어도 고려는 궁예 시절의 군사력을 거의 온전히 이어받았기에 여전히 결코 무시할 수 없는 강대국이었으며, 신라 역시 사실상 소국으로 전락한 상태이긴 했어도 당대인들이 인식하는 그 권위만큼은 아직도 무시할 수 없기 때문이었다. 이 둘이 힘을 합치는 일만큼은 어떻게든 막아야 하는 게 견훤의 입장이었다. 다만 신라는 둘째 치더라도 아직 고려를 상대로 전면전을 펼치기에는 견훤의 후백제 역시 부담이 있었기에 진례성에서 철군하는 선에서 서로간의 직접적인 접촉만큼은 의도적으로 피했던 것 같다. 그러나 이 둘의 맞대결은 시간문제였다.

924년 가을 7월, 견훤은 수미강(須彌康)과 양검(良劍) 두 아들에게 대야성과 문소성(聞韶城) 두 곳의 병력을 배정해주고는 조물성(曹物城, 경상북도 안동 부근)을 공격하도록 했다. 이에 왕건도 급히 장군 애선(哀宣)과 왕충(王忠)을 파병하여 조물성을 지원토록 하였는데, 애선이 전사할 정도로 치열하게 방어한 끝에 후백제군은 결국 별다른 소득 없이 회군하였다. 하지만 이는 일종의 전초전에 불과했다. 견훤이 친정한 것도 아니고 그렇다고 대규모 병력을 동원한 것도 아닌 것으로 보아 아마도 이는 이번 공격의 본질은 아니었을 수 있겠다는 추정이다.

그런데 재밌는 것은 견훤이 1차 조물성 전투 바로 다음 달인 8월에 왕건에게 명마로 유명한 절영도(絕影島, 부산 영도)의 총이말(驄馬)을 선물로 보내온 것이다. 마치 병 주고 약 주는 듯한 행동인데, 잘 생각해보면 그 위치가 다름 아닌 신라의 동남부라는 게 눈에 들어온다. 즉 조물성은 사실 맛보기였고 실제로는 마치 후고구려가 후백제의 배후인 나주를 공략하였듯이, 자신도 양동작전으로 신라의 배후를 확보하였음을 보여주는 일종의 과시행위가 아니었을까 싶은 것이다. 물론 이 정도로 만족할 견훤은 아니었다. 후백제와 고려의 본격적인 대결은 이제 시작이었다.

바로 다음 해인 925년 겨울 10월, 이번에는 견훤 자신이 직접 기병 3천 명을 이끌고 조물성을 공격하였다. 왕건 역시 정예병력을 동원하여 대적하였다. 상대방인 고려측의 공식기록만 봐도 이때의 견훤의 군대가 매우 강성했다고 표현되어 있는데, 이는 전장에서 고려의 정예군을 견훤의 기병대가 이미 실력으로 능가하고 있었다는 뜻이기도 했다. 아마도 이 전투에서 막판에 고려 최고의 장군 유금필(庾黔弼)이 합류하지 않았다면 결과는 모를 일이었을 것이다.

어쨌거나 왕건은 이번 전투에서 견훤의 군대를 이길 수 없다는 냉정한 판단 하에 부득이 시간을 벌기 위해서 먼저 화친을 제안하였다. 얼마나 저자세였는지는 왕건보다 견훤이 열 살 연상이라고 해서 그를 상보(尙父), 즉 우리말로는 어르신이라고 불렀다는 점을 보면 알 수 있다. 더욱이 화친에 대한 증표로서 자신의 사촌동생인 원윤(6품) 왕신(王信)을 인질로 내놓겠다고까지 했다.

견훤 입장에서는 다 이긴 전투라고 생각했을 만도 한데 하필 유금필이 바로 직전까지 후백제의 연산진(燕山鎭)과 임존군(任存郡)을 격파하고 조물성 전장에 모습을 드러내는 바람에 다 된 밥에 재를 뿌린 격이 되고 말았다. 결국 이제는 고려와의 전투에서 압승하는 건 물건너간 상황이었기에 그도 마찬가지로 조카인 진호(眞虎)를 고려측에 보내는 것으로 현실과의 타협을 하였다.

이제 탄력을 받은 견훤은 같은 해 12월에 거창(居昌) 등 20여 개의 성을 더 함락시키는 데 성공한다. 자신감을 얻은 견훤은 중국의 후당에 외교사절을 파견하였고, 후당측에서도 견훤에게 정식으로 해동사면도통(海東四面都統) 백제왕(百濟王)을 인정해주었다. 외교적인 멘트이긴 했어도 어쨌거나 백제왕으로서 해동, 곧 한반도 전체의 지휘권을 인정해준다는 화려한 호칭이었다.

그런데 고려로 간 진호가 다음 해 4월에 급사하는 일이 발생했다. 고려측에서도 매우 당황하였던 듯 광평시랑 익훤(弋萱)을 후백제로 보내 해명하면서 진호의 시신을 전달하였다. 시신은 그가 실제로 병사한 것이지 결코 자신들이 살해한 것이 아니라는 물증이기도 했다. 또한 2년 전에 받았던 절영도의 명마도 함께 반환하였다. 하지만 견훤은 오히려 기회라고 생각한 것인지 불같이 화를 내며 고려측 인질인 왕신을 감옥에 가두고는 웅진(熊津, 충청남도 공주)을 공격하였다. 다급해진 왕건은 여러 성들에 연락해 절대 나가 싸우지 말고 철저히 방어에만 전념하라는 지시를 내렸다.

하지만 그도 어찌되었든 이 난관을 역전시킬 필요성을 느끼고는 있었다. 그가 다음해인 927년부터 새롭게 보인 전략은 최선의 방어는 공격이라는 격언 그대로였다.

- 봄 1월, 왕건이 직접 신라군과 함께 후백제의 용주(龍州)를 정복
- 3월 10일, 왕건이 운주(運州)를 공격하여 성 아래에서 성주 궁준(兢俊)을 격파
- 3월 13일, 왕건이 직접 근품성(近品城, 경상북도 문경)을 공격하여 함락
- 여름 4월, 해군장군 영창(英昌)과 능식(能式)이 해군을 이끌고 강주(康州)를 공격하여 4개 마을을 함락
- 4월, 왕건이 웅주(熊州)를 공격하였으나 실패
- 가을 7월, 원보(4품) 재충(在忠)과 김락(金樂)이 대량성(大良城)을 공격하여 함락, 장군 추허조(鄒許祖) 등 30여 인을 포획
- 8월, 왕건이 강주를 순시하자 고사갈이성(高思曷伊城)의 성주

흥달(興達)이 귀부

여기까지만 보면 왕건의 반격이 성공하는 듯해 보인다. 고사갈이성 외에도 후백제의 여러 성들이 고려에 투항해왔다는 기록도 전해진다. 하지만 이를 손놓고 가만히 지켜만 볼 견훤도 아니었다. 그의 보복은 철저하고 또 잔인했다. 다만 이번의 대상은 고려가 아니라 신라였다.

신라 왕경 급습

927년 9월, 견훤은 직접 나서서 연초 고려에 빼앗긴 근품성을 탈환하였다. 그리고는 마치 자신의 보복이 얼마나 철두철미한지를 보여주려는 듯 성을 아예 불태워버렸다. 뿐만 아니었다. 그는 곧바로 동남쪽으로 신라 영토인 고울부(高鬱府, 경상북도 영천)를 기습함으로써 자신이 어디를 목표로 하고 있는지를 보여주었다. 여기서 고울부를 지나면 이제 남는 것은 신라의 심장부인 왕경뿐이었다.

그 동안 어느 누구도, 심지어 신라를 멸도(滅都)라고 불렀던 궁예조차도 시도해보지 않은 전격적인 기동이었다. 당황한 경애왕은 고려로 연식(連式)을 급파해 풍전등화와도 같은 신라의 위급한 처

경주 포석정 - 국가유산청

지를 알려왔다. 당연히 동맹관계에 있던 고려는 대응에 나서지 않을 수 없었다. 겨울 10월, 왕건은 급히 군대를 보내 신라 구원에 나서도록 하였다. 하지만 거리와 시간 모두 견훤의 편이었다. 후백제군과 신라 사이에는 어떠한 장애물도 찾아볼 수 없었다. 이미 신라에는 국방력이라고 부를 만한 게 남아 있지 않았기 때문이다. 훤히 뚫린 고속도로에서 브레이크도 밟지 않고 달리는 견훤의 진군 속도는 그만큼 빨랐다. 때가 무르익었다고 판단한 그는 11월 초의 어느 한겨울 날 한 치의 망설임도 없이 그대로 수도 북쪽의 시림(始林), 곧 오늘날 첨성대 바로 앞의 계림(鷄林)이라는 숲을 향해 진군하였다.

견훤이 직접 이끌고 있는 후백제군이 신라 수도 한복판으로 빠르게 다가오고 있다는 충격적인 소식에 신라 왕실은 말 그대로 뒤집어졌다. 경애왕은 가족, 친지들과 함께 다급히 반대 방향으로 피신을 떠날 수밖에 없었다. 아마 이때 이들이 향한 곳은 왕경의 남쪽에 있는 남산(南山)의 신성(新城)이었을 것이다. 이곳은 원래부터 무기고와 식량창고가 갖추어져 있어서 장기 방어전에 유리한 장소였다. 고구려의 수도가 평지성과 산성의 이중 방어체계로 운영되었던 것처럼 신라 역시 수도 방위를 위해 그러한 이중의 산성 체계를 운영하였던 듯하다. 그러나 안타깝게도 후백제군의 진격 속도가 왕가의 행렬보다 훨씬 빨랐다. 추격하는 쪽은 전문적인 군인들이었으니 당연할 수밖에 없었다. 이들이 따라잡힌 장소는 남산 서북쪽의 포석정(鮑石亭)이란 곳이었다.

그렇게 아무런 준비가 되어 있지 않은 피난 행렬을 후백제군이 급습하였다. 그리고 일대 살육이 펼쳐졌다. 경애왕은 왕비와 함께 가까스로 별궁을 향해 달아날 수 있었지만, 다른 왕족이나 신하 및 궁녀들은 광풍과도 같은 피바람을 피할 수 없었다. 이들은 사방으로 흩어져 숨었지만, 후백제군에게 사로잡힌 이들은 지휘고하를 막론하고 모두가 땅에 엎드려 목숨만 살려달라고 애걸복걸하였으나 다들 죽임을 면치는 못하였다.

견훤은 군사들에게 공식적으로 약탈을 허락했다. 이제부터 빼앗을 수 있는 모든 것은 자신들의 차지가 되었으니 눈에 불을 켜고 약탈에 나설 수밖에 없었다. 그리고 그 자신은 왕궁에 들어가 왕좌에 앉았다. 마치 그가 국왕이 된 듯했다. 견훤은 숨어 있는 국왕을 찾아오게 했다. 그렇게 경애왕은 왕비와 함께 별궁에서 붙잡혔고, 후백제군 진영으로 끌려가 포로로 갇혔다. 모든 것을 잃고 이제 목숨 하나 겨우 남아 있던 경애왕은 진중에서 그마저 스스로 버려버리고 만다. 이미 도처에서 피의 숙청이 이루어지고 있던 와중에 일개 전쟁포로로 붙잡힌 경애왕으로서는 자신의 비극적인 미래를 예견한 극도의 공포감 때문이었는지, 혹은 무력감과 좌절감 속에 더 이상 어쩔 도리가 없다고 판단하였던 것인지는 알 수 없다. 즉위한 지 3년 3개월밖에 되지 않은 젊은 국왕의 안타까운 최후였다. 일설에는 견훤이 그의 자결을 종용하였다고 하기도 하지만 있는 그대로 믿기에는 어려움이 있다. 마음만 먹으면 얼마든지 처형시킬 수가 있는데 굳이 그렇게 번거로운 과정을 거칠 필요가 있었을까 싶기 때문이다. 어쨌거나 이때의 견훤군의 기세가 어찌나 격렬하였던지 이 상황을 직간접적으로 겪어본 신라의 왕경인들은 나중에 "승냥이나 호랑이를 만난 것 같았다"고 표현을 할 정도였다.

이성 대신 흥분이 가득했던 한바탕 폭풍이 몰아친 다음에도 할 일은 있었다. 냉정을 찾은 견훤이 한 일은 갑자기 숨진 경애왕의 뒤를 이어 차기 국왕을 지정하는 것이었다. 그는 일종의 국왕 권한대행에 해당하는 권지국사(權知國事)로 김부(金傅, ?~978)를 지명하였다. 그렇게 그에 의해 발탁된 인물이 바로 신라의 마지막 국왕이 되는 제56대 경순왕(敬順王, 재위 927~935)이다. 그는 김씨였으니 경애왕이 박씨였던 것과 차이가 있는데, 사실 둘은 헌강왕의 두 딸의 자식이라서 성씨만 다를 뿐 혈연적으로는 아주 가까운 외사촌 사이였다.

어쨌거나 견훤은 경순왕의 동생 효렴(孝廉)과 재상 영경(英景) 및 여러 자식들을 인질로 잡았으며, 국가의 보물과 무기, 다양한 기술이 있는 장인들을 데리고 돌아갔다. 동생은 인질로서 이해가 되는데 재상 영경은 왜였을까? 아마도 그 역시 경순왕의 가까운 친족이어서 인질로서의 가치가 있었을 가능성이 하나, 또 귀국 후에도 계속해서 신라 정부를 좌지우지해야 하는 견훤 입장에서 재상이라는 고위관료를 막하에 두고 원격으로 국정통치에 영향력을 미치고자 하였던 것이 또 하나의 이유가 아니었을까 싶다. 어쨌든 여러 행정절차들을 마무리한 후 견훤은 약 보름 간의 체류를 마치고 11월 하순경 신라 왕경에서 떠났다.

그런데 이와 같은 초유의 사태와 관련하여 쉽게 이해되지 않는 측면이 여럿 있다. 하나하나 살펴보도록 하자. 우선 견훤은 왜 누구도 시도해보지 않은 신라 왕경의 직접 타격을 전격 결정하였던 것일까? 이에 대해서는 『삼국사기』의 찬자가 견훤 열전에서 평가한 내용을 먼저 읽어보는 것이 좋겠다.

당시 신라의 국왕과 신하들은 국가가 쇠락 중인 상황에서 다시 국력을 키우기는 어렵다고 판단하여 왕건을 끌어들여 친선관계를 맺어 지원을 얻으려고 노력하고 있었다. 견훤은 자신이 신라를 차지할 생각을 가지고 있었는데, 이러다 왕건이 먼저 신라를 흡수하게 될까 우려한 까닭에 스스로 군대를 이끌고 왕도에 쳐들어가는 만행을 저질렀다.

실제로 신라의 왕실은 내내 친고려 정책을 펴고 있었고 공식적으로도 상호 우방국으로서 자리매김을 하고 있었기에 그가 고려의 신라 차지를 걱정했다는 부분은 사실일 것이다. 아무리 신라가 이 당시 국운이 다하여 아무런 힘도 없었다고는 해도, 어찌되었든 아직도 토지와 국민이라는 유용한 자원, 그리고 나아가 허울뿐이긴 했어도 천년왕국이라는 위세를 가지고 있었기에 이를 필요로 하는 것은 후백제나 고려나 동일했다. 다만 한쪽은 강압적으로, 다른 한쪽은 친화적으로 접근한다는 차이만 있었을 뿐이다. 한반도 영토의 반대편 저 멀리에만 있었다보니 직접 신라 정부의 내막을 접해볼 일이 없었던 고려의 왕건에 비해서, 자신은 신라 가까이에서 심지어 그 안의 상황까지 직접 다 살펴보고 느껴보았던 지라 견훤은 신라의 미래는 이미 끝났다고 판단하고 있었지는 않았을까. 그렇기에 그는 신라의 몰락을 기정사실로 받아들이고 넥스트 스텝을 준비하고 있었던 것은 아니었을까 생각이 된다. 그 결정적 전환점이 바로 신라 왕경에 대한 직접 공격이었고 말이다.

그런데 왜 견훤은 애써 신라의 심장부까지 점령하여 국왕마저 세상을 등진 상황에서 스스로 즉위하지도 않고 또 그렇다고 신라를 병합하지도 않았을까? 왜 굳이 온갖 고생을 다 하며 거대한 위업을 달성할 수 있는 마지막 순간에 그는 한 발 물러서는 결정을 하였던 것일까? 여기에는 크게 두 가지 검토가 가능할 것 같다. 현대 민주사회에서는 잘 이해하기 어려운 일이지만, 우선 전통사회에서는 국왕의 권위라는 게 생각보다 상당히 강력한 개념이라는 점에 주목해야 한다.

가까운 나라 일본은 아예 공식적으로 천황이 만세일계(萬世一系)로 이어져 내려왔다고 생각한다. 천황의 권위가 땅에 떨어졌던 센고쿠시대조차도 여러 쇼군이나 심지어 오다 노부나가와 같은 실력자도 매한가지로 스스로 천황으로 등극할 생각 자체를 하지 않았다. 물리적으로 못할 바도 아니었지만 어찌되었든 그 시대의 관념으로는 그것이 생각하는 것조차 불가능한 그런 가치관의 사회였다고 이해하는 게 좀 더 빠를 것이다.

우리가 잘 아는 『삼국지』 속 여러 나라들도 별다르지 않다. 어차피 이미 몰락한 상태였던 한나라를 대체해서 위나라가 설 때도 조조가 아니라 아들 조비 때에, 그것도 공식적으로 '양위(讓位)'라는 형식을 빌어서 겨우 가능했다. 사마의와 그의 아들들이 모든 실권을 가졌던 진나라가 위나라를 이을 때에도 똑같이 그들이 직접은 감히 하지 못했고 사마의의 손자대가 되어서야 마찬가지로 억지로 양위의 과정을 거쳐서 겨우 진나라가 공식적으로 위나라를 승계할 수가 있었다.

한반도의 역사도 별반 다르지 않다. 한참 후 고려에서 조선으로 넘어가게 될 때의 과정을 다시 한번 떠올려볼 필요가 있다. 구구절절이 설명하지는 않겠지만, 이성계가 고려의 마지막 국왕으로부터 양위를 받아 조선이 건국되었다는 사실은 누구나 잘 알 것이다. 그 고려 국왕이 바로 공양왕(恭讓王)이다. 그 이름의 뜻 자체가 국왕의 자리를 공손히 양위해주었다는 뜻이다. 그만큼 동양 사회에서 군주의 권위에 도전한다는 게 생각보다 만만치 않은 일이라는 사실을 이해할 필요가 있다.

그렇기에 전통사회에 속해 있던 견훤이란 인물도 단순히 군사적으로 신라 왕경을 정복하였다고 하더라도 무리없이 천년왕국 신라 전체를 흡수하기 위해서는 그 과정에도 주의를 기울여야 한다는 것은 기본적으로 잘 알고 있었을 것이다. 아마도 그가 떠올린 방안도 결국 자신이 세운 마지막 국왕을 통해 양위를 받는 모종의 절차가 아니었을까? 이성계가 고려의 마지막 왕을 옹립한 다음 양위를 거쳐 조선을 건국하였듯이 말이다. 아쉽게도 여기서 견훤이 설계한 양위의 아이디어는 오히려 나중에 그의 경쟁자가 그 과실을 따먹게 된다는 점은 아이러니이지만 말이다.

또 다른 측면에서는 현실적인 이유가 있었던 것으로 보인다. 즉 신라의 SOS를 받은 고려의 대군이 빠른 속도로 추격해오고 있었다는 점 말이다. 이에 대해서는 바로 아래에서 따로 다루겠지만, 어쨌든 한 달도 채 못 지내고 빠르게 신라 왕경을 빠져나가야 했던 것이 눈앞에 닥쳐 있던 전쟁의 위협 때문이었다는 점은 분명하다. 그가 조금만 방심하고 자칫 복귀 시점을 놓쳤다면 이후의 역사가 어떻게 바뀌었을지 모를 일이다. 더욱이 이 직후에 벌어지는 전투가 역사적으로 얼마나 결정적이었던 일대 사건이 되는지, 또 그에 대해 준비가 되어 있던 견훤이 그 덕분에 어떠한 커다란 이점을 가져가게 되는지는 다시 살펴보게 될 것이다.

그리고 끝으로, 차기 국왕으로 왜 다른 이도 아닌 김부가 선택을 받은 것이었을까? 여기에는 여러 가지 정치적인 해석이 가능하다. 전통적으로는 박씨 정권을 김씨 정권으로 되돌린 것이라는 해석도 있었지만, 어차피 둘 다 경문왕, 헌강왕 집안의 두 사위의 자손이니 사실 큰 차이는 없다. 또 그 이전부터 경애왕까지 친고려 정책을 일관되게 유지해오자 그에 대한 반발로 새로운 인물로 정권을 교체하였다고도 보는데, 이 역시 새로 경순왕으로 즉위하는 김부 또한 사실상 그러한 정책기조에서 벗어나지 못했기 때문에 실효성 있는 분석은 아니다. 또는 이 사건 이전에 견훤과 김부 간에 사전 교감이 있었던 것은 아니겠느냐는 짐작도 가능은 하나, 이 또한 마찬가지로 이후의 김부의 배신과도 같은 행동을 보아서는 쉽게 받아들이기는 어렵겠다.

여전히 추론이긴 하나 그나마 가능성이 있는 해석은, 아무런 힘 없는 인물을 차기 국왕으로 올려놓고 자신이 배후에서 실질적으로 통제하려고 하였다는 설이다. 고구려의 연개소문(淵蓋蘇文)이 쿠데타 직후 마지막 국왕이 되는 고장(高臧)을 선택한 것도 그가 전임 국왕의 조카이지만 사실 왕위 계승권자가 아니었기에 자신이 통제력을 가질 수 있다는 판단에서 낙점이 되었고, 또 나중에 고려의 무인정권 당시 무신들이 국왕을 갈아치울 때도 언제나 왕족 중에서 가장 힘 없는 인물들을 골라서 선택하였던 사례를 참고해볼 수 있을 것이다. 실제로 경순왕은 나중에 자신의 편한 여생을 위해 천년왕국 신라의 역사를 자신의 치세에서 끝내고 고려로 귀부해버리고 만다. 심지어 일명 마의태자(麻衣太子)라고 불리는 경순왕의 왕태자가 뜯어말리는 데도 불구하고 일신의 안위를 위해 모든 것을 포기하고 마는 인물이 다름 아닌 경순왕이었다. 견훤은 그러한 김부의 유약한 성격을 간파하고 그를 신라의 마지막 국왕으로 점찍었던 것은 아니었을까. 물론 그것이 제 발등을 찍게 될 줄은 견훤도 미처 예측하지는 못했지만 말이다.

공산 동수 전투

견훤이 물러난 후 경애왕의 사망 소식은 왕건에게도 전해졌다.

그는 신라로 조문 사신을 따로 보내놓고, 자신은 정예기병 5천 명을 이끌고 견훤의 후백제군 공격을 위해 직접 나섰다. 두 국왕의 직할부대가 마주친 전장은 공산(公山)의 동수(桐藪), 즉 오늘날 대구 북쪽 팔공산의 중턱에 위치한 동화사(桐華寺)였다. 일전에 한 차례 두 영웅이 직접 해상전을 벌인 적이 있지만, 육상전에서의 실력만큼은 견훤이 한 수 위였다. 이미 치밀한 계획 하에 신속한 기동력으로 전쟁의 주도권을 쥐고 모든 상황을 통제하고 있던 견훤에게 왕건은 좋은 먹잇감에 불과했다.

후백제군은 왕건을 포위하는 데까지 성공했다. 매우 위급해지자 왕건의 개국공신 두 명, 즉 대장 신숭겸(申崇謙)과 김락(金樂)이 그를 대신해 앞장서서 전투를 벌이다 전사했을 정도로 전황은 아주 심각했다. 당시 고려측 기록의 표현을 빌자면 고려는 전군이 패하였고 왕건은 겨우 목숨만 건졌다고 한다. 불과 한 달도 안 걸려 신라와 고려 두 국가를 완전히 짓이겨버린 견훤의 완벽한 승리였다.

아마도 이때가 61세로 환갑의 마지막 나날을 보내고 있던 견훤 입장에서는 인생에서의 최고의 전성기가 아니었을까. 물론 여러 차례 굴곡은 있었지만, 젊은 시절 일개 군인의 신분으로 동경하듯이 바라보았던 신라의 왕경을 직접 무력으로 정복하였고, 건국 후 국왕으로 등극한 그에게 화공으로 함대를 잃고 혼자 몸을 빼내 달아나도록 만들었던 자를 대상으로 육지에서 똑같이 통한의 복수를 되갚아준 해가 바로 이때였기 때문이다.

이해 연말에 후백제의 수도로 돌아와 있던 견훤은 왕건에게 편지를 보냈다. 이 글은 후삼국시대의 3대 천재라고 불리는 최승우가 쓴 것이라는 이야기도 전해진다. 조금 길지만 견훤의 생각을 직접 들어볼 수 있는 좋은 기회이니 한번 음미해보도록 하자.

일전에 신라의 국상 김웅렴(金雄廉) 등이 귀하를 왕경으로 불러들이려 한 것은 분명 국민들을 도탄에 빠트리고 국가와 왕실을 폐허로 만들 뻔한 행동이었소. 이런 까닭에 나는 먼저 채찍을 잡고, 홀로 도끼를 휘둘렀던 것이오. 그래서 조정의 관리들로부터 명확히 맹세를 받고 정부에게는 정의를 가르쳐주고자 하였는데, 뜻하지 않게 간신들은 도망쳐 숨어버리고 국왕은 돌아가시는 변고가 발생하였소. 이에 부득이 경명왕(景明王)의 외사촌 동생이자 헌강왕(憲康王)의 외손자로 하여금 왕위에 오를 것을 권함으로써, 위태로운 나라를 다시 세우고 비어 있는 국왕의 자리를 다시 채운 것이오. 귀하는 내 충고는 자세히 듣지도 않고 그저 뜬소문만 믿고서 별의별 방법으로 빈틈을 찾아 각지에서 우리에게 공격을 가해왔소. 그럼에도 역시 내 말머리도 보지 못하고 소털 하나도 뽑을 수 없었소. 초겨울(10월)에는 도두 색상(索湘)이 성산(星山)의 진영 아래에서 손발이 묶인 채 패했고, 또 한 달만에 좌장 김락(金樂)은 그 해골이 미리사(美利寺, 대구의 팔공산) 앞에 놓이는 신세가 되었

소. 전사자도 많고 포로도 많았는데 미처 다 붙잡지 못한 자도 적
지 않으니, 힘의 차이가 이 정도라면 승부는 안 봐도 뻔할 것이오.
내가 바라는 바는 평양의 누각에 활을 걸어두고 패강(浿江, 대동강)
의 물을 말에게 먹이는 것이오. 그러나 지난달(11월) 7일에 오월국
의 사신이 와서 국서를 전해왔는데, '경과 고려는 오랫동안 우호
를 통해왔고 함께 좋은 이웃으로 지낼 것을 맹약한 것으로 안다.
그런데 근래에 서로의 인질이 각자 사망하는 바람에 결국 화친의
관계를 잃어버리고 서로 국경을 침범함으로써 전쟁이 끊이지 않
고 있다. 이제 사신을 양국에 모두 보내니, 서로 우호를 복원하여
오래도록 평화를 구가하도록 하라.'는 말씀이었소. 나는 의리를 중
시 여기고 왕실을 존중하며 또한 대국을 섬길 줄 알기에 그 국서
의 내용을 듣고서 마땅히 그 의견을 따르고자 하오. 다만 걱정되
는 것은 귀하가 싸움을 그만두고자 해도 감히 그만두지 못하고 곤
경에 처했음에도 오히려 계속 싸우려 들지 않을까 하는 것이오.
지금 국서의 사본을 동봉하여 보내니 유의해서 자세히 살펴보기
바라오. 둘이서 싸우기만 하는 것은 곧 남들에게는 웃음거리가 될
뿐이오. 나중에 되돌리고 싶어도 그러지 못하는 후회할 일을 스스
로 남기지 않도록 하시오.

좋게좋게 이야기하고는 있지만 결론적으로는 평화를 원한다면
수그릴 줄 알아야 한다는 내용이었다. 특히나 중간중간 엿보이는

견훤의 자부심이 잘 느껴지는 글이다. 당시 고려의 수도는 개경 곧 오늘날의 개성이었지만, 그가 언급한 평양성 아래에서 말에게 물을 먹이겠다는 발언은 고려를 넘어서서 후백제를 중심으로 한 후삼국의 통일 의지를 내비친 자신감의 발로였다. 마치 옛 백제의 전성기를 구가한 근초고왕(近肖古王)이 고구려의 평양성을 치면서 고국원왕(故國原王)까지 전사시켰던 그 사례를 연상시키는 듯한 멘트이기도 하다. 그에 대한 왕건의 답변도 있지만 이는 왕건 편에서 따로 다뤄보도록 하겠다.

전 해의 여파는 928년과 929년에도 계속 이어졌다. 여름 5월에 강주(康州)의 지휘관인 원보 진경(珍景) 등이 고자군(古子郡, 경상남도 고성)으로 양식을 운반하기 위해 잠시 자리를 비워둔 틈을 타 견훤은 부대를 파견하여 기습공격을 가했다. 진경 등이 급히 되돌아와 후백제군과 맞서 싸웠지만 결과는 참패였다. 사망자만 3백여 명이었고, 장군 유문(有文)은 끝내 후백제에 항복하고 말았다.

가을 8월, 견훤은 장군 관흔(官昕)에게 양산(陽山, 충청북도 영동)에 축성할 것을 지시하였다. 이 동향을 보고받은 왕건은 명지성(命旨城, 경기도 포천)의 장군 원보 왕충(王忠)을 파견해 훼방을 놓도록 했다. 이에 관흔은 대야성으로 회군할 수밖에 없었는데, 순순히 돌아갈 생각은 없었던 듯하다. 그는 휘하 군사를 동원하여 대목군의 벼이삭을 베어갔고, 또 인근의 오어곡(烏於谷, 대구 군위)에 부대를 나누어 주둔시켜 죽령(竹嶺), 곧 오늘날 충청북도와 경상북도를 잇는 교통의 요지를 가로막았다. 이로써 고려와 신라의 주요 교통로 한 곳이 끊겨버렸다.

겨울 10월에 견훤은 강병들을 동원하여 오어곡의 부곡성(缶谷城)을 공격하였고, 11월에 결국 함락시키는 데 성공하여 수비군 1천여 명을 전멸시킨 것은 물론 장군 양지(楊志)와 명식(明式) 등 6명은 후백제군에 항복해왔다. 이 충격적인 패전소식에 격노한 왕건은 전군을 소집하여 이때 항복한 6명의 장군들의 가족들에게 연좌죄를 물어 전부 공개처형하였다고 한다.

해가 또 바뀌어, 929년 가을 7월에 견훤은 중무장한 군사 5천 명을 동원해 이번에는 고려의 의성부(義城府)에 공세를 퍼부었다. 이때 성주이자 장군인 홍술(洪術)은 후백제군을 상대로 치열하게 싸우다가 전사하고 만다. 후백제군은 동시다발적으로 순주(順州, 경상북도 안동 인근)도 공격해왔다. 후백제군의 하늘을 찌르는 위세에 장군 원봉(元奉)은 어이없이 도망쳐버리고 말았다. 연속되는 우울한 소식에 왕건은 또 다시 화를 참을 수밖에 없었다.

겨울 10월에 견훤은 고사갈이성(高思葛伊城) 공격을 준비하였다. 불과 2년 전에 왕건에게 투항하였던 이곳의 성주 홍달(興達)은 후백제군의 진군 소식을 듣고는 극도의 공포 속에 10일 만에 병들어 죽고 말았다. 나아가 견훤은 자신의 고향인 가은현을 포위 공격하였으나 함락에는 실패하였다.

그리고 정확한 시점은 기록으로는 나와 있지 않지만 이 무렵 언제인가에 오래 전 왕건이 일개 장군이던 시절 차지하였던 금성, 곧 나주 역시 후백제의 손아귀에 떨어졌다. 나주 전역이 완전히 정복된 것인지 거의 목숨만 붙어 있을 정도로 고사작전으로 희생된 것인지는 알려져 있지 않으나, 어쨌거나 이로부터 6년 동안이나 고려는 나주 지역을 상실한 채 아무런 동향도 알 수 없는 암울한 기간을 보내야만 했다.

이상과 같이 왕건에게는 악몽과도 같은 3년간이었고, 견훤에게는 이보다 더 좋을 수 없는 나날이었다. 하지만 그에게도 언제나 행운이 계속될 수는 없었다. 결정적 사건은 이해 말에 일어났다.

운명의 고창 전투

929년 12월, 견훤은 고창군(古昌郡, 경상북도 안동)을 포위 공격하였다. 아마도 견훤은 계속해서 고려군을 몰아붙여 완전히 신라의 북부와 고려의 남부를 끊어놓는 전략을 펼치고 있었던 것으로 보인다. 그리고 왕건도 그러한 견훤의 생각을 꿰뚫어보고 있었다. 더 이상 물러날 길이 없던 그로서는 이제 선택의 기로에 놓여 있었다. 이 당시 고창군에는 고려군 3천 명이 주둔 중이었다. 이대로 견훤에게 길이 끊기면 고려군 3천 명은 그대로 후백제군의 먹이가 되고 말 운명이었다. 이에 그는 직접 출진하였다. 다만 전투 전에 퇴로부터 걱정할 정도로 그는 계속되는 패전에 의기소침한 상태였다. 견훤에게는 불행이었지만 이때의 왕건 곁에는 저돌적인 장군 유금필이 있었다. 그가 저수봉(猪首峯)을 통해 분격해오는 바람에 후백제군은 고창군으로의 진입로를 열어주고 말았다. 뼈아픈 실책이었다.

그렇게 견훤의 후백제군은 석산(石山), 왕건은 병산(甁山)에 주둔하였는데, 고창군의 북부에 자리한 두 진영간의 거리는 불과 6백미터밖에 되지 않았다. 해가 바뀌어 운명의 날은 1월 21일이 되었다. 양측 군대는 치열한 접전을 벌였고, 하루 종일 여러 차례 전투가 벌어져 저녁 때까지 이어졌다. 그런데 결과는 공산 전투 때와 반대로 나타났다. 시랑 김악(金渥)이 고려군에 포로로 잡히고 후백제측 전사자만 해도 8천 명에 달할 정도로 이번에는 견훤의 참패였다. 대승을 거둔 왕건의 고려군은 3년 전의 공산 전투 때의 복수를 이날 이루었다.

하지만 패배한 견훤도 그대로 물러날 생각은 없었다. 다음 날 패전한 군사들을 추스른 다음 인근의 순주성(順州城)을 재차 공격해 약탈을 벌인 것이다. 신속하게 성을 함락시킨 다음 사로잡은 백성들을 이끌고 후백제군은 수도 전주로 회군하였다. 이와 같은 미처 예상치 못한 견훤의 대응에 고창 전투의 승자 왕건도 뒤통수를 맞은 셈이었다.

어쨌든 후백제군이 패퇴하자 신라의 친고려 움직임은 공고해졌다. 왕건이 신라 수도를 처음으로 방문한 것도 이 고창 전투 이후 였고, 천년왕국 신라의 왕실이 고려로의 투항을 본격적으로 고민 하게 된 것도 이 고창 전투가 계기가 되었다. 견훤으로서는 정말 치명적인 패전이 아닐 수 없었다.

반격 또 반격, 그러나…

시간은 조용히 흘러, 932년 6월 15일 후백제의 장군 공직(龔直) 이 고려에 항복했다. 이는 견훤에게도 심리적 타격을 준 사건이었 는데, 왜냐하면 공직은 후백제 안에서도 용장이자 지장으로 명성 을 떨치던 인물이었기 때문이다. 이 소식에 격노한 견훤은 연좌제 를 적용해 두 아들과 딸을 대신 처벌하는 것으로 대응하였다.

문제는 여기서 끝이 아니었다. 가을 7월에는 왕건이 공직의 제 안으로 군대를 파병하여 일모산성(一牟山城, 충청북도 청주와 보은 사 이) 공격에 착수하여 그해 연말쯤 점령하는 데 성공하게 되는데, 이는 이제 전장이 후백제의 영토로 옮겨간 첫 사례이자 상징적인 사건이었다. 하지만 아직 견훤은 고려측의 전략에 말려들어갈 생 각이 전혀 없었다. 그는 전쟁의 주도권을 항상 자신이 쥐어야만 했고 또 받은 만큼 혹은 그 이상 돌려줘야지만 직성이 풀리는 성 격이었다. 그의 작전은 당시 누구도 예상치 못했던 곳을 노린 것이었다.

늦가을인 9월에 견훤은 일길찬(7등급) 상귀(相貴)를 지휘관으로 하여 해군을 동원해 고려의 핵심부인 예성강(禮成江)을 치도록 했다. 고려의 수도 개경 인근의 해안가가 말 그대로 쑥대밭이 된 것이다. 후백제 해군은 무려 3일 동안이나 적진의 한복판에 머물며 염주(鹽州), 배주(白州), 정주(貞州) 세 지역의 고려 군함 100척을 불태워버린 것은 물론 저산도(猪山島)에서 기르던 군용마 300필을 탈취하는 전공을 거두었다. 마치 덕진포 해전 때의 승패를 역으로 보여주는 것 같았다.

이뿐만이 아니었다. 바로 다음 달인 초겨울 10월에 또 다시 해군 장군 상애(尙哀)를 파병하여 지난번 저산도에 이어 이번에는 대우도(大牛島) 등지를 공격해왔다. 왕건이 대광(2품) 왕만세(王萬歲)를 보내어 구원토록 하였지만 오히려 패전하고 말았다. 연속으로 심지어 자신의 본거지 근방에서 후백제군의 해상침투작전에 대책없이 당하다보니 왕건은 근심에서 벗어나지 못했다.

933년에도 후백제군의 활약은 계속되었다. 기록은 짧게만 남아 있지만 여름 5월에 후백제군은 혜산성(槥山城), 아불진(阿弗鎭) 등지를 공격하였고, 신라 수도 북부에도 견훤의 아들 신검(神劍)의 후백제군이 활동을 벌이고 있었음을 확인할 수 있다.

그러나 아무리 저돌적이고 기발한 작전에 능한 견훤이라 하더라도 이미 기울어진 전세를 다시 뒤집는다는 것은 생각만큼 쉽지 않았다. 934년 9월, 왕건이 직접 군대를 이끌고 운주(運州, 충청남도 홍성)를 공격해오자, 견훤 역시 중무장군 5천 명으로 대응에 나섰다. 그런데 고려군이 규모나 구성 측면에서 더 우세하였던 모양인데, 이에 견훤이 이번에는 먼저 화친을 청했다.

"양측 군사가 이제 전투를 벌이면 서로 득실 없이 피해만 쌓일 테니, 많은 무고한 병사들이 죽거나 다치 않도록 현재의 국경선을 유지하는 평화조약을 맺읍시다."

솔직히 이에 왕건도 마음이 기울었는지 휘하 장군들과 의논하였는데, 주전론자인 유금필이 승리를 확신하며 대결을 주장하였다. 결국 그의 뜻대로 운주 전투는 고려군의 기습으로 개시되었다. 화평 제안에 대해 아직 답변을 듣지 못한 상태여서 전투 준비가 되어 있지 않았던 후백제군은 유금필의 정예기병 수천 기가 갑자기 돌격해오자 혼돈 속에 3천 명 이상이 전사하였고, 용장(勇將) 상달(尙達, 혹은 상봉(尙逢))과 최필(崔弼) 등 지휘부도 다수 포로로 잡히고 말았다.

이 운주 전투의 여파 역시 컸다. 고려측의 승전 소식에 운주 일대, 웅진(熊津) 이북의 30여 개 지역이 고려측에 항복한 것이다. 그만큼의 후백제 영토가 줄어들었음은 물론이다. 더욱이 가장 뼈아픈 부분은 바로 다음 해에 결국 신라가 자진하여 고려로의 병합을 선언한 것이었다.

기록의 진위는 확인하기 어렵지만 『삼국유사』에 따르면 견훤 역시 이 무렵 그간 주전파로서의 면모를 내려놓고 고려로 항복할지를 고민하였다고 한다.

"내가 신라 말에 백제를 세운 지 여러 해가 되었다. 군사는 북쪽의 고려군보다 배나 많으면서도 결코 이기지 못하니 분명 하늘이 고려를 돕고 있는 것 같구나. 그렇다면 북쪽 고려왕에게 귀순하는 게 옳지 않겠느냐."

이에 견훤의 아들들이 반대하여 실제 진행은 되지 않았다지만, 어쨌거나 고려측 기록인지라 이대로 믿기는 어려울 듯하다. 다만 935년 어느덧 69세의 노인이 되어 있던 견훤도 후백제의 미래와 자신의 다음 세대를 준비하지 않을 수 없었다. 언제나 그렇듯 한 국가의 몰락에는 차기 권력구도가 문제가 되었다. 견훤 역시 이 운명을 피하지는 못했다.

쿠데타 그리고 망명

935년 3월의 어느 봄날, 모두가 아직 잠들어 있던 새벽녘이었다. 그런데 갑자기 멀리 대궐의 뜰에서 고함소리가 들려왔다. 그 소리에 눈을 뜬 견훤은 주위에 저게 무슨 소리인지 물었다. 그때 맏아들 신검이 나타났다. 그의 떨리는 발언에는 무시무시한 내용이 담겨 있었다.

"왕께서는 어느덧 나이가 드셔서 국정과 군사에 어두워지셨기에, 장자 신검이 부왕의 자리를 대신하게 되었다고 하여 여러 장군들이 기뻐하는 소리입니다."

왕실 쿠데타였다. 그 고함소리는 신검을 떠받드는 장군과 군사들의 것이었다. 노년의 견훤이 왕위를 다른 아들에게 주려고 하는 움직임에 노심초사하던 왕자들과 그의 추종자들이 벌인 일이었다. 다만 신검이 스스로를 3인칭으로 부른 것은 흥미로운 부분인데, 자기가 쿠데타를 일으킨 것이 아니라 마치 자신 역시 상황에 떠밀려 그렇게 되었다는 투의 말투였기 때문이다. 대체 후백제 왕실 내에서는 이 당시 무슨 일이 있었던 것일까?

여기서 잠깐 이번 쿠데타의 배경에 대해 알아보자. 신비로운 견훤의 출생만큼이나 그의 가족관계도 미스터리이다. 아내도 정확한 정보가 없고, 자식 또한 자녀가 아홉이라거나 아들만 10여 명이라거나, 신빙성이 떨어지는 불분명한 정보들뿐이다. 확실한 것은 자신이 총애했던 아들 그리고 자신을 향해 쿠데타를 일으킨 아들 세 명의 이름뿐이다.

우선 넷째라고 표현된 아들 금강(金剛)은 키도 크고 두뇌회전도 빨라서 견훤이 왕위를 물려줄 생각까지 하였다고 하는데, 921년 조물성을 공격한 수미강(須彌康)이 그가 아니었을까 싶다. 고구려의 연개소문(淵蓋蘇文, 당시 발음으로 이리가수미(伊梨柯須彌))이 또 다른 발음으로 연개금(淵蓋金)이라고도 하였듯, 이름을 한자식이 아니라 일본어처럼 훈독을 하게 되면 금(金)은 쇠, 즉 옛 한국어로 '수미'가 되기 때문이다. 후삼국 시기 신라 남부지역의 소율희(蘇律熙)라는 인물도 동시에 김율희(金律熙)로 기록되기도 한 것을 보면, '김' 혹은 '금'은 원래 한자의 뜻인 '쇠'에 가깝게 발음되었던 듯하다. 즉 지역에 따라 방언마다 발음의 차이는 있었을 수 있겠으나, 기본적으로는 오늘날 일본식 훈독처럼 한자 표기와 실제 발음이 달리 되는 경우가 왕왕 있었던 것으로 보인다.

그리고 이에 반발한 아들들로는 바로 견훤 곁에 있던 신검(神劍)과 강주도독(康州都督) 양검, 그리고 무주도독(武州都督) 용검이 있었다. 신검이 맏아들이라는 사실만 전할 뿐 나머지는 형제 순서도 알 수가 없다. 이들은 금강보다 형이라고만 나와 있는데, 이 또한 믿기 어려운 게 1차 조물성 전투 때 수미강과 양검이 동시 참전을 하였지만 전투의 주도권을 양검이 아니라 수미강이 쥐고 있었던 것으로 보이기 때문이다. 이름 양식이 수미강, 즉 금강만 다른 것을 보면 배다른 형제여서 소위 족보가 꼬인 것을 인위적으로 일렬로 기록을 정리하다보니 수미강이 나이로는 형이어도 신검의 동복아우인 양검 등이 이복형제인 그보다 형인 것처럼 순서가 뒤바뀐 것이 아닐지 싶다.

어쨌거나 나이가 어느 정도 찬 견훤 이후의 차기 권력에 대한 동향은 후백제 조정 내에서 핫이슈였던 것으로 보인다. 그만큼 여러 고위관료들도 차기 권력에 줄을 대기 위한 온갖 공작이 횡횡하였을 게 분명하다. 그 중 대표주자가 바로 이찬(2등급) 능환(能奐)이라는 인물이었다.

그는 신검 등 삼형제가 금강이 견훤으로부터 가장 인정을 받고 있다보니 근심이 많다는 사실에 주목했다. 이들 형제에게 권력을 잡게 해주고 자신도 포스트 견훤 시대에 실질적인 권력의 중추로 자리매김하고자 하는 게 그의 의도였던 것 같다. 그는 멀리 있는 양검과 용검을 먼저 구워삶았다. 그리고 파진찬(4등급) 신덕(新德), 영순(英順) 등까지 끌어들였다. 가장 마지막으로는 신검에게 비밀리에 쿠데타를 제안하였던 것 같다. 장남이 마지막 순서였던 것은 그가 언제나 견훤 가까이에서 시종하듯이 따르고 있었기 때문이었다. 다만 이때 그의 반응은 알려져 있지 않다. 적극 가담자는 아니었음이 거의 확실해 보이는데, 그렇다고 소극적 가담자였는지 혹은 강압적으로 상황에 떠밀려 부득이 이름만 올리게 된 것인지는 알 수가 없다. 어쨌거나 그렇게 이들의 쿠데타 모의는 935년 봄 3월 어느날 드디어 결행되었다. 견훤은 금산(金山)의 불당(佛堂), 곧 오늘날 전라북도 김제의 금산사(金山寺)에 유폐되었고, 정적이었던 형제 금강은 비정하게 죽임을 당했다. 그리고 맏아들인 신검이 이들의 계획대로 대표가 되어 차기 왕위에 올랐다

신검은 이로부터 7개월 후인 10월에 전국의 모든 죄인들을 사면해주었는데, 그의 사면령을 직접 보면 쿠데타 세력의 생각을 조금은 읽어볼 수 있을 것이다.

대왕께서는 무력이 걸출하였고 지략은 훌륭하기 그지없었다. 이 세상에 태어나 쇠락해가는 말세를 맞이하였지만 천하의 질서를 되찾기 위해 나섰고, 삼한 땅을 차지하여 백제를 부흥시켰다. 도탄의 원인을 없애니 국민들이 편안해졌고, 격려하고 용기를 북돋우니 곳곳에서 준걸들이 모여들었기에 거의 공적을 완성할 즈음에 다다랐다. 지혜와 사려가 깊은 분이었으나 어쩌다 크게 한 번 실수하여 어린 아들이 사랑을 독차지하니, 간신들이 권력을 좌지우지하며 대왕의 눈과 귀를 가리고 어진 아버지를 꾐에 빠트려 왕위를 어리석은 자에게 물려줄 뻔하였다. 다행인 것은 진심으로 군자들의 허물을 고쳐 맏아들인 내가 이 나라를 다스리게 된 점이다. 생각해보면 나는 왕위를 이을 만한 재목이 못되니 어찌 왕위에 오를 만한 지혜가 있겠는가? 조심스레 두려운 마음만 들 뿐이다. 따라서 특별한 은혜를 생각하여 새로운 정치를 펼칠 것이니 국내에 대사면령을 내리는 것이 옳겠다. 이에 (935년) 10월 17일 새벽까지 범죄를 저지른 자들 중 사형 이외의 죄는 모두 사면한다.

요약하자면 훌륭한 아버지가 순간 잘못 생각하시어 권력을 제대로 다루지 못하셨기에 장남인 자신이 왕위에 오르게 되었다는 어찌 보면 당연한 변명이었다. 보통 사면은 권력자가 민심을 얻기 위해 추진하는 하나의 방편인 만큼 그 역시 스스로 자신의 권력이 아버지의 후광 하에 있을 뿐 사실은 얼마나 얇은 얼음 위에 놓여

금산사(전북 김제) - 국가유산청

져 있었는지 체감하고 있었던 것은 아니었을지 싶다. 더욱이 신검은 자신의 쿠데타의 주역이었다기보다는 능환과 두 동생이 벌여 놓은 판에 자신이 얹혀진 구조였기에, 명색은 2대 국왕으로 등극은 하였지만 실권은 주동자들이 갖는 사실상 허울뿐인 군주였던 모양이다.

그렇게 견훤은 쿠데타 세력에 의해 금산사에서 파달(巴達) 등 30명의 힘센 군사들의 감시를 받는 신세가 되었다. 그에게 주어진 것이라고는 후궁과 어린아이들, 즉 애첩 고비(姑比), 막내아들 능예(能乂), 딸 애복(哀福) 등이 전부였다.

금산사에서도 그에게 자유는 없었다. 그래도 한때 세상을 호령하였던 그로서는 이대로 죽을 날만 기다릴 생각이 없었다. 고민 끝에 결국 그는 결단을 내렸다. 그 어느 때보다도 그의 나머지 인생이 달린, 혹은 그의 인생 전체의 의미를 다시 규정짓게 되는 어쩌면 가장 중대한 결정의 순간이었을 것이다.

계획은 단순했다. 생사가 걸린 전장을 수없이 넘나들던 그에게는 이 정도는 난관이 아니었을 지도 모르겠다. 어느날 금산사를 지키고 있던 장사들에게 고생한다며 술을 내어주고는 자연스럽게 먹고마시며 긴장이 풀어지게 만들었다. 어쩌면 그 전부터 얼굴을 알던 사이였을 수도 있고, 더욱이 이렇게 함께 지내면서 조금은 인간적 친밀감을 쌓았을 수도 있을 것이다. 그렇게 긴장을 놓은 감시인들을 뒤로 하고 견훤은 동반자들을 데리고 금산사를 탈주하였다. 그의 목표는 남쪽의 나주였다.

원래 고려의 영토였던 나주는 930년 즈음부터 후백제의 영토로 귀속되어 있다가, 고려의 명장 유금필이 재정복함으로써 다시 고려의 땅이 된 지역이었다. 견훤은 바로 이곳을 향한 것인데, 다름 아닌 오랜 숙적 왕건이 있는 고려로의 망명을 결심하였기 때문이었다. 사실 이는 매우 큰 의사결정이었다. 왜냐하면 친고려 정책으로 일관한 신라조차도 아직 고려에 최종적으로 투항하지 않은 상태였기에 사실상 그가 경쟁국 중 가장 먼저 항복을 하는 셈이기도 했고, 더욱이 자신으로 인해 죽을 고비를 넘기기도 했던 상대에게 자신의 목숨을 맡기는 결정이기도 했기 때문이다.

그래도 견훤에게는 아무리 적군이라 하더라도 전장에서 오랜 세월을 상대하였던 이들간의 보는 눈이나 공유하는 무언가가 있었던 게 아니었을까 싶다. 그리고 감정적으로는 사실 적보다도 더 용서하기 어려운 게 내부의 배신자이기도 했다. 어쨌거나 쉽지 않은 의사결정이었으나 뛰어난 결단력의 소유자였던 견훤은 자신의 자존심과 존재이유 자체를 무너뜨린 친족이 아닌 전장의 적을 우군으로 택했다. 그리고 그의 판단은 옳았다.

935년 6월, 견훤의 망명의사에 대한 급보를 받은 왕건은 그 즉시 군선 40여 척과 함께 장군 유금필과 대광 왕만세(王萬歲), 원보(4품) 향예(香乂)·오담(吳淡)·능선(能宣)·충질(忠質) 등을 보내서 해로를 통해 그를 맞아오도록 하였다. 그렇게 견훤이 고려 본토에 이르자 왕건은 그를 극진히 환대하였다. 견훤이 자신보다 열 살 연상이라고 하여 다시 상보라고 존칭키로 하고, 정부 내에서도 의전서열상 최고순위로 특별히 우대하도록 하였다. 또 남궁(南宮)을 내어주고 그곳에서 편안하게 지낼 수 있게 배려하였으며, 또한 양주(楊洲, 서울 일대)의 땅 및 금과 비단, 남녀 노비 각 40명, 말 10필 등을 선물로 주었다. 그리고 앞서 망명해 와 있던 신강(信康)이 같은 후백제 출신이었기에 그로 하여금 개인비서처럼 견훤을 보필토록 아관(衙官)으로 임명하였다.

여하튼 견훤의 고려 망명의 여파는 아주 컸다. 우선 당장 같은 해 연말에 신라가 뒤따라 고려로 귀부해왔으며, 또 두 달 후인 936년 2월에는 견훤의 사위인 장군 박영규 역시 장인을 따라 고려에 비밀리에 투항의사를 밝혀왔다. 그가 견훤의 딸이기도 한 아내에게 했다는 말이 전해진다.

"대왕께서 나라를 위해 힘쓴 지 어언 40여 년만에 큰일이 거의 이루어지려는 마당에, 하루아침에 집안싸움으로 나라를 잃고 고려로 망명하셨소. 충신이라면 모름지기 두 명의 군주를 모시지 않는 법인데, 내가 이제 옛 군주를 저버리고 반역한 아들을 섬긴다면 무슨 낯으로 세상을 마주할 수 있겠소? 듣기로는 고려의 왕건이 현명하고 성실하며 검소하여 민심을 얻었다고 하니, 이는 혹여 하늘의 계시가 아니겠소. 분명 그분이 삼한의 군주가 될 터이니, 서신으로 우리 왕께 문안드릴 겸 왕공에게도 우리의 생각을 전하여 장래를 도모해야 하지 않겠소?"

최후의 순간

고려로 망명온 지 1년 후인 936년의 여름 6월에 견훤은 왕건에게 마지막 부탁을 하였다.

"이 늙은이가 멀리 바다 건너서 항복해온 것은 저 반역한 자식을 죽이고자 함입니다. 대왕께서 군대를 일으켜 난신적자(亂臣賊

子)를 처단해주신다면 죽어도 여한이 없겠습니다.”

왕건 역시 최종적으로 후백제를 무너뜨릴 시점을 가늠하고 있었는데, 마침 견훤이 이토록 간절히 요청하자 결국 그에 따르기로 결정했다. 이에 선발대로 첫째아들인 태자 왕무와 장군 박술희에게 보병과 기병 1만 명을 배정하고 천안부(天安府, 충청남도 천안)로 보냈다.

그리고 대망의 9월, 견훤은 왕건을 따라 좌익, 우익, 중군의 삼군(三軍)을 이끌고 천안을 거쳐 일선군(一善郡)으로 진군하였다. 9월 8일에 일리천(一利川)을 사이에 두고 고려군과 후백제군 양측은 조우하였다. 고려군은 동북방을 등지고 서남쪽을 향하였고, 후백제군은 이와 반대로 배치하였다. 왕건이 견훤과 함께 군대를 사열하였고, 그 다음 견훤은 좌익의 지휘부를 맡았다.

이 전투에서는 견훤이 결정적인 키(key)라는 사실을 왕건은 누구보다 잘 알고 있었다. 실제로 개전과 거의 동시에 후백제측에서는 좌장군 효봉(孝奉)·덕술(德述)·애술(哀述)·명길(明吉) 등이 고려군 좌익의 견훤 앞으로 달려와 자진하여 항복하였다. 신검 세력이 쿠데타로 정권을 잡긴 했어도 여전히 후백제 안에서 견훤의 존재감은 그만큼 차원이 달랐다. 대다수의 장군과 군사들 모두 견훤이 발탁하고 육성한 이들이기 때문이었다.

투항해온 후백제군은 신검이 진영 안에서 어디에 있는지 알려왔다. 이에 고려군은 신검이 있는 중군에 전 화력을 집중하였고,

견훤묘(충남 논산) - 국가유산청

후백제 본진은 완전히 무너져내리고 말았다. 3천2백 명의 포로와 5천7백 명의 전사자를 남긴 신검의 후백제군은 황산군(黃山郡)의 탄령(炭嶺) 너머까지 황급히 달아났다. 이들을 고려군이 바짝 추격해오자 신검은 더 이상 방도가 없자 결국 양검, 용검 두 동생과 함께 항복할 수밖에 없었다. 왕건은 후백제 장군 흔강(昕康)·부달(富達)·우봉(又奉)·견달(見達) 등 40명은 가족과 함께 고려의 수도 개경으로 보내고는, 실질적으로 후백제의 쿠데타를 획책했던 핵심 인물인 능환만큼은 즉결처형을 시켰다. 그리고 양검과 용검 두 아들은 쿠데타의 적극 가담자로서 진주(眞州)로 유배 보내졌다가 나중에 죽임을 당했다. 다만 신검의 경우엔 능환과 두 동생이 쿠데타의 주역이었을 뿐 실제로는 그가 주체가 아니었다는 점과 어찌되었든 마지막에 항복해온 것을 참작하여 처벌을 면해주기로 했다.

여기까지 아들들에 대한 복수를 마친 견훤은 며칠 후 70세의 나이로 황산의 어느 절에서 결국 수명이 다했다. 삼형제가 자신의 기대만큼 제대로 처벌받지 않은 데 대한 울화병으로 죽었다고도 한다. 어느 쪽이든 편안한 죽음은 아니었을 것이다. 15세에 신라의 군인으로 처음 사회생활을 시작하여 20대 초반에 이미 고속승진을 한 데다가, 평시였으면 전혀 가능성도 없었을 그가 우연찮게 난세를 만나 자신만의 왕국을 건설해내는 대역사를 세운 것에 비해 최종적으로는 초라한 말로를 맞이했다는 사실에서는 차이가 없기 때문이다.

천년의 역사에서 어느 누구도 하지 못했던 신라 수도를 정복한 최초의 인물이자, 옛 백제의 근초고왕이 그러했듯 고려를 공격하여 평양까지 북진의 의지를 다졌던 호탕한 영웅이 곧 견훤이라는 이의 본모습이었다. 그 또한 완벽할 수는 없었기에 여러 차례 패전과 실패를 겪었지만, 결코 포기하지 않고 어떻게든 반격의 기회를 찾아냈고 또 항상 새로운 공세를 펼칠 줄 알았던 역전의 명수이기도 했다. 뿐만 아니라 비록 마지막 순간에 아들들의 쿠데타로 실각하기는 하였으나 여전히 그만의 인간적 매력으로 휘하 장군들이 끝까지 마음으로 따랐던 대인배이기도 했다.

통합의 리더십,
고려 태조 왕건

936년 최종적으로 후삼국의 통일을 이룬 것은 왕건(王建, 877~943)이었다. 918년 고려 건국 후 18년 만에 이루어낸 쾌거였다. 강력한 카리스마를 지닌 창건 군주였던 궁예를 극복하고, 가장 막강한 라이벌이었던 견훤까지 끌어안은 그는 끝으로 신라의 마지막 국왕 김부마저 자진 투항케 함으로써, 그 당시 난세였기에 사실상 어려웠을 평화로운 정권교체를 이루어낸 진정한 대정치가였다.

그의 공적은 그저 단순히 삼한통일만으로 표현할 수 없는 것이었다. 수십 년간의 난세를 종식시키고 되찾은 평화를 기반으로 새로운 시대의 문을 열었다는 점, 신라의 붕괴된 사회시스템 속에서 전폭적인 인적쇄신을 통해 새로운 체제를 구축해낸 것은 물론, 그러면서도 동시에 내 편이 아니어도 실력과 재능만 있다면 기꺼이 중용하고 힘을 합쳐 궁극적으로 하나로 통합해내는 데 성공하였다는 사실은 그가 아니었다면 분명 불가능했을 고난이도의 시대적 소명이었다.

그로 비롯된 왕씨 가문의 신생 왕실은 그래서 대중들에게 최고의 신화적 상징인 용(龍)으로 인식될 만큼 범접할 수 없는 최상위의 존재로서 수백년간 각인될 수 있었다. 또한 그는 역사의 최종 승자였기에 관련한 기록 역시 많이 남아 있다. 그런데 신기한 것은 그의 조상에 대한 기록만큼은 사실상 거의 없다시피 할 정도이다. 심지어 그의 아버지 이름만 해도 왕륭과 용건의 두 가지 설이 존재할 정도이다. 과연 건국의 영웅이자 일국의 초대 국왕이 맞나 싶을 정도로 당혹스러운 상황이다. 그의 집안내력은 국가의 공식 역사서에 기록된 내용 자체가 부실하기 짝이 없다. 그래도 허황된 내용을 걷어내고 간략히 요약하자면 다음과 같이 정리해볼 수가 있겠다.

성골장군(聖骨將軍)을 자처한 호경(虎景)이라는 사람이 백두산에서 나와 부소산(扶蘇山)까지 와서 정착하였다. 아들 강충(康忠)을 낳았는데, 이때 지역 이름을 송악군(松嶽郡)으로 바꾸었다. 강충은 이제건(伊帝建)과 손호술(損乎述)이라는 두 아들을 낳았는데, 둘째는 나중에 이름을 고쳐 보육(寶育)이라 하였다. 형 이제건은 자신의 딸 덕주(德周)를 동생인 보육과 결혼시켰다. 보육은 딸을 둘 낳았는데, 막내딸 진의(辰義)가 나중에 당나라 출신의 귀인과 하룻밤을 같이 보낸 다음 후에 아들 작제건(作帝建)을 낳았다. 작제건은 당나라의 아버지를 찾아 서해로 떠났다가 중간에 마음을 고쳐먹고 돌아와 송악 남쪽 강충의 옛 집터에 정착하였다. 그때 낳은 네 명의 아들 중 맏이가 용건(龍建), 곧 왕륭이었다.

다 믿을 수는 없겠지만 선조 중에 부계로는 당나라 계통의 핏줄이 흐른다는 것, 모계로는 백두산 즉 옛 고구려 영토와 지연 내지 혈연으로 관련성이 있다는 것 정도를 눈여겨볼 필요가 있겠다. 더 이상의 정보가 없다보니 부득이 이 두 가지 사실을 기반으로 유추를 해보자면, 왕씨 집안의 내력은 당나라 등과 교류가 있던 해상세력과 옛 고구려의 후예집단의 결합을 상징하는 것으로 해석된다.

고려 왕실의 신화에서는 왕씨를 성으로 정한 게 마치 최근의 일인 것처럼 묘사되고 있지만, 동시대의 당나라 상인들 중에는 왕씨 인물들이 실제로 존재하기도 했고, 또 고구려 당시 및 발해까지도 왕씨 인물들이 역사적으로 활약한 내용이 확인된다. 아마도 부계 내지 모계 어느 쪽으로든 왕씨 성은 원래 사용하고 있었지 않았을까 싶다.

어쨌거나 왕건이 태어나던 당시에 아버지 왕륭(王隆, ?~897)은 신라의 수도로부터 가장 먼 변방에 거주하면서 지역사회에서 일종의 유력 호족으로 자리잡아갔던 것 같다. 그는 체격이 좋았고 수염도 아름답게 길렀으며 배포가 있는 위인이었다고 한다. 신라 말기에 한창 기세등등하게 세력확장을 하던 궁예에게 896년에 왕륭이 합류하였을 때 그의 직급은 송악군의 사찬(8등급)이었다. 그런데 그조차 왕륭이 자칭한 것인지 실제 지방관 역할을 수행하고 있었는지는 명확치 않다. 극도의 혼란기였다보니 아무래도 전자였을 확률이 높아 보인다. 후자였다면 최소한 공적 마인드가 있었을 텐데, 그는 마치 자신의 사적 영토인 양 마음대로 그 당시 새롭게 떠오르는 세력가에게 투항해버리니 말이다.

하지만 왕륭의 시대를 읽는 눈 하나만큼은 탁월했음을 인정하지 않을 수 없다. 그의 선택 하나로 자신의 핏줄로 무려 5백 년 동안 이어지는 새로운 세상을 여는 결과를 낳게 되기 때문이다. 여전히 동남쪽의 신라에 충성을 바치는 길이 있었지만 그에게 그것은 결국엔 지는 해였기에 고려의 대상이 아니었던 듯하고, 남쪽의 견훤의 경우에는 서해를 공유하고 있었기에 자신과 마찬가지로 해양을 기반으로 역할을 할 수 있었겠으나, 그의 최종 선택은 동쪽의 궁예였다. 그가 그 당시 한반도 중앙부를 차지한 내륙의 강자이기도 했지만, 추정컨대 왕륭이 궁예로 결정한 것은 그가 가지지 못한 것을 자신이 가지고 있었기에 스스로의 가치를 최대한 끌어올릴 수 있겠다는 기대감으로 베팅을 한 것이 아니었겠는가 싶다. 포지션이 겹쳐서 자칫 여럿 중 하나가 되는 것보다는, 자신만이 가능한 역할을 증명함으로써 전략적으로 차별화를 꾀할 수 있다는 점에서 유리함을 찾았던 것이리라. 실제로 궁예가 각지에서의 육상전에서는 승승장구하고 있었지만 해상에서의 활약은 보인 바가 없는데, 나중에 왕륭의 아들이 마치 인천상륙작전처럼 해상으로 적진의 배후를 공략하는 기발한 성과를 보여줌으로써 송악 세력의 가치를 최대치로 인정토록 만든 것을 보면 이러한 추정이 맞을 것 같다.

물론 시대의 풍운아 궁예 역시 인재를 알아보는 눈이 뛰어났음은 물론이다. 왕륭이 일개 지방관의 감이 아니라는 것을 단박에 알아본 그는 왕륭을 자신의 본거지였던 금성(金城)의 태수로 전격 발탁했다. 하지만 이듬해에 아직 다 야심을 발휘하지 못한 채 왕륭은 생명이 다하여 금성에서 세상을 떠나고 만다. 그에게는 그래도 복안이 있었다. 바로 이제 스무살이 된 맏아들 왕건이라는 카드였다.

자신의 미래를 예견하였는지까지는 물론 알 수 없지만, 금성태수로 떠나기 전 궁예에게 제안하여 아들을 송악군의 성주로 남도록 조치해둔 것이다. 그렇게 궁예의 동의를 얻어 송악성이라고도 부르는 발어참성(勃禦塹城)을 아들 왕건이 직접 2년 만에 건설하였다. 그 당시 패서도(浿西道, 황해도 일대)와 한산주(漢山州, 경기도 전역 및 충청도 일부)까지 서쪽으로 영토를 대폭 확장한 궁예가 전국을 통치할 수 있는 새로운 수도로 눈여겨 본 까닭에, 이는 898년에 그가 아예 이곳 송악군으로 천도하게 되는 계기가 되었다.

이제 22세가 된 왕건은 정기대감(精騎大監)에 임명되어 양주(楊州, 서울시 일대)와 견주(見州, 경기도 양주) 공략의 임무를 처음으로 부여받았다. 이때의 성과를 인정받아서였는지 900년에는 좀 더 나아가 광주(廣州), 충주(忠州), 청주(靑州)의 3주와 당성군(唐城郡), 괴양군(槐壤郡) 등 더 규모 있는 정복전에 재차 투입되었다. 그는 단순히 군사력 행사뿐만 아니라 다양한 협상과 설득을 통해서도 성공적으로 항복시키는 등 노련한 성과를 보여주었던 덕택에 궁예의 눈에 들어 아찬(6등급)으로 승진할 수 있었다.

이전까지만 해도 궁예는 실질적으로 국왕으로서 행동하였지만 정식으로 건국을 선언한 바는 없었다. 그렇기에 공식적으로 국가의 이름도 당연히 없었다. 그러던 중 그가 처음으로 '고려'를 국명으로 정하고 스스로 즉위를 선포한 것이 바로 이듬해인 901년의 일이었다. 역사에서는 이를 그전의 고구려와 그후의 고려와 구분 짓기 위해 임의적으로 '후고구려'라고 부르기도 한다. 궁예는 이후 두 차례 더 국명을 변경하게 되는데, 마지막 명칭이 태봉(泰封)이었기에 흔히 이 이름으로 부른다.

여하튼 이때 궁예가 고구려의 계승이라는 국가 비전을 선포한 것을 본 25세의 왕건은 깊이 마음속으로 공감하였던 것 같다. 그가 '고려'라는 이름을 다시 부활시키는 것은 이로부터 17년 후의 일이 된다.

나주 공략

왕건이 스스로 주도적으로 군사활동을 수행하는 것은 903년의 금성(錦城), 즉 나주(羅州) 공략전이 그 시작이었다. 이해 3월에 해군을 거느리고 서해의 해로로 멀리 남진한 다음, 전격적으로 금성군 일대의 10여 개 지역을 확보한 후 후백제의 영토인 무주(武州), 곧 지금의 광주 경계까지 공략해 들어간 것이다. 견훤의 사위인 성주 지훤이 결사항전한 덕분에 무주 앞에서 발길을 돌려야 하긴 했지만, 그것만 제외하면 이번 원정의 결과는 대성공이었다. 오랫동안 내륙에 갇혀 있던 후고구려가 이제 27세의 젊은 왕건의 새로운 시도로 해양으로 진출을 개시한 것이었다.

그렇게 시간은 흘러, 한찬(5등급)으로 재차 승진한 왕건은 909년에 해군대장군(海軍大將軍)이 되어 6년 만에 다시 나주로 향했다. 그의 앞에는 여러 가지 일들이 쌓여 있었다. 우선 한동안 방치되어 있다시피 했던 나주를 위무하는 데 공을 들여야 했고, 동시에 후백제의 해상 동향을 면밀히 감시하는 일에도 매진했다. 그렇다고 계속해서 나주에만 머물렀던 것은 아니고, 그는 본국을 왕복하며 터전을 다져나가느라 무척이나 바쁜 일정을 소화해야만 했다.

그러는 사이 광주의 염해현(鹽海縣)에서 마침 견훤이 중국 오월(吳越)에 보내는 선박을 포획하기도 했고, 본국의 정주(貞州)에서 전함을 수리하고 돌아왔으며, 그 다음 알찬 종희(宗希)와 김언(金言) 등을 부장으로 하여 군사 2천5백 명을 이끌고 광주 인근의 진도군(珍島郡)과 고이도(皐夷島)의 성을 함락시키는 전과를 거두기도 했다.

그렇다고 후백제군도 가만히 당하고만 있지는 않았다. 910년에 견훤이 직접 나서서 3천 명의 군대를 동원해 나주성을 포휘하였다. 하지만 나주측의 방어력도 만만치 않았던 듯 열흘이 넘도록 후백제군의 포위공격에도 함락될 기미가 보이지 않았다. 왕건이 직접 이끌었는지는 알 수 없으나 후고구려의 지원군이 당도하자 후백제군은 결국 퇴각하였다. 다만 이때 물러난 것은 나주성에 대한 직접 공격뿐이었지, 나주 일대 자체는 지리적으로 가까운 후백제군의 물량공세에 지속적으로 휘둘릴 수밖에 없었다.

그래서 이뤄진 것이 나주로 들어가는 포구에서 벌어진 덕진포(德眞浦) 해전이었다. 왕건이 직접 이끄는 해군이 나주 구원을 위해 전격 출동하였고, 견훤 역시 최후의 결전을 위해 전함을 거느리고 직접 출정하였다. 먼저 후백제군쪽이 장소를 선점하고 있었다. 목포(木浦)에서 덕진포에 이르기까지 대규모의 함대가 바다를 가득

메우고 있는 데다가 그 기세가 매우 드높았다고 한다. 이러한 대군을 상대해야 하는 왕건측의 입장에서는 보기만 해도 머리가 쭈뼛 서는 광경이었을 것이다.

하지만 왕건 역시 후고구려군 안에서는 내로라하는 해전 전문가였다. 그의 지휘 하에 저돌적으로 기습을 가하자 후백제군 함선들이 약간 밀리는 형국이었다. 이때를 틈타 왕건은 비밀리에 준비해둔 화공을 개시하였다. 바닷바람은 예측하기 어려울 정도로 강하게 불 때가 있는데, 때마침 불길은 바람을 타고 후백제군의 함대를 집어삼키기 시작했다. 결과적으로 후백제군의 대패였다. 대량의 익사자를 제외하고도 전사자만 해도 5백 명이 넘었고, 지휘관인 견훤이 다급히 작은 배로 전선에서 탈출해야 했을 정도였다.

이렇듯 왕건과 견훤이 직접 제대로 맞붙은 첫 번째 대결은 왕건의 승리였다. 덕진포 해전 덕분에 나주는 위기에서 완전히 벗어났고 후고구려군의 안전한 보호를 받을 수 있게 되었다.

한번은 왕건이 나주에 머무는 중 이런 일도 있었다. 광주의 서남쪽 국경지대인 반남현(潘南縣)의 포구에서 후백제군의 관할 지역에 스파이를 풀어놓았다. 당시 압해현(壓海縣)을 근거지로 한 해적들의 두목으로 능창(能昌)이 있었는데, 바다 가운데의 섬 출신으로 수전(水戰)에 능하여 별명이 수달일 정도였다. 그는 유랑민들을 모아서 갈초도(葛草島)의 군소 세력들과 결탁하고 있었는데, 그들 사이에서 그는 영웅이라고 불리고 있었다. 당시 그는 왕건이 지나가

기를 기다렸다가 기습하려고 노리고 있었다. 왕건이 휘하 장수들에게 이렇게 말하였다.

"능창이 이미 내가 도착하는 것을 알고 있으니, 반드시 섬의 도적들과 함께 모의하여 변란을 일으킬 것이다. 적의 무리들이 비록 수는 적지만 만약 힘을 합쳐 앞을 막고 퇴로를 차단하면 그 결과를 알 수 없을 것이다. 수영에 능한 10여 명에게 갑옷을 입고 창을 들게 한 후, 가벼운 배를 타고 밤에 갈초도 나룻가에 가서 오가며 일을 꾸미는 자들을 사로잡아 그들의 계략을 막는 것이 좋겠다."

그러던 중 우연찮게 작은 배 한 척을 포획하였는데, 능창이 그 배에 타고 있었다. 그를 사로잡아서 본국의 궁예에게 보내어 처형시켰다.

위기

그렇게 나주에서 남의 눈치 볼 것 없이 자유롭게 지내는 것에도 어느덧 그 끝이 다가왔다. 913년, 궁예가 해군을 그의 부장인 김언에게 인계하게 하고 왕건 자신을 본국으로 부른 것이다. 사유는 나쁘지 않았다. 파진찬(4등급)으로 승진시켜주는 것은 물론, 지금으로 치면 국무총리에 해당하는 시중으로 임명해준다는 것이었으니 말이다. 하지만 궁예의 성격과 스타일을 어느 누구보다 잘 알고 있던 왕건은 오히려 좌불안석이었다. 지위가 국왕 다음가는 최고위직에 올랐으니 더 이상의 영예가 없을 만도 했지만, 한편으로는 그만큼 가장 가까이에서 온갖 눈치를 보지 않을 수 없었다. 그는 조금이라도 책잡히지 않기 위해 매사에 감정을 드러내지 않고 언제나 언행을 삼가고 또 조심하였다. 그러는 동시에 국정 운영에는 최선을 다하면서 사람들에게 미움받지 않기 위해 노력했다. 하지만 점차 사람들이 점점 더 자신을 따르게 되면서 오히려 불안감과 위기감이 커져만 갔다. 자칫 절대군주에게 2인자가 지존의 자리를 위협하는 존재로 조금이라도 인식되는 순간 제거되는 것은 순간이기 때문이었다.

이에 그는 궁예에게 자진하여 시중의 직위를 내려놓고 다시 전선으로 나가겠다는 의사를 표명하였다. 마침 궁예도 국정 쇄신을 고민하던 참이었다. 914년에 새롭게 연호를 정개(政開)로 바꾼 그는 왕건을 시중의 직위에서 해임하고 백강장군(百舡将軍)으로 임명하여 해군 지휘를 맡겼다. 표면적인 명목은 현재의 해군 사령관인 김언의 지위가 낮아 위엄이 부족하다는 것이었다.

어쨌거나 다시 홀가분해진 왕건은 정주의 포구에서 전함 70여 척을 수리한 다음 병사 2천 명을 태우고는 나주로 향했다. 수달 능창의 처형 이후에도 지속적으로 활개를 치던 해적 잔당들은 이 소식에 한동안 몸조심을 해야만 했다고 한다.

이렇듯 한편 전장에서 마음의 안정을 되찾은 왕건이었지만 그럼에도 국왕 궁예에게 보고하기 위해 수시로 본국을 들락날락해야 하는 것은 여전했다. 문제는 궁예가 왕권강화를 위해 밀고제를 적극 활용하는 등 잠재적인 왕권위협의 대상들인 휘하의 권신들을 점점 더 옥죄어 왔다는 점이었다. 왕건도 그 그물에서 벗어날 수 없었다. 한번은 궁예에게 반역을 이실직고할 것을 요구받기도 하였다.

다행히 곁에 있던 젊은 문신의 기지로 위기에서 풀려난 왕건의 시선은 다시 바다를 향했다. 보장(步將) 강선힐(康瑄詰), 흑상(黑湘), 김재원(金材瑗) 등을 부장으로 임명하여 전함 100여 척을 더 만들었다. 그 중 대형 선박 10여 척은 각각 사방이 16보(步)로, 배 위에 망루를 세우고 말도 달릴 수 있을 정도로 그 규모가 컸다고 한다. 왕건은 군사 3천여 명을 태우고 군량을 싣고 나주로 갔다. 이 해에 남쪽 지방의 기근으로 지역주민들은 유랑민으로 전락하고 일부는 도적떼로 변신하여 난리가 난 상황이었다. 그 여파로 태봉의 수비군들도 제대로 보급을 받지 못해 콩 섞인 밥을 먹었는데, 마침 왕건이 도착하자 그 덕택에 겨우 숨통이 트일 수 있었다.

쿠데타와 신생국 고려

시간은 또 다시 흘러, 운명의 918년이 다가왔다. 이해 6월 14일

늦여름 밤에 궁예의 기병장수 네 명이 불쑥 왕건의 집을 찾아왔다. 하지만 왕건도 이들의 방문 의도쯤은 금세 눈치챘다. 그는 아내에게 잠시 자리를 비켜달라고 한 후 이들의 이야기를 들어보았다. 역시나 군주 궁예에 대한 은밀한 쿠데타 제안이었다. 당연히 왕건은 언짢은 표정을 한 채 거절했다. 이들이 과연 정말로 자기 편인지 궁예가 보낸 스파이인지 불분명하기도 했을 테고 말이다.

"나는 스스로 충직한 사람이라고 자부하며 살아 왔는데, 지금의 국왕이 아무리 거친 성정이라고 해도 어찌 감히 다른 마음을 품겠나. 신하가 군주를 바꾸는 일을 혁명(革命)이라고 하지만, 나는 그만한 역량이 없는 사람이니 감히 그럴 수가 있겠는가. 옛말에 '하루만 왕이어도 평생 주군'이라고 하였으니, 나의 절개 또한 다르지 않네."

하지만 이들의 계속된 설득은 물론 자리를 피해 있던 아내까지 돌아와 왕건에게 갑옷을 입히며 쿠데타에 찬동하자 그도 결국 마음이 넘어갔다. 그렇게 태봉의 수도 철원 한복판에서 궁예를 향한 쿠데타가 벌어졌다. 다음 날인 6월 15일의 일이다. 하루 동안 거친 광풍이 철원경에 몰아쳤다. 왕건의 설득을 위해 먼저 들어가 있던 4인의 기병장수와 밖에서 결과를 기다리고 있던 7인의 장수들, 그리고 아마도 이들이 동원하였을 2천 명의 동조자들이 "왕공(王公)께서 드디어 정의의 깃발을 드셨다!"고 외치며 거리로 쏟아져 나갔다. 이들뿐만이 아니라 궁예 정권에 불만을 품고 있던, 아마도 청주 출신이 다수였을 1만 명이 넘는 수도의 거주민들까지 단체로 쏟아져 나와 집단적으로 봉기에 가세하였다.

쿠데타 당시 정부의 여러 관청도 극심한 혼란을 겪긴 매한가지였다. 많은 관료들 또한 상황이 급박하게 돌아가는 것을 보고는 본인들도 살기 위해 사방으로 흩어져 달아났고, 그렇게 방치된 창고들은 이성을 잃은 민중에 의해 약탈의 대상으로 전락했다. 쿠데타의 칼끝을 정확히 받고 있던 궁예도 혼란의 와중에 급히 현장에서 피신하는 데에는 가까스로 성공하였지만 얼마 후 누군가에 의해 결국 살해당하고 말았다. 나중에 쿠데타의 주축들은 그가 도주하는 도중에 지역민들에게 죽임을 당했다고 발표하였다. 어쨌거나 이들의 쿠데타는 결코 시가지에서 평화롭게 벌어진 단순 시위가 아니라 순식간에 아노미 상태에 빠져 심지어 정부 건물들까지 공격받은 상당히 폭력적인 봉기였다. 기록상으로는 분명치 않지만 방화와 살해같은 심각한 상황도 동반되었을 것으로 여겨진다.

그러나 쿠데타 세력도 무한정 폭력적 상황을 방치할 수만은 없었다. 이날은 곧 왕건의 즉위일이기도 했다. 그는 어지러운 상황에서도 쿠데타 주축 세력들의 추대를 받아 철원경의 포정전(布政殿)에서 새 국왕으로 즉위하였다. 그리고는 국호는 궁예의 첫 국가명이었던 고려로 되돌리고, 연호 또한 궁예의 것을 버리고 천수(天授)로 새로 지정하였다. 그렇게 자신만의 루비콘 강을 건넌 왕건으로서는 이제 새 술을 새 부대에 담을 차례였다.

새 국가 고려에도 정부는 필요했고 그에 발맞춰 일해줄 인력도 당연히 있어야 했다. 당연히 쿠데타 직후였던 만큼 쿠데타 공신들이 많이 배치되었을 것으로 보인다. 대략 이전 행적을 보면 직전 정부의 관료 출신들도 다수 포진되어 있고, 직책 없이 직급만 가진 인물들도 상당수이다. 다음은 『고려사』의 인사발령 기록을 표로 재정리한 것으로, 이중 강조 표시가 된 것은 쿠데타 공훈자라는 뜻이다.

부처	관원			
	시중	시랑	낭중	원외랑
광평성(廣評省)	**김행도(金行濤)**	임적여(林積璵)	한신일(韓申一) 임식(林寔)	국현(國鉉)
	령(令)	경(卿)	낭중(郎中)	감(監)
내봉성(內奉省)	**금강(黔剛)**	능준(能駿) 권식(權寔)		강윤형(康允珩)
순군부(徇軍部)	**임명필(林明弼)**		유길권(劉吉權) 태평(泰評)	
병부(兵部)	**임희(林曦)**	김인(金堙) 영준(英俊)		
창부(倉部)	**진원(陳原)**	최문(崔汶) 견술(堅術)		
의형대(義形臺)	**염장(閻萇)**			
도항사(都航司)	**귀평(歸評)**	임상난(林湘煖)		
물장성(物藏省)	**손형(孫逈)**	요인휘(姚仁暉) 향남(香南)		
내천부(內泉部)	**진경(秦勁)**			
진각성(珍閣省)	**진정(秦靖)**			

| 백서성(白書省) | | 박인원(朴仁遠)
김언규(金言規) | | |
| 내군(內軍) | | 능혜(能惠)
희필(曦弼) | | |

참고로 표에서 해당 자리가 비어 있다고 해서 공석이었다는 뜻은 아니며, 예컨대 이 당시 내군장군 은부(狄鈇)처럼 아직 제자리를 지키고 있는 사람들이 있었기에 인사발령 목록이 마치 비어 보일 뿐이다. 다시 말하지만 본 목록은 쿠데타 직후 도망이든 살해든 어떤 사유로든 공석이 된 자리를 채우는 인사발령이었다.

이때의 인사발령은 즉위 후 준비시간이 턱없이 부족하다보니 임시로 취해진 조치였던 모양인데, 그래서 그런지 직후에도 연말까지 여러 차례 변경 및 추가발령이 이어졌다.

(6월 21일) 광평성 : 광평시중 - 김행도 → 한찬 박질영(朴質榮)

(6월 24일) 내봉성 : 내봉낭중 - 능범(能梵) → 내봉원외랑 (강)윤형, 내봉원외(랑) - 내봉사 이긍회(=곡긍회) (* 능범은 다른 임무를 위해 면직 처리)

(6월 27일) 백서성 : 백서낭중 - 백서성공목(白書省孔目) 직성(直晟)

내군 : 내군장군 - 순군낭중 민강(閔剛)

(7월 1일) 순군부 : 순군낭중 - 광평낭중 능식(能寔)

(7월 22일) 광평성 : 광평시랑 - 순필(荀弼) → 병부경 열평(列評)

(* 순필이 병으로 사직)

    (7월 25일) 광평성 : 광평시랑 - 前병부경 직예(職預)

    (8월 14일) 내봉성 : 내봉경 - 병부경 훤식(萱寔)

    (8월 26일) 광평성 : 광평낭중 - 창부낭중 류문율(柳問律)

    (9월 20일) 병부 : 병부낭중 - 현율(玄律)

    (9월 24일) 광평성 : 광평낭중 - 류문율 → 순군낭중 경훈(景訓)

(* 류문율은 질책성 면직됨)

    (9월 25일) 내군 : 내군경 - 前내봉감 김전영(金篆榮) 및 능혜(能惠)

    (9월 27일) 광평성 : 광평시랑 - 열평 → 진각성경 류척량(柳陟良)

(* 열평은 전날 평양 발령)

    (10월 20일) 내시 : 내시서기 - 광평시랑 직예

        광평성 : 광평시랑 - 직예 → 임시(守)의형대경 능률(能律)

여기까지 보면 너무 고유명사가 많아서 어지러울 수밖에 없는데, 흥미로운 부분 몇 가지만 짚고 넘어가도록 하겠다. 우선 '-령(令)'으로 표현되는 장관급 이상의 최고위급 자리에는 어떤 공식적인 직책 없이 신라식 등급만 지닌 인물들이 대거 임명되는데, 임명권자인 왕건의 말마따나 이들은 전부 "왕조 창업 당시부터 참여하여 혁명을 도운 공훈이 있는 자들"이었기 때문에 공치사를 받은 것이었다. 즉 개국공신에 속한다는 뜻이다.

다음으로 대개 경(卿)이나 낭중(郎中)으로 표현되는 차관급 이하

중간급 관리들까지는 궁예 말의 정부에 참여하고 있던 인사들이었다. 아마도 당시 정부에 불만을 품고 있던 인사들도 직간접적으로 쿠데타에 가담하였던 것이리라.

끝으로 현재 직책은 없지만 이전 정부에서 근무한 이력이 있는 인사들도 마찬가지로 쿠데타에 참여하였는데, 이들은 '전(前)-'이라는 표기가 직책명 앞에 붙는다. 아마도 모종의 사유로 직위에서 밀려난 케이스가 아닐까 싶은데, 대부분 낭중 이하 실무자급까지 임명되는 것을 보면 그리 고위직들은 아니고 아마도 쿠데타 와중에 살해나 피신 등 여러 가지 사유로 공석이 된 자리들이 많았기에 아마도 왕건의 말대로 "인원수를 맞춰서 하나도 빠진 곳이 없게" 하고자 임명된 것으로 짐작된다.

내부에서의 인사발령 외에도 왕건의 즉위와 맞물려 그에게 투항해오는 외부 인사들도 뒤를 이었다.

(6월 22일) 궁예 때 동궁기실(東宮記室)이었던 박유(朴儒)가 와서 알현 (이후 왕씨 성을 받아 왕유(王儒)가 됨)

(7월 25일) 청주의 영군장군(領軍將軍) 견금(堅金)이 와서 알현

(8월 10일) 삭방(朔方)의 골암성(鶻岩城) 호족 윤선(尹瑄)이 귀부

(8월 11일) 후백제의 견훤이 일길찬 민합(閔郃)을 보내어 즉위를 축하

(9월 24일) 상주 지역의 호족 아자개가 사신을 보내어 귀부

뿐만 아니라 이전 정부의 국정실패 책임자들에 대한 문책도 당연히 뒤따랐다. 특히 궁예에게 많은 밀고를 하여 여러 사람들의 미움을 받은 인물들은 즉시 처벌을 받았다. 대표적으로 6월 21일에 처형된 소판 종간(宗偘)과 내군장군 은부같은 이가 그런 대상이었다.

이외에도 많은 행정처리들을 단행한다. 양이 많으니 축약해서 보면 다음과 같다.

(6월 24일) 내봉낭중 능범(能梵)을 심곡사(審穀使)로 임명하여, 각 창고에 비축되어 있는 곡식의 재고 현황을 조사

(6월 27일) 품계, 관직, 지역 등의 명칭에 대하여 신라의 제도를 기본으로 정하되 궁예 때의 방식이 더 직관적으로 이해가 쉬운 것들은 그대로 유지하기로 결정. 즉 이 조치를 통해 고려 초의 직급 체계는 다음과 같이 태봉의 것이 거의 그대로 사용되었다.

1품	2품	3품	4품	5품	6품	7품	8품	9품
삼중대광 중대광	대광 정광	대승 좌승	대상 원보	정보	원윤 좌윤	정조 정위	보윤	군윤 중윤

(7월~8월) 조세 부담의 경감을 지시. 이에 따라 전국민에게 3년간 조세와 부역을 면제해주고, 유랑민들을 고향에 재정착시키도록 지원하였으며, 민심안정을 위해 대대적인 사면을 실시함

(8월 9일) 갑작스런 정권교체에 따라 각 지방에서의 이반 방지를 위해 개별적으로 사신을 파견하여 위무토록 지시

(8월 11일) 노비로 전락한 백성들의 현황 파악을 지시. 그렇게 1천 명을 찾아내어 주인들에게 몸값을 지불하고 양민으로 환속. 또한 개국공신을 포상. 이에 따라 1등급 4명, 2등급 7명, 3등급 2천여 명 선정

(9월 26일) 고구려의 옛 수도 평양을 대도호(大都護)로 지정하고, 사촌동생 왕식렴(王式廉)과 광평시랑 열평(列評) 및 보좌관 네댓 명을 함께 파견. 황주(黃州)·봉주(鳳州)·해주(海州)·배주(白州)·염주(鹽州) 등의 인구를 평양으로 이주케 조치함

하지만 그의 갑작스러운 즉위는 많은 사회혼란을 야기할 수밖에 없는 일대 파란이기도 했다. 이해에 발생한 사건들의 기록만 해도 이만큼이다. 흥미로운 부분은 다수가 청주 지역과 연관되어 있다는 사실이다. 이에 대해서는 다른 챕터에서 따로 다뤄볼 예정이다.

6월 19일, 마군장군(馬軍將軍) 환선길(桓宣吉)을 역모죄로 처형

6월 28일, 웅주(熊州, 충남 공주)를 방어하던 마군대장군(馬軍大將軍) 이흔암(伊昕巖)을 반역죄로 처형

8월 23일, 웅주, 운주(運州, 충남 홍성) 등 청주 서남부의 10여 개

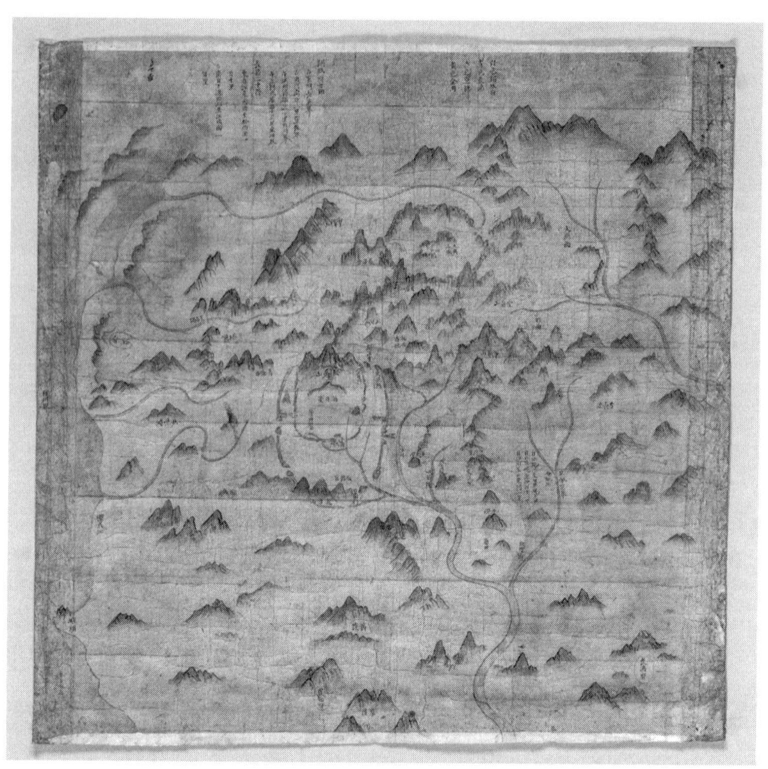

개성 지도(조선시대) – 국립중앙박물관

지역이 후백제로 이반. 이에 前시중 김행도를 동남도초토사 지아

주제군사(東南道招討使 知牙州諸軍事)로 임명

　9월 15일, 청주 출신의 순군리(徇軍吏) 임춘길(林春吉) 등을 반역

죄로 처형

　10월 21일, 청주의 통치자인 파진찬 진선(陳瑄) 및 동생 선장(宣

長)을 반역죄로 처형

 어쨌거나 이만큼이 모두 918년 한 해, 그것도 사실상 반년 동안에 일어난 일이라는 사실이 놀랍기만 하다. 눈코뜰새 없이 하루하루를 보내고 나니 어느덧 연말이 다가왔다. 대충 온갖 시급한 일들이 마무리된 즈음은 11월에 왕건은 팔관회(八關會)를 개최하였다. 사실 팔관회는 궁예가 매해 11월에 열었던 국가적 행사였는데, 왕건은 좋은 제도라면 태봉 시절의 것도 기꺼이 받아들이는 열린 마음의 소유자였다. 더욱이 대내외의 수많은 위협 속에서도 신생 국가의 수장으로서 정신없이 다방면의 행정처리까지 도맡다보니 스스로도 지친 마음을 달래줄 이벤트가 필요했을 것이다.

 그렇게 구정(毬庭)에 윤등(輪燈)을 하나 설치하고 그 곁에 향등(香燈)을 벌여놓으니, 땅 위를 가득 채운 불빛이 밤새도록 밝게 빛났다. 또 비단을 두른 기둥(綵棚)을 두 곳에 가설하였고, 그 앞에서 각종 놀이와 춤과 노래가 이어졌다. 모든 관리들은 도포를 입고 홀을 든 채 의례를 행하였으며, 각지의 구경꾼들이 도성으로 몰려들어 밤낮으로 즐겼다. 왕건은 위봉루(威鳳樓)에 올라 관람하고는 이를 '부처를 공양하고 신을 즐겁게 하는 모임(供佛樂神之會)'이라고 이름 하였다. 이때부터 매년 이를 상례(常例)로 삼았다. 나중 일이지만 왕건의 유언과도 같은 「훈요(訓要)」에도 팔관회가 강조되어 있을 정도로 그는 이 행사를 중히 여겼다.

개경 시대의 개막

새해인 919년 1월, 왕건은 궁예의 오랜 철원경 시대를 마감하고 자신이 태어난 고향인 송악으로 천도를 하였다. 명칭도 새롭게 개주(開州)로 정하였는데, 이로부터 송악은 통칭 개경(開京)으로 불리게 된다. 몽골의 침입 시기에 강화도로 임시 천도하였던 기간을 감안하더라도 이곳 개경, 오늘날 개성은 무려 5백년 가까운 시기를 일국의 수도로서 기능하게 된다.

그는 새로 궁궐을 짓고, 정식으로 3성과 상서6부, 9시(寺)의 정부 체계를 마련하였다. 또한 시장을 세우고 토지 구획을 다섯 개의 부(部)로 정하였으며, 중앙군으로 6위(衛) 38령(領, 1령=1천 명)을 처음 발족하였다. 다만 이때의 군 편성은 틀만 잡은 것뿐 제대로 완성하기까지는 80년 이상 더 걸리게 된다. 그리고 아울러 도성 안에 법왕사(法王寺)와 왕륜사(王輪寺)같은 대형 사찰을 10개나 동시에 창건함으로써 수도로서의 모습을 완비하는 데 힘을 썼다.

이렇게 새로운 수도에서 터전을 닦으며 그는 앞으로의 장기적인 정국 구상을 하였던 듯 다사다난했던 918년에 비하면 조용하다 싶을 정도로 차분한 한 해를 보냈다. 이후의 행적을 보면 이 당시 그가 생각하고 있던 국정 운영의 방향성을 짚어볼 수 있을 듯하다.

신라 정책 : 신라와는 920년 1월부터 상호 우호적인 외교를 시작하였다. 쉽게 말해 신라는 어차피 후삼국 쟁투의 장에서 고려의 경쟁상대가 되지 못했다. 그래서 왕건의 지향점은 간단명료했다. 그가 이끄는 고려는 '친(親)신라 정책'을 고수했다. 아마도 궁극적인 목표가 흡수통일이었기 때문으로 풀이된다.

후백제 정책 : 918년 8월의 즉위 축하 사절 파견에 이어 920년 9월에는 또 견훤이 아찬 공달(功達)을 보내 공작새 깃털 부채와 지리산 대나무 화살을 선물하는 등 우호적인 태도를 보여왔지만, 왕건의 마음 속에는 잠정적으로 '반(反)후백제 정책'이 자리잡고 있었던 것 같다. 당장 920년 10월에 무려 1만 명의 후백제군이 신라의 대량군(大良郡)과 구사군(仇史郡)을 점령하고 진례군(進禮郡)까지 진군해오자 신라에서는 아찬 김율(金律)을 고려로 보내 구원을 요청하기도 했는데, 이렇듯 양측 모두 궁극적으로는 신라를 집어삼킬 계획을 가지고 있었던 만큼 언제든 경쟁관계로 전환될 수밖에 없었기 때문이다.

북방 정책 : 즉위한 직후에 이미 평양을 도호부로 격상시키고 믿을 만한 사람을 보내 터전을 닦기 시작하고, 또 919년 10월에는 황폐화된 평양에 새로 축성을 하도록 하였을 만큼, 왕건의 시야는 단순히 삼한통일에 그치는 것이 아니라, 중장기적으로 평양을 거

점으로 저 멀리 북방으로의 공간 확장을 염두에 두고 있었음이 확실하다. 그는 즉위 초부터 북방 영토 곳곳에 축성을 하고, 또 북부 국경선을 여러 차례 직접 방문하는 등 '북진(北進) 정책'에 지대한 관심을 보였다.

호족 정책 : 상기의 세 가지 정책이 대외 정책이라면 이는 상당히 민감한 대내 정책에 속했다. 신생국 고려의 근본적인 문제는 왕건 자신도 호족 출신으로, 쿠데타 자체도 자신의 주도였다기보다는 여러 실력자들로부터 대표자로 낙점받아 참여하게 되었다는 점이었다. 그 덕분에 그가 만인지상(萬人之上)의 위치였던 것은 사실이지만, 당대의 인식상으로는 여러 호족들 중 대표자 격이었다는 점 역시 어쩔 수 없는 현실이었다. 그래서 그가 택한 방책은 주요 호족들과의 혼인동맹과 같은 '호족 포섭 전략'이었다. 이외에도 사심관 제도나 기인 제도와 같은 지방호족에 대한 정책적 통제도 병행하였으나, 실효성 있는 호족 세력의 제압은 좀 더 후대를 기다려야 한다.

그럼 이제부터 태조 왕건의 본격적인 활동을 하나하나 자세히 살펴보도록 하자.

천년왕국 신라의 쇠락

이 당시 이미 신라는 천년왕국의 찬란했던 영광도 거의 사그라들어 사실상 도시국가 수준으로 축소되어 있는 상황이었다. 신라는 지금의 경주 근방을 제외하면 거의 다 중소 지방세력들까지도 독자적으로 활동할 정도로 남아 있는 게 없었다. 심지어 신라와 신생국 고려가 외교관계를 개설하였던 그 달에도 신라의 서남부인 강주(康州, 경상남도 진주)에서 장군 윤웅(閨雄)이 아들 일강(一康)을 고려에 인질로 보내 투항했을 정도였다. 그외에도 신라의 옛 영토에서 고려로 귀부해온 기록만 해도 이 정도나 된다.

(922년 6월 8일) 하지현(下枝縣, 경상북도 안동)의 하지성 장군 원봉(元奉)이 내투하였다. 다음 해 3월에 원봉은 원윤의 직급으로, 하지현은 순주(順州)로 높여주었다.

(7월 20일) 명주(溟州, 강원도 강릉) 장군 순식(順式)이 맏아들 수원(守元)을 보내 항복하였다.

(11월 5일) 진보성(眞寶城, 경상북도 의성)의 성주 홍술(洪術)이 사신를 보내 항복하였다. 이듬해 11월에 그의 아들 왕립(王立)을 원윤으로 임명하였다.

(923년 3월 27일) 명지성(命旨城, 경기도 포천) 장군 성달(城達)이 동생 이달(伊達), 단림(端林)과 함께 귀부해왔다.

(8월 1일) 벽진군(碧珍郡, 경상북도 성주) 장군 양문(良文)이 조카 규환(圭奐)을 보내 투항해오자, 조카를 원윤으로 임명하였다.

(925년 9월 24일) 매조성(買曹城) 장군 능현(能玄)이 사신을 보내 항복해왔다.

(10월 10일) 고울부(高鬱府, 경상북도 영천) 장군 능문(能文)이 군사를 거느리고 내투하였는데, 그곳 성이 신라의 수도와 가까워서 좋은 말로 돌려보냈다. 다만 휘하의 시랑 배근(盃近)과 대감 명재(明才), 상술(相術), 궁식(弓式) 등은 고려에 남도록 했다.

(930년 1월 2일) 재암성(載巖城, 경상북도 청송) 장군 선필(善弼)이 투항하였다. 참고로 태조 왕건이 고려 건국 후 처음으로 신라와 통교하고자 하였을 때 도적떼로 길이 막혀 있는 상황에서 그가 나서서 문제를 해결해준 덕분에 외교가 이루어질 수 있었다고 한다.

(1월 25일) 고려군의 고창(古昌) 전투 대승 후 영안(永安), 하곡(河曲), 직명(直明), 송생(松生) 등 30여 개 지역이 앞다투어 투항해왔다. (대략 지금의 경북 안동 및 청송 일대이다.)

(2월~9월) 연이어 신라의 동해안을 따라 크고작은 지역들이 모두 투항해왔는데, 명주부터 흥례부(興禮府, 경상남도 울산)까지 모두 110여 성이었다. 예를 들어, 2월 6일에는 미질부(彌秩夫, 경상북도 포항)의 두 곳 성주가 투항해왔고, 8월 15일에는 울릉도에서 공물을 바쳤으며, 9월 7일에는 개지변(皆知邊, 경상남도 울산)에서 사신을 보내 항복해왔다.

여기서 눈여겨봐야 할 것은 바로 고창 전투 이후 신라 각지에서 일어난 고려로의 귀순 행렬이다. 왕건의 전략은 확실했다. 후백제를 타격하면 할수록 신라는 자신의 것이 된다는 그 전략 말이다. 먼저 속내를 드러내는 쪽이 약자일 수밖에 없는데, 왕건은 결코 먼저 자신의 뜻을 내비치지 않았다. 자연스럽게 신라가 자신에게 끌려오도록 상황을 만드는 쪽을 택한 것이다. 실제로 그의 작전은 적중했다.

930년 2월 1일, 태조 왕건이 신라에 사신을 보내 고창에서의 승리를 전하였다. 경순왕도 사신을 보내 답례하는 겸 양국간 정상회담을 요청하였는데, 이때 태조 왕건은 굳이 확답을 하지 않았다. 그럴수록 마음이 닳는 것은 신라일 수밖에 없었다. 1년 후인 931년 2월 9일, 경순왕은 태수 겸용(謙用)을 보내 재차 회담을 요청하였다. 그제서야 왕건도 움직였다.

2월 23일, 태조 왕건은 신라로 출발하였다. 정식 회담 요청을 받고 2주가 지난 다음인데, 기다리고 있는 상대방의 마음을 졸이게 만드는 효과를 노린 것도 있었겠지만, 한편으로는 이달 12일에 폭설이 내려 길이 막힌 것도 좋은 핑계가 되었을 것이다. 정확한 날짜는 나와 있지 않지만 이 당시 개성과 경주의 거리상 일주일 남짓 걸렸던 사례를 참고해보면 3월 초경에는 도착하는 일정이었을 것이다.

왕건의 모든 전략은 기본적으로 반면교사(反面敎師)였다. 궁예가

강력한 왕권을 추구하다 그에 대한 반발로 실각하였던 것을 타산
지석 삼아 그는 여러 호족 세력들과 다각도로 연합하는 전략을 사
용하였던 것처럼, 마찬가지로 외교 분야에서도 견훤이 강압적인
대신라 정책으로 전국민적인 반감을 샀던 것에 반해 그는 의도적
으로 그와 정반대되는 모습을 보이도록 연출하는 데 많은 신경을
썼다.

대표적으로 그가 신라를 향해 떠날 때 대동한 인원수를 보면 이
를 명확히 알 수 있다. 일국의 국왕 행렬이었음에도 호위는 불과
기병 50명뿐으로, 견훤이 대규모 군세로 신라 왕경을 말 그대로
휩쓸었던 것과 좋은 대조를 보인 것이다. 가뜩이나 도시국가 수준
으로 쪼그라든 신라를 상대로 그는 굳이 위세를 보여 상대방의 기
를 죽이기보다는, 적은 행렬 규모로써 역으로 신라인들의 호의를
사는 전략을 구사하였다. 그는 여기서 한 단계 더 장치를 두었다.
왕경 부근까지 다다른 다음 여전히 걱정과 우려를 하고 있을 신라
인들을 안심시키기 위해, 신라 출신으로 고려로 귀화한 선필을 사
신으로 먼저 왕경에 들여보내 안부를 전하도록 것이다. 그는 고려
와 신라 간의 평화로운 외교를 중재하였던 이력이 있어 이미지도
좋았던 데다가 나이도 이 당시 고령이었다고 하니 상대방으로 하
여금 위압감을 느끼지 않도록 하는 이중 삼중의 배려가 들어간 조
치였다.

이에 경순왕도 이번 정상회담의 의미가 워낙 컸기에 국빈 대우

의 의전을 위해 갖은 노력을 다했다. 사촌동생인 재상 김유렴(金裕廉)을 먼저 성문 밖으로 보내 고려 국왕 일행을 영접하게 하고는 자신도 궁문 밖까지 일부러 나와 태조 왕건을 맞이하였다. 경순왕은 왼쪽에 서고 태조 왕건은 오른쪽에 서서 인사하고는 서로 양보하면서 화기애애하게 함께 궁전으로 들어갔다. 그렇게 환영 연회가 임해전(臨海殿), 곧 오늘날 경주의 월지(月池) 서쪽에 있었던 궁전 전각에서 진행되었는데, 분위기가 무르익자 경순왕은 술김에 태조 왕건에게 이렇게 울면서 하소연하였다.

"우리나라가 하늘의 버림을 받아 온갖 재앙과 변란을 겪고, 심지어 견훤에게까지 유린을 당하고 말았으니 어찌 원통하지 않을 수가 있겠습니까!"

이를 본 신라측 신하들은 목메어 울지 않는 이가 없었고, 태조 왕건 역시 함께 눈물을 흘리며 경순왕을 위로해주었다고 한다.

왕건 일행은 무려 두 달을 신라 왕경에 머물렀다. 그 동안 태조 왕건의 지시로 군사들은 엄정한 군기를 유지함으로써 신라인들에게 결코 해를 가하지 못하도록 하였다. 이에 왕경 내 여인들도 고려에 대한 우호적인 마음을 갖게 되었다. 모두가 왕건이 의도한 대로였다. 이들은 이런 말도 했다.

"예전에 견훤이 왔을 때는 이리나 범을 만난 것 같더니만, 이번에 왕공(王公)이 오신 건 마치 우리 부모님을 뵙는 것 같네."

그렇게 떠나기 며칠 전인 5월 20일에 왕건은 경순왕과 태후인 죽방부인(竹房夫人)은 물론 김유렴 및 여러 신라 관료들에게 선물을 한가득 안겨주었다. 마지막까지도 그는 이런 식으로 자신의 인기 관리를 해두었다. 그리고 6일 후인 5월 26일에 두 달간의 신라 체류를 마치고 고려로 귀국하였다. 이때 경순왕이 혈성(穴城)까지 따라나와 배웅을 하였고, 김유렴을 인질로 딸려 보냈다. 혹여나 오해를 풀자면, 이 시대는 서로간의 약속을 담보할 수 있는 방도가 달리 없다보니 그에 대한 증표로 인질이 일반적이었다는 점을 이해할 필요가 있겠다.

왕건은 돌아가서도 자신의 이미지 관리를 위해서 신라를 계속해서 챙겼다. 대표적으로 8월에는 따로 보윤(8품) 선규(善規)를 사자를 파견해 경순왕에게 각종 비단과 말을 선물하였고, 뿐만 아니라 관리들에게는 채색 명주를, 병사 및 국민들에게는 차(茶)와 모자(幞頭)를, 승려들에게는 차와 향을 나누어주도록 하였다. 아무리 신라의 규모가 줄어들었다고는 해도 이 정도면 왕건 입장에서도 지출이 상당히 컸을 텐데 모두 미래를 위한 투자라고 판단했을 것이다.

다만 그의 방식은 견훤과 같은 직접적인 사냥꾼 전략이 아니라 씨를 뿌리고 그 결실을 거두는 농부의 그것이었기에 자연히 통합의 분위기가 무르익을 때까지 물리적인 시간은 필요했다. 실제로 그 효과는 나중에 나타났다. 935년 10월 1일, 경순왕이 보내온 시랑 김봉휴(金封休)가 그토록 기다리던 소식을 들고 고려에 방문하였다. 그 내용은 신라가 고려에 항복하겠다는 것이었다.

이 당시 신라는 이미 사방의 영토가 거의 모두 이반하거나 침탈당하여 더 이상 국가로서의 체계를 유지하기 어려운 지경이었다. 경순왕으로서도 국가의 운명에 대한 최종 판단을 내리지 않을 수 없는 시점이었다. 이에 관료들을 소집해 고려로의 투항을 정식 안건으로 논의하였다. 당연히 갑론을박이 벌어졌다. 그중에서도 뼈 아픈 것은 왕태자의 직언이었다.

"국가의 흥망성쇠는 천명에 달려 있는 것입니다. 충신과 의사(義士)들까지 모두가 합심하여 민심을 수습해 최선을 다해본 다음에나 그만두던지 해야지, 어찌 천년왕국을 하루아침에 남에게 넘겨 주겠다는 것입니까?"

하지만 아무리 옳은 말이어도 심약하기 그지없었던 경순왕의 귀에는 들어오지 않았다.

"이미 고립무원에 위태롭기 짝이 없는 지금 더 이상 옴짝달싹도 못하고 있는데, 죄없는 국민들만 참혹한 죽음을 맞이하고 있는 것을 내 더 이상 보고 있을 수만은 없구나."

이에 크게 낙담한 왕태자는 개골산(皆骨山, 금강산)으로 들어가 생을 마쳤고, 그의 막내동생 또한 깊은 실망감에 머리를 깎고 승려가 되었다고 한다.

이와 같은 상황에서 김봉휴가 국서를 들고 자신을 찾아오자 이제 되었구나 싶었던 왕건은 이번에는 뜸들이지 않고 곧바로 시중

경순왕 영정 - 국립경주박물관

대리인 대상(4품) 왕철(王鐵)과 시랑 한헌옹(韓憲邕) 등을 신라로 파견하였다. 쇠뿔도 단김에 빼랬다고, 관련하여 세부 조건을 확정짓고 또 최종적으로 경순왕의 고려 방문을 안내하기 위함이었을 것이다. 천년왕국 신라가 자진하여 문을 닫는 초유의 일이자 신라 역사상 최고의 중대사였지만 한번 결정된 이상 일은 일사천리로 진행되었다.

그렇게 경순왕이 신하들을 거느리고 신라의 왕경을 출발한 것은 다음 달인 11월 3일이었다. 이것이 역사적인 순간임을 다들 알았던지 귀천을 떠나서 신라의 왕경민들도 자진해서 국왕 행렬의 뒤를 따랐고, 따라가지 못한 이들도 다들 길에 나와 이들의 모습을 지켜보았다. 화려하게 장식한 마차와 말들이 일렬로 늘어서 지나가며 도로를 꽉 메웠는데, 그 행렬의 길이만 해도 10km가 넘었다고 한다. 태조 왕건의 지시로 신라로부터 고려에 이르기까지 도중에 있는 지역들에서는 경순왕 일행을 융성하게 대접하도록 조치가 취해졌다. 이때 고려인들도 몰려나와 신라 국왕의 행렬을 구경하느라 여념이 없었다. 태어났을 때는 신라 국적이었던 이들도 많았을 테니 이들한테는 자신들의 국왕이었던 이의 모습을 볼 수 있는 무척이나 드물고 귀한 이벤트였지 않았을까 싶다.

경순왕 일행이 왕철의 안내 하에 개경에 도착한 것은 11월 12일이었다. 약 9일 간의 이동 일정이었다. 태조 왕건은 지난 번 경순왕이 자신을 맞이하였던 전례를 따라 자신도 교외로 나가 직접 신라측 일행을 영접하였다. 그리고는 태자 왕무와 재상들에게 경순왕을 호위하도록 한 후 대궐 동쪽의 제일 좋은 거처인 유화궁(柳花宮)에 머물 수 있도록 준비시켰다.

열흘 후인 11월 22일, 태조 왕건은 모든 관료들이 도열해 있는 정전(正殿)에서 맏딸 낙랑공주(樂浪公主)를 경순왕과 정식으로 혼인시켰다. 그녀는 제3비인 신명순성왕태후(神明順成王太后)의 장녀로, 남매지간으로는 정종 왕요와 광종 왕소가 있었을 만큼 왕건의 처가 중에서도 실세 중의 실세 집안이었다. 낙랑공주는 태조 왕건의 밝혀져 있는 아홉 딸 중에서도 맏이였기에 그 정치적 중요도가 높은 인물이었다. 어쨌거나 이 정도 되는 자신의 장녀를 경순왕에게 시집 보냈다는 것은 그만큼 천년왕국 신라의 전통적 권위를 인정해주겠다는 정치적 메시지로 해석될 수밖에 없는 일이었다. 이보다 좀 더 나중 일이겠지만 제25비인 성무부인(聖茂夫人)의 딸도 경순왕과 결혼을 시킨 것을 보면 얼마나 태조 왕건이 경순왕을 신경 썼는지를 잘 알 수가 있다.

이제 고려국왕의 사위가 됨으로써 정식으로 왕실에 편입된 경순왕 김부는 11월 28일에 글을 올려 자신을 고려의 신하로 삼아달라는 의견을 냈지만 태조 왕건은 받아들이지 않았다. 물론 이는 일종의 잘 짜여진 각본과 같은 것이었다. 동양 사회에서는 전통적으로 양위(讓位)의 과정상 형식적으로나마 거절을 통한 겸양이 필수적이었기 때문이다.

그러자 이번에는 고려 정부의 각료들이 나섰다. 12월 1일에 이들은 단체로 태조 왕건에게 자신들의 의견을 적극 개진하였다.

"하늘에는 두 개의 태양이 없고 땅에는 두 명의 군주가 없는 법인데, 지금 한 나라에 두 명의 군주가 있으니 국민들이 어떻게 받아들이겠습니까? 부디 신라왕의 요청을 들어주시옵소서."

그렇게 지난한 겸양의 과정을 거쳐 마침내 12월 12일에 태조 왕건은 천덕전(天德殿)에 나와 고위 재상부터 여러 신하들 앞에게 신라왕의 양위를 받아들일 뜻을 밝혔다.

"내가 신라와 혈맹을 맺은 것은 양국이 함께 평화를 구가하기 위함이었소. 그런데 이제 신라왕이 굳이 신하 됨을 청하고 그대들 역시 그것이 옳다고 하니, 비록 부끄러운 일이긴 하지만 여러 사람들의 뜻을 거스르기가 어렵겠소.”

이리하여 경순왕 김부가 궁전의 뜰에서 신하의 예를 갖추고 태조 왕건이 국왕으로서 이를 받는 것으로 최종 양위가 이루어졌다. 천년왕국 신라가 공식적으로 역사 속의 존재로만 남게 된 순간이었다. 다들 이 순간을 경탄스럽게 받아들였다. 모두가 기쁨의 함성을 지르자 온 궁궐이 떠나가듯 진동하였다고 한다.

이제부터는 후속 절차들이 필요했다. 우선 경순왕 김부는 관광순화위국공신(觀光順化衛國功臣) 상주국(上柱國) 낙랑왕(樂浪王) 정승(政丞)이라는 긴 칭호를 받았다. 약칭하여 그는 정승공(正丞公)이 되었고, 자연스럽게 그의 숙소도 그 이름을 따서 정승원으로 명명되었다. 그리고 지위는 공식적으로는 차기 권력계승자인 태자보다 높게 두었다. 물론 이는 명목상일 뿐 권력까지 그렇게 나누어준 것은 아니었지만 말이다. 또 연봉으로 매년 1천 석을 지급하게 하고, 신란궁(神鸞宮)을 신축하여 그의 거처로 내주었다. 참고로 김부의 부인이 된 낙랑공주는 이 이후로 신란궁부인이라고 불렸다.

뿐만 아니라 이전부터 태조 왕건 역시 신라 종실과의 결혼을 희망했었는데, 이를 전해들은 김부의 제안으로 자신의 아버지와 형제지간인 잡간(3등급) 김억렴(金億廉)의 딸과 혼인하게 됨으로써 고려 왕실과 신라 왕실간의 겹사돈이 이루어졌다. 그녀가 곧 제5비인 신성왕태후(神成王太后)인데, 나중에 그녀의 손자가 현종(顯宗)으로 즉위하게 된다. 그 덕분에 이후의 고려 국왕들의 계보는 신라계라는 말이 전해진다.

이렇게 신라라는 나라가 사라진 자리에 경주(慶州)라는 지역이 생겨났다. 오늘날 불리는 바로 그 이름은 이때 태조 왕건이 지어준 것이었다. 이곳 경주는 정승공 김부의 식읍(食邑)으로 주어졌고, 동시에 경주의 사심관(事審官)으로 김부가 임명되어 그는 경주에 대한 얼마간의 지배권을 보장받게 되었다. 여기서 식읍은 일종의 조세 수취권이 주어지는 지역을 일컫고, 사심관은『고려사』「선거지」에 실려 있는 설명처럼 해당 지역의 부호장(副戶長) 이하에 대한 행정 처리를 할 수 있는 권한을 말하는 것이기에, 국왕이라는 호칭은 사라졌어도 어느 정도의 실권은 남게 된 셈이었다. 참고로 고려의 사심관 제도는 김부가 그 시초로, 고려 초 호족을 다룰 때 다시 한번 거론하도록 하겠다. 끝으로, 김부를 따라온 신라 측 관리 및 장수들에게도 고려의 관직을 수여한 것은 물론 모두 토지와 녹봉이 주어졌다. 그렇게 고려의 신라 인수합병은 오랜 노력 끝에 마무리가 되었다.

이상은 태조 왕건이 견훤의 사례를 타산지석 삼아 나름의 햇볕 정책을 고안하여 성취해낸 최고의 결과물이었다. 신라 조정 내부에서 일부 반대는 있었을지언정 어쨌거나 거센 반발이나 내분으로 국가가 두 조각 나는 일 없이 지극히 평화적으로 만들어낸 것이 바로 신라의 흡수통일이었다. 더욱이 양국 왕실간의 결합을 통해 자연스럽게 화학적 통합을 이루어낸 역사상 초유의 성과였다. 이로써 후삼국은 셋에서 하나가 줄어들어 이제 둘만 남게 되었다. 하지만 남은 하나는 결코 호락호락하지 않았다. 왕건이 전력을 다해도 될까말까한 제일 강력한 상대가 바로 후백제였다.

견훤과 후백제

고려의 건국을 후백제는 처음에는 표면적으로나마 반겼다. 건국 축하 사신을 보내기도 하고 왕건에게 따로 선물을 보내기도 하는 등 말이다. 아마도 짐작컨대 강력한 경쟁상대인 태봉의 궁예에 비하면 그의 신하였던 왕건을 조금은 상대하기 쉽다고 여겼기 때문은 아니었을까. 그 때문인지 견훤은 한동안 의도적으로 고려와 적대적 관계를 만들지 않으려고 애를 썼다. 이를테면 920년 10월에 신라의 진례군(進禮郡)을 공격하려던 찰나에 고려군이 등장하자 군을 철수시킨 것이 대표적이다. 이후 수년 동안 양측은 작은 전투조차 벌이지 않고 서로 아슬아슬한 휴지기를 가졌다. 하지만 이는 어쨌거나 한시적인 일이었다. 결국은 언젠가 이 둘은 서로 전장에서 만날 운명이었다.

그 첫 시작은 924년 7월 어느 가을 날이었다. 견훤이 아들 수미

강(須彌康)과 양검(良劍)을 보내 조물군(曹物郡)을 공격하자 고려측
에서도 장군 애선(哀宣)과 왕충(王忠)에게 명하여 구원하게 하였다.
지휘관인 애선이 전사할 정도로 고려군의 피해는 컸으나, 당초 목
표였던 조물군 사람들이 조물성을 끝까지 지켜낸 덕분에 후백제
군은 별 소득 없이 돌아가야만 했다.

그런데 바로 다음 달에 견훤은 따로 사신을 보내 왕건에게 절영
도(絕影島)의 총이말 1필을 선물하였다. 조물군 전투에 대한 모종
의 시그널이었을 텐데, 절영도가 오늘날 부산 지역에 있는 것을
참고해보면 자신의 행동반경을 자랑스럽게 과시하고자 하였던 것
은 아니었을까 싶다. 어쨌거나 이는 전초전에 불과했다.

이로부터 1년 후인 925년 10월에 양측 군은 조물군에서 제2차
전투를 벌였다. 이번에는 왕건과 견훤이 직접 참전한 전투였다. 지
난번처럼 후백제군이 선공을 펼쳤던 것 같은데, 처음에는 고려군
이 후백제의 기세등등한 3천의 기병에게 밀렸다. 하지만 유금필
군의 가세로 고려군 전력이 보강됨에 따라 전황은 이제 박빙으로
흘러갔다. 결국 양측 모두 출구전략이 필요했다. 그 매개는 인질교
환이었다.

후백제에서는 견훤의 조카 진호(眞虎)를, 고려에서는 왕건의 사
촌동생 원윤(6품) 왕신(王信)을 상대방에게 보냈다. 이때 왕건은 자
진하여 견훤이 자신보다 열 살 연상이었기에 상보(尙父), 곧 어르
신이라고 불렀다는데, 이를 보면 아무리 박빙이라고는 했어도 고

려군이 약간은 열세가 아니었을까 짐작되는 부분이다.

하지만 이들 사이의 평화는 오래 가지 못했다. 다음해 4월에 고려에 와 있던 진호가 병으로 갑작스레 사망한 것이다. 고려측에서도 이 사태가 적잖이 당황스러웠던 듯 시랑 익훤(弋萱)을 통해 진호의 시신을 후백제로 이송토록 하였다. 아울러 이전에 받았던 절영도의 명마도 후백제에 반환하였다. 이때 차관급의 고위관료를 파견한 것을 보면 최대한 예를 갖추고자 하였던 게 느껴지고, 또 시신을 즉시 보냈다는 것은 고의적인 살해의 의심을 받지 않고자 하였던 것이 분명하다. 즉 후백제를 자극하지 않기 위해 나름 최선을 다한 것이다. 그러나 상황은 상대방이 울고 싶은데 뺨 때려준 것과 마찬가지였다.

견훤은 고려측의 진의를 의심하여 당장 인질 왕신을 감옥에 가두고는 군대를 웅진(熊津)으로 진군시켜 무력시위를 벌였다. 왕건은 다급히 인근의 여러 성들에 연락을 하여 성문을 닫고 절대 응전하지 말 것을 명하였다. 조물군에서 한 차례 당해본 게 있었다보니 후백제군의 실력에 아무래도 심리적인 압박을 받을 수밖에 없었을 것이다. 어찌되었든 결과적으로는 후백제의 급작스런 도발에도 고려군은 잘 방어하였던 듯하다.

그리고 해가 바뀌어 927년이 되자 왕건도 공세로 전환하였다. 그가 노린 곳은 당시 후백제의 영토였던 용주(龍州, 경상북도 예천)였다. 지속적인 후백제의 도발에 방어로만 일관하던 그도 어느덧 전략방향의 전환이 필요하다고 느끼고 있었고, 마침 신라측에서도 후백제 견제에 대한 니즈가 있었기에 양국의 연합군은 용주를 함락시키는 데 성공하였다.

자신감이 붙은 왕건은 대후백제 전선을 확대하였다. 3월 10일에는 운주성(運州城, 충청남도 홍성) 아래에서 성주 긍준(兢俊)을 격파하였고, 또 13일에는 나아가 근품성(近品城, 경상북도 문경)까지 공격하여 함락시킬 수 있었다. 뿐만 아니라 4월에는 해군장군 영창(英昌)과 능식(能式)을 파병해 강주(康州) 이남의 남해안 일대를 점령토록 하였다. 그 결과 전이산(轉伊山), 노포(老浦), 평서산(平西山), 돌산(突山) 등 전라남도 여수 일대로 추정되는 4개 지역을 확보할 수 있었다.

물론 항상 성공만 하였던 것은 아니다. 예컨대 같은 달 후백제와의 경계선이었던 웅주(熊州) 공략에는 실패하였다. 그외에는 이해 7월 9일에 원보 재충(在忠)과 김락(金樂)이 대량성(大良城), 즉 후백제가 7년 전에 가까스로 차지하였던 대야성을 함락시키고 장군 추허조(鄒許祖) 등 30여 명을 포로로 잡는 등 지속적인 성과가 있었다.

이에 자신감이 커진 왕건은 멀리 강주 지역 순시에 나섰는데, 마침 고사갈이성(高思曷伊城, 경상북도 문경)의 성주 홍달(興達)이 투항해왔다. 이를 시작으로 후백제의 여러 성주들이 연달아 고려에 항복해오자, 견훤도 인내심에 바닥을 드러냈던 듯하다. 후백제의 자존심이었던 대야성도 그렇지만 각지에서 고려군이 후백제 영토를 지속적으로 침범해오자 동시에 위기감까지 느꼈을 것이다. 그는 본격적으로 행동에 나섰다.

927년 9월, 견훤은 반년 전 고려군에 빼앗겼던 근품성을 재차 공격하여 완전히 쑥대밭으로 만들어버린 다음 신라 왕경에서 지근거리인 고울부(高鬱府, 경상북도 영천)를 습격해왔다. 이 소식에 깜짝 놀란 왕건은 10월에 시중 공훤(公萱)과 대상(4품) 손행(孫幸), 정조(7품) 연주(聯珠) 등에게 1만의 군사를 내어주며 신라 구원을 지시하였다. 그러나 이때까지만 해도 왕건은 후백제군의 최종 목표를 잘못 판단하고 있었던 것 같다. 혹은 내심 짐작은 하면서도 설마 하였던 것은 아니었을까 싶다. 그렇지만 실제로 후백제군이 궁극적으로 노린 지역은 다름 아닌 신라의 왕경이었다.

견훤의 역대 전례가 없는 성동격서에 당한 고려군은 우왕좌왕하였고, 그가 11월 신라 왕경에서 전격적인 국왕 교체 및 새 정부를 다 꾸리고 떠날 때까지의 약 보름간의 시간 동안 제대로 된 대응도 하지 못할 정도였다. 결국 왕건이 직접 나서지 않을 수 없었다.

정확한 시점은 밝혀져 있지 않지만 대략 11월 하순경 왕건은 신라 구원을 위해 정예기병 5천 명을 이끌고 출진하였다. 하지만 안타깝게도 여전히 상황을 주도하고 있었던 것은 51세의 왕건이 아니라 이해에 환갑을 맞이한 견훤이었다.

양측의 군대가 조우한 곳은 공산(公山)의 동수(桐藪), 곧 오늘날

삼년산성(충북 보은) - 한국민족문화대백과사전

대구 동북쪽의 팔공산이었다. 원래 고려군은 이곳에서 후백제군을 요격하려고 하였던 모양인데, 오히려 이때 기세가 올라 있던 후백제군에 의해 고려군이 역습을 당하는 결과가 되었다. 심지어 왕건 자신도 후백제군에게 겹겹이 포위당해 자칫 목이 날아갈 지도 모르는 급박한 상황에서, 개국공신이기도 한 대장 신숭겸(申崇謙)과 김락(金樂)의 전력을 다한 희생으로 겨우 몸만 빠져나갈 수 있었다. 고려군 입장에서는 전투원 5천 명 거의 전원이 몰살당하는 완패였다. 견훤은 승세를 타고 대목군(大木郡)까지 공격하였다.

이해 연말에 앞서 보았던 것처럼 견훤은 왕건 앞으로 서신을 보내어 자신의 커다란 야망을 제대로 보여주었는데, 이에 대해 928년 1월에 보낸 왕건의 답신이 남아 있다. 원문은 많이 길기에 주요 내용만 축약하자면 다음과 같다.

나는 하늘의 뜻으로 사람들의 추대를 받아 세상을 통치할 기회를 얻었습니다. 과거 삼한 땅에 재앙이 닥쳐 흉년이 들고 난리가 났을 때 가까스로 위기를 수습하고 7, 8년간 평화를 누릴 수 있었습니다. 그러다가 (925년 10월의 제2차 조물군 전투 때) 갑자기 교전하게 되었는데, 결국 상호 협정을 통해 휴전을 하였습니다. 그런데 어찌 다시 (신라의) 왕도를 쳐들어와 금성(金城)을 공격하고 왕실을 놀래킨 것입니까? 게다가 국왕을 살해하고 궁궐을 불태우고 대신부터 양민까지 죽이고는 전리품까지 빼앗아갔습니다. 내가 그 동안 승리하고 차지한 곳만 해도 대량성(대야성), 연산군, 마리성(馬利城), 임존성, 청주, (공산) 동수, 경산, 강주, 나주 등이 있습니다. 그런데 하물며 잃은 땅을 되찾는 것이 무엇이 어렵겠습니까? 부디 불필요한 전쟁은 이제 그만두기 바랍니다.

그런 다음 자신을 대신해 전사한 신숭겸과 김락에 대해 명복을 비는 등 후속조치를 한 그는 한동안 절치부심하며 후백제와의 전쟁을 의도적으로 피하였다. 물리적으로도 정신적으로도 회복할 시간이 필요했을 것이다.

아마도 운주(運州)의 옥산(玉山)에 성을 쌓고 수비군을 두는 일로 4월에 잠깐 인근의 탕정군(湯井郡, 충청남도 아산)을 다녀온 것을 제외하면 대외활동을 자제하고 있던 그는 7월에야 비로소 활동을 재개한다. 하지만 여전히 제 컨디션은 아니었던 듯 오랜만에 친정을 나서긴 했지만 청주 동남쪽의 삼년산성(三年山城)을 함락시키지 못하고 결국 청주로 퇴각하고 말았다. 오늘날 다시 봐도 천혜의 요지에 축성 기술까지 뛰어난 산성이었기에 천하의 왕건도 공성전이 결코 쉽지 않았을 것이다.

그런데 뼈아픈 실책은 이때 후백제군의 반격까지 허용하였다는 점이었다. 한번 공산 동수 전투 때 당한 게 트라우마로 남아 있어서 그랬는지 그는 충주까지 더 멀리 퇴각하고 말았는데, 다행히 마침 탕정군에서 축성을 담당하고 있던 유금필이 청주까지 달려와 후백제군을 측면에서 요격함으로써 위기에서 벗어날 수 있었다. 재빠르게 몸을 빼긴 하였으나 자칫 또 한번 위험할 뻔하였던 순간이었기에 아마도 크게 한숨 돌렸을 것이다. 또 다시 왕건은 숨을 고를 필요가 있었다.

그러는 사이 견훤의 대고려 공세는 거세져 갔다. 928년 한 해에만 5월 강주에 주둔중이던 고려군 기습, 8월 교통의 요지인 죽령(竹嶺) 차단, 11월 부곡성(缶谷城, 대구 군위) 함락 등 고려군은 전선 곳곳에서 밀리기만 했다. 왕건도 인내심에 한계가 온 것인지, 오어곡 전투 때 고려군이 무려 1천 명이나 전사하자 이때 후백제군에 항복해버린 고려 장군 6명에 대해 연좌제를 적용해 개경에 있던 이들의 가족들을 모두 공개 처형해버렸다.

929년에도 상황은 개선되지 않았다. 7월 의성부(義城府) 침공 및 연이은 순주(順州) 공격, 10월 가은현 포위 및 고사갈이성 공격 소식들이 이어졌다. 특히 의성부에서는 왕건이 인정하던 장군 홍술(洪術)이 전사하였고, 순주에서도 장군 원봉(元奉)이 도망치는 일이 발생했다. 또한 고사갈이성의 성주 홍달은 후백제군에 대한 두려움에 숨을 거두기까지 했다.

하지만 아직 운명의 여신이 왕건을 버린 것은 아니었다. 그리고 기회는 의외의 곳에서 예기치 않을 때 찾아왔다. 929년 12월, 견훤의 후백제군이 고창군(古昌郡)을 포위공격한다는 보고가 전해지자 왕건은 직접 군대를 이끌고 구원을 위해 출격하였다. 그런데 막상 고창군을 앞에 두고는 예안진(禮安鎭, 경상북도 안동 북쪽)에 멈춰서서 휘하 장군들과 대책회의를 가졌다. 주제는 전세가 불리해졌을 때의 대응방안이었다. 여전히 공산 동수 전투 때의 트라우마가 가시지 않았던 것이다. 하지만 다행히 유금필의 강경책 주장에 왕건도 반성하고는 그의 안을 따르기로 결정했다. 이에 유금필이 후백제군이 저지하고 있던 저수봉(猪首峯)을 격전을 통해 뚫어냈고, 고려군은 안전하게 고창군 일대로 진입할 수 있었다.

그렇게 또 해가 바뀌어 거진 한 달간의 대치 끝에 930년 1월 21일에 결전의 날이 밝아왔다. 왕건의 고려군은 병산(甁山)에, 견훤의 후백제군은 석산(石山)에 진을 치고 서로 마주보고 있었다. 양측의 거리는 불과 6백 미터밖에 되지 않았다. 드디어 대규모 접전이 벌어졌고 하루 종일 격전이 벌어진 끝에 후백제측은 시랑 김악(金渥) 등 포로와 무려 8천 명의 전사자를 전장에 남겨둔 채 퇴각하였다. 마찬가지로 피해는 컸겠지만 모처럼 고려군이 거둔 압승이었다. 아마도 왕건 개인적으로도 그 무엇보다 가장 큰 성과는 오랜 트라우마를 끝내 벗어던질 수 있었다는 점이었을 것이다.

전후 처리도 일사천리로 진행되었다. 1월 25일에 후백제의 대군 앞에서 고창군을 잘 방어해낸 성주 김선평(金宣平)은 대광(2품)으로, 권행(權行)과 장길(張吉)은 대상(4품)으로 전격 승진시켰으며, 고창군 자체도 안동부(安東府)로 격상시켰다. 그래서 오늘날 안동은 왕건이 내려준 이 이름으로 불리게 된 것이다. 다만 후백제 패잔병들이 퇴로를 뚫기 위해 급습하였던 순주에서 달아난 장군 원봉에 대해서는 그에 대한 책임을 물어 처벌하였고, 순주도 원래 명칭인 하지현(下枝縣)으로 강등시켜버렸다.

이때의 전투를 역사에서는 고창 전투라고 부르는데, 이를 계기로 고려가 후백제에 대한 전략적 우위를 점하게 되는 매우 중요한 시점이다. 승전의 효과가 얼마나 컸던지 그 동안 눈치만 보고 있던 고창 인근의 영안(永安), 하곡(河曲), 직명(直明), 송생(松生) 등 30여 곳이 차례로 고려에 투항해왔다. 뿐만 아니라 그 여파는 생각보다 오래 갔다. 대략 2월부터 9월까지 오늘날로 치면 강릉부터 포항, 울산에 이르기까지 신라의 동해안 라인의 크고작은 성들 110여 곳도 모두 고려에 귀부해온 것이다. 멀리 울릉도에서도 사신이 찾아올 정도였다.

가장 큰 성과는 932년 6월에 후백제에서 용맹과 지략으로 유명한 장군 공직(龔直)이 고려로 항복해온 것이었다. 이 소식에 견훤은 배신감과 동시에 크게 걱정하지 않을 수가 없었다. 그만한 인물이 고민 끝에 고려로 망명할 정도면 이제 후백제의 어느 누구도 그러지 말라는 보장이 없는 그런 상황이 된 것이다.

공직은 연산(燕山) 매곡(昧谷) 출신으로, 지금의 충북 청주의 남부 지역이 그의 근거지였다. 어려서부터 용맹하였기에 신라 말에 이곳을 기반으로 장군으로 독립하였고, 나중에는 후백제에 가담하여 견훤의 심복이 되었다. 그 역시 당시의 사회 분위기에 따라 맏아들 직달(直達)과 둘째아들 금서(金舒) 그리고 딸 하나를 후백제 수도에 인질로 보내야 했다.

하지만 시간이 흘러 그는 후백제에 실망을 하고는 맏아들과 비밀리에 속마음을 터놓고 이야기를 나눈 적이 있었다. 한 마디로 후백제보다는 고려가 더 나은 선택일 것 같다는 게 그의 판단이었다. 아마도 고려에서 신라의 옛 지역들이 투항해오면 어떻게 대우하는지 지켜본 다음 내린 결론이었을 것이다. 그리고 직달 역시 인질로 있어보니 후백제 조정 내 분위기가 영 마뜩치 않다는 데에 공감을 하였다. 다만 공직의 걱정은 후백제에 붙잡혀 있어야 하는 자식들이었다.

“저도 나중에 기회를 엿보다가 반드시 동생들을 데리고 함께 넘어가겠습니다. 만일 불가피하게 못 가게 되더라도 고려에서 저희들의 후손은 계속 이어질 테니 저는 죽어도 여한이 없습니다. 아버지, 저희는 걱정하지 마십시오.”

마음을 굳힌 공직이 마침내 고려에 다른 아들 영서(英舒)와 함께 망명을 신청하였다. 이에 왕건은 크게 기뻐하며 그를 대상에 임명하고, 백성군(白城郡, 경기도 안성)의 녹읍과 말 3필, 채색 비단을 하사하였다. 그리고 또 다른 아들 함서(咸舒)를 좌윤(6품)에 임명하였다. 또한 왕건의 친척인 정조(7품) 준행(俊行)의 딸을 영서에게 결혼시키면서 이렇게 말하였다.

“경은 세상의 이치를 잘 알고 내게 왔소. 내 이를 매우 기쁘게 생각하며 왕가와의 혼인을 통해 두터운 신뢰를 보이고자 하오. 경은 더욱 온힘을 다해 변경을 관리함으로써 우리 집안의 울타리가 되어주시오.”

공직이 감사를 드리고는 자신의 생각을 한 가지 꺼내어 말했다.

“백제의 일모산군(一牟山郡)이 제 지역과 경계가 맞닿아 있습니다. 제가 망명한 이래 침략과 약탈을 일삼아 저희 백성들이 편안하게 일할 수가 없습니다. 제가 가서 그곳을 공격하여 저희 백성들을 지키고 걱정없이 농사에 힘쓸 수 있게 해주고 싶습니다.”

왕건은 물론 이 제안을 받아들였다. 어차피 후백제의 최전선 출신에 국방 기밀을 속속들이 꿰뚫고 있던 그의 지식과 재능을 활용하지 않을 이유가 없었기 때문이었다. 그래서 왕건은 공직의 제안대로 932년 7월에 직접 일모산성(一牟山城) 정벌에 나섰다. 물론 공직을 대동한 출정이었을 것이다.

반면 견훤은 공직이 항복하였다는 소식에 불같이 화를 냈다. 당장 그의 자식들인 직달과 금서, 그리고 딸까지 감옥에 가두고는 다리 근육을 불로 지지고 끊어버리니 그 모진 고문을 견디지 못한 직달은 죽고 말았다. 공직에게 마음의 빚을 진 왕건은 나중에 후백제 장군 구도(具道)의 아들 단서(端舒)가 포로로 잡혔을 때 그와 공직의 둘째아들 금서를 맞교환하여 되찾아왔을 정도로 이 일에 신경썼다.

어쨌거나 공직의 배신으로 마음이 크게 상한 견훤은 왕건이 생각지도 못한 공격을 준비했다. 그의 다음 작전은 기상천외했다. 그것은 바로 해상을 통한 고려 수도의 직접 타격이었다. 마치 나주를 통해 자신의 뒷마당을 빼앗겼던 것처럼 한번 보란듯이 그는 똑같이 바다로 고려를 공격해온 것이다.

이해 가을 9월에 견훤은 해군을 파병해 고려의 예성강을 급습하도록 하였다. 그들은 3일간이나 염주(鹽州), 배주(白州), 정주(貞州)의 개경과 인접한 3개 주를 휩쓸며 전함 100척을 불사르는 파격적인 공격을 선보였다. 왕건이 쿠데타 직전에 나주로 떠나기 전 구축한 전함의 최대 규모가 100여 척 정도였는데 그만큼이 전부

해상에서 전소되어버린 치명적인 손실이었다. 더욱이 인명피해는 기록상 확인되지 않지만 예컨대 100척이면 군사 3천 명에 양곡까지 가득 실을 정도였다고 하니 그에 버금가는 피해가 뒤따랐을 것은 분명하다. 더욱이 후백제군은 회군하는 길에도 저산도(猪山島, 황해도 저도(猪島)로 추정)에서 기르던 군마 300필을 약탈해갔다.

후백제군의 해상 공격은 이것으로 끝이 아니었다. 바로 다음 달인 10월에도 견훤은 해군을 추가 파병하여 대우도(大牛島) 일대를 공격하게 하였다. 급히 왕건은 대광(2품) 왕만세(王萬歲) 등을 보내 막도록 하였지만 패하고 말았다.

어쨌든 이 당시 왕건은 일모산성 공략에 힘을 기울이고 있었기에 원격으로 수도 개경의 위태로운 상황을 듣고 있었는데, 그나마 다행이었던 점은 고려 수도 각지에서 민병대까지 조직되어 후백제군에 적극 대응해준 덕분에 적군의 장기 점령은 피할 수 있었다는 점이었다. 그리고 왕건 자신은 이해 연말 즈음이 되어서야 겨우 일모산성을 함락시키는 데 성공할 수 있었다. 그렇게 자칫 위태로울 뻔했던 한 해가 지나갔지만, 위기상황은 여기서 그치지 않았다. 견훤은 여전히 집요했다.

933년 5월에 신검(神劍)이 이끄는 후백제군이 신라 영토인 혜산성(槥山城)과 아불진(阿弗鎭) 등지를 공격해왔다. 이전에 이미 왕건은 동맹국인 신라 영토 내에 고려군을 주둔시켜 신라 방위를 돕고는 있었지만 이와 같은 후백제군의 압도적인 기세에 방어선이 뚫

려버린 상황이었다. 특히나 이들 지역이 신라 왕경에서 가까웠기에 왕건은 927년에 있었던 견훤의 신라 습격이 다시 한번 재현될까 크게 걱정을 하여 당시 의성부(義城府)에 주둔 중이던 정남대장군(征南大將軍) 유금필을 다급히 신라 왕경 방어에 투입하였다. 다행히 유금필의 촌각을 다투는 분전으로 후백제군의 왕경 습격은 일어나지 않을 수 있었다.

934년 새해가 밝아오자 왕건은 전장을 옮겼다. 이렇게 계속 후백제군의 공세에만 끌려다녀서는 안되겠다는 판단을 하였을 것이다. 이번에 그가 노린 곳은 운주(運州, 충청남도 홍성), 즉 후백제의 북서부 최전선 지역이었다. 정확한 기간은 알 수 없지만 이곳에서 아마도 수개월에 걸쳐 장기간 포위공격을 하였던 것 같은데, 나중에는 견훤도 전략 중요도상 이곳이 곧 결정적 승부처가 될 것임을 직감하였던 듯 9월경 스스로 중무장한 병사 5천 명을 동원하여 대응에 나섰다.

고려군의 규모는 밝혀져 있지 않으나 유금필군의 병력만 해도 수천 명의 기병이었다고 하는 것을 보면 전군의 총병력은 못해도 1만에 육박하지 않았을까 싶다. 견훤이 아무리 날고긴다 해도 규모면에서의 격차를 한번에 역전할 길은 없었을 것이다. 그리고 견훤도 이때 어느덧 68세의 나이였다. 스스로도 무언가 벅찬 것을 느끼지 않았었을까. 그래서인지 그는 의외로 왕건에게 먼저 휴전을 제안하였다.

"양쪽의 군사들이 서로 싸우면 그 형세가 양쪽 모두 온전하지 못할 것이오. 무지한 병졸들이 많이 죽고 다칠까 염려되니 화친을 맺어서 각자 영토의 경계를 보전합시다."

왕건도 오랜 포위공격으로 지쳐 있어서 그랬는지 휘하 장군들과 후백제의 휴전 제안 관련한 작전회의를 가졌는데, 이때 유금필이 고려군의 대표적 매파답게 강공책을 제시하였다. 왕건이 언제나 믿고 맡길 수 있는 그의 작전을 채택하였음은 물론이다.

운명의 날은 9월 20일이 되었다. 우장군(右將軍) 유금필이 보건대 견훤이 아직 진영을 완성시키지 못하고 대기중인 것을 눈치채고는 휘하 정예기병 수천 명을 동원해 전력을 다해 후백제 본진을 급습해버렸다. 실제로 후백제군은 준비가 덜 되어 있었던 듯 3천 명의 사상자와 함께 견훤의 직속 참모진, 그리고 장군 두 명이 포로로 붙잡히고 말았다. 무려 60%의 피해규모였다.

이 소식은 후백제의 최전선 일대를 진동시켰다. 그 결과 전장이 되었던 운주 인근 및 웅진(熊津) 이북의 30여 성이 자진하여 고려에 성문을 열고 투항하였다. 뿐만 아니라 그 여파는 더 멀리까지 미쳤는데, 대표적으로 바로 다음 해가 되면 신라의 경순왕조차 이제는 더 이상 버티지 못하고 미래권력으로 완전히 자리매김한 고려의 왕건에게 백기를 들게 된다. 이렇듯 927년 11월 공산 동수 전투에서의 패전으로 최악의 위기에 빠졌던 왕건은 930년 1월 고창 전투의 승리로 역전의 계기를 마련한 다음, 이번 934년 9월의 운주 전투를 통해 승리에 최종 쐐기를 박은 셈이었다.

그 충격은 견훤 자신에게도 있었던 듯하다. 『삼국유사』에 따르면 그가 아들들에게 고려에게 항복할 의사를 밝혔다는 기록도 전해진다. 다 믿을 순 없겠지만 마음이 흔들린 것만큼은 사실이었을 듯하다. 그도 이제 곧 일흔을 앞둔 나이였기에, 그 당시로 보면 노령을 넘어 초고령의 단계에 접어든 상황이기도 했다. 그렇기에 그가 누구에게 왕위를 물려주느냐 하는 문제도 후백제 조정 내에서는 첨예한 관심사였다.

아마도 이런 심리적인 흔들림까지는 왕건도 미처 파악하지 못했을 것 같지만, 935년 3월에 후백제에서 소위 '왕자의 난'이 터진 것은 금방 정보를 접했을 것이다. 이찬 능환(能奐)의 주도 하에 양검(良劍), 용검(龍劍) 두 아들이 가담했고 마지막에 장남 신검(神劍)까지 반강제로 끌어들여 아버지 견훤을 금산사(金山寺)에 유폐시키고는 유력한 왕위계승권자였던 아우 금강(金剛)을 살해하는 파란이 일어난 것이었다. 삼한통일의 마지막 퍼즐인 후백제에 커다란 변수가 생긴 셈이었다.

이에 왕건은 4월에 급히 장군들을 소집했다. 후백제의 배후에서 오랫동안 고려의 원정기지 역할을 해온 나주에 대한 대책회의였다. 물론 그 배경에는 후백제의 갑작스러운 정세변화가 깔려 있었다.

"나주 지역의 40여 군(郡)은 오랫동안 우리의 울타리가 되어주었소. 그런데 앞서 대상(4품) 견서(堅書), 권직(權直), 인일(仁壹) 등

을 보내 방비토록 하였으나, 백제의 공격으로 6년 동안이나 해로
가 끊겨 통제력을 잃은 상태요. 누가 나주 문제를 해결할 수 있겠
소?”

처음에는 대표적인 측근인 홍유와 박술희가 자원하고 나섰으
나, 왕건은 전투의 승패만이 문제가 아니라 지역민의 마음을 얻어
내서 원만한 지배까지 가능한 인재가 필요하다고 생각하고 있었
다. 왜냐하면 6년간 고려 본국으로부터 사실상 방치가 되어 있던
상태였기에 단순한 영토 수복만 문제가 아니라 등돌린 지역 민심
까지 되찾아야 하는 난이도 높은 임무였기 때문이었다. 이에 최종
적으로 후삼국 최고의 명장 유금필이 추천을 받았다. 그가 2년 전
신라 왕경을 방어하면서 신라인들에게 크게 민심을 얻었던 사례
가 아마 주효했을 것이다. 그의 기꺼운 승낙으로 도통대장군(都統
大將軍)은 그의 자리로 낙점되었다.

이제 삼한통일의 마지막 퍼즐을 맞추는 순간이 다가왔다. 지금
이 역사적 순간임을 본능적으로 느끼고 있던 왕건은 원정군 사령
관 유금필의 배웅을 위해 직접 예성강에 나갔고 자신의 국왕 전용
함선까지 내어주었다. 그가 출항하는 것을 끝까지 지켜본 다음에
야 궁으로 돌아왔을 정도로 왕건의 대우는 극진했다.

물론 결과는 성공적이었다. 구체적인 과정은 전해지지 않지만
유금필은 왕건의 기대대로 나주를 재탈환함으로써 모처럼 다시
고려의 영토로 수복하는 데 성공한 것이다. 왕건은 그가 귀환할

때 또 다시 예성강까지 나가서 직접 그를 마중하였다.

그리고 6월에 곧 그가 기다리던 소식이 개경으로 전해졌다. 3개월간 갇혀 있던 금산사에서 겨우 탈출한 견훤이 막내아들과 딸, 그리고 애인과 함께 나주로 피신해온 다음 고려로의 귀순 의사를 밝힌 것이다. 기쁜 마음에 왕건은 장군 유금필과 대광(2품) 왕만세, 원보(4품) 향예(香乂), 오담(吳淡), 능선(能宣), 충질(忠質)에게 군선 40여 척을 내어주며 해로로 견훤 일행을 모셔오도록 하였다.

그가 도착하자 왕건은 예전처럼 그를 다시 친밀하게 상보라고 부르며 남궁(南宮)을 숙소로 내어주었다. 그리고 온갖 선물과 함께 노비 80명에 비서까지 붙여주고, 명목상이지만 지위는 고려 조정 내에서 백관의 위, 즉 최고위급으로 인정키로 하였다. 이를 보면 얼마나 왕건이 견훤의 귀순을 기뻐하였는지 잘 알 수가 있다.

실제로 그 효과는 확실했다. 신라의 경순왕이 고려의 수도 개경까지 직접 찾아와 항복한 것이 이해 12월의 일이고, 또 견훤의 사위인 장군 박영규(朴英規)가 고려로 투항할 것을 비밀리에 밝혀온 것이 바로 다음 해인 2월의 일이었다. 이제 삼한통일까지는 마지막 한 계단만 남아 있었다.

936년 6월에 견훤이 왕건에게 난신적자(亂臣賊子) 토벌을 명분 삼아 후백제 공격을 제안하였다. 이에 왕건은 그의 말대로 우선 태자 왕무와 박술희를 선발대로 하여 보병과 기병으로 이루어진 1만 명의 군대를 천안부(天安府)로 이동하여 주둔케 했다. 그리고 결전의 날이 정해졌다.

9월 초, 왕건은 대규모의 본진을 천안부에 집결시킨 후 일선군(一善郡, 경상북도 구미)까지 진군하였다. 후백제군 역시 결전을 위해 병력을 총동원하여 전장으로 나왔다. 양측의 대군이 마주친 것은 9월 8일 일리천(一利川)에서였다. 고려군은 동북방에 자리잡고는 서남쪽을 향해 진영을 꾸렸다. 이때의 고려군 구성은 이와 같았다.

부대		지휘관	병력
좌익		견훤, 대상 견권, 박술희, 황보금산, 원윤 강유영	기병 10,000명
	지천군(支天軍)	원윤 능달, 기언, 한순명, 흔악, 정조 영직, 광세	보병 10,000명
우익		대상 김철, 홍유, 박수경, 원보 연주, 원윤 원량	기병 10,000명
	보천군(補天軍)	원윤 삼순, 준량, 정조 영유, 길강충, 흔계	보병 10,000명
중군		대광 왕순식, 대상 긍준, 왕렴, 왕예, 원보 인일	철갑기병 20,000명
		대상 유금필, 원윤 관무, 관헌	정예기병(말갈) 9,500명
	우천군(祐天軍)	원윤 정순, 정조 애진	보병 1,000명
	천무군(天武軍)	원윤 종희, 정조 견훤	보병 1,000명
	간천군(杆天軍)	김극종, 원보 조간	보병 1,000명
지원군		대상 공훤, 원윤 능필, 장군 왕함윤	기병 300명 그외 병사 14,700명

모두 합치면 무려 87,500명에 달하는 대병력이었다. 이는 후삼국시대 최대 규모의 동원이었다. 그렇다고 이들이 전부 고려의 중

앙군은 아니었는데, 예컨대 왕순식의 경우 아들 왕렴과 함께 자신의 본거지인 명주(강릉)에서 3천 명의 자체 병력을 이끌고 와서 합류한 것이었다. 상대방의 규모나 구성은 알려져 있지 않지만 고려군과 마찬가지로 좌익, 우익, 중군의 삼군 체제였음은 확인이 되고, 또 양측 모두 국력을 총동원한 결전이었던 만큼 수만의 규모였으리라는 점 역시 쉽게 짐작이 된다.

아마 왕건도 내심 가장 기대하였던 부분일 텐데, 이 전투에서 결정적인 한 방은 다름 아닌 견훤이라는 존재였다. 본 전투가 개시되기도 전에 이미 후백제군에서는 견훤을 멀리서 보고는 심리적으로 무너지기 시작하였다. 대표적으로 좌군의 효봉(孝奉), 덕술(德述), 애술(哀述), 명길(明吉) 4명의 장군이 전투를 포기하고 견훤 앞으로 달려와 투항해버렸다. 견훤이 갖는 권위라는 이름값이 이 정도였다. 심지어 이들은 후백제군의 부대 편성은 물론 신검이 어디에 자리하고 있는지까지 가장 중요한 기밀을 고려군에 폭로하였다. 그렇다면 이제 남은 것은 일방적인 사냥뿐이었다.

왕건은 곧바로 대장군 공훤에게 명하여 1만5천의 지원군을 이끌고 신검이 있는 후백제의 중군을 직접 타격하게 하고는, 7만이 넘는 남은 병력 전체로 좌우에서 중군을 협공하게 하였다. 결과는 후백제군의 대패였다. 가뜩이나 전력에서 밀리고 견훤이라는 존재 때문에 심리전에서도 밀리는 와중에 전술적 측면에서까지 밀려버렸으니 당할 도리가 없었을 것이다. 달아나는 이들은 살기 위해 서로 짓밟기도 하고 혼란 속에서 거꾸로 아군을 공격하기도 했다. 일리천 전투에서만 고려군은 후백제의 장군 흔강(昕康), 견달(見達), 은술(殷述), 금식(今式), 우봉(又奉) 등 3,200명을 생포하고 5,700명을 사살하는 전공을 보여주었다.

그렇지만 후백제군의 지휘부는 전장에서 붙잡히지 않고 재빠르게 탈출하였다. 그러나 이들도 그리 멀리 달아나지는 못하였다. 고려군이 황산군(黃山郡)까지 추격하여 탄령(炭嶺)을 넘어 마성(馬城)에 다다르자 마침내 더 이상 도망갈 수 없다는 좌절감에 신검, 양검, 용검 삼형제 및 장군 부달(富達)과 소달(小達) 그리고 능환 등 조정의 관료들 40여 명이 백기 투항해왔다. 왕자의 난의 주모자인 능환은 즉결 처분을 시키고, 양검과 용검 두 명은 처음에 진주(眞州)로 유배 보냈다가 나중에 또한 처형시켰으며, 나머지 관료과 장군들은 가족과 함께 개경으로 압송하였다. 다만 신검만은 쿠데타에 주도적으로 참여한 것이 아니라는 사유로 무죄 방면시켰는데, 얼마 안 있어 견훤이 70세의 나이로 근처 황산의 절에서 생이다하고 말았기에 이 조치 때문이 아니었냐는 말이 돌았던 듯하다.

이제 후삼국의 최종 승리자가 된 왕건은 인심을 써서 후백제군포로들을 풀어주고는, 처음이자 마지막으로 후백제의 수도 전주를 전격 방문하였다. 불안에 떨고 있는 후백제인들의 민심을 달래기 위해 그는 점령군으로서의 고압적인 자세 대신 신라 왕경을 방문하였을 때처럼 군령을 엄격히 하여 자칫 사소한 잡음도 나지 않도록 최대한 신경을 썼다. 대개는 한 나라가 멸망하면 각지에서 부흥군이 들고 일어나기 마련인데 다행히 그의 노력이 통했던 것인지 후백제인들은 큰 저항 없이 패배를 순순히 받아들였던 것 같다.

왕건은 후백제인들 중에서도 협력자는 철저히 포상하였다. 대표적으로 견훤이 망명해왔을 때 그에게 동조해 고려로의 귀순 의사를 밝혔던 사위 박영규를 좌승(3품)으로 임명하고 커다란 포상과 함께 두 아들도 고려의 관직을 주는 등 후한 대가를 지불해주었다. 더욱이 그의 딸을 왕건은 자신의 아내로 맞아들였는데 그녀가 바로 제17비 동산원(東山院)부인이다.

이렇듯 왕건은 후백제를 차별하기는커녕 그들의 마음을 얻기 위해 애썼으며, 심지어 적이었던 견훤마저도 품을 줄 아는 통큰 인물이기도 했다. 그런 면모 덕분에 그가 후삼국의 진정한 통일 군주가 될 수 있었던 것 아니겠는가.

고구려의 평양 그리고 북국 발해

태조 왕건이 꿈꾸었던 신생국 고려의 미래 비전은 무엇이었을까? 여러 가지 측면이 있겠지만 그중에서도 대표적인 것 한 가지만 꼽자면 고구려의 부활, 즉 북방국가론을 들 수 있을 것이다. 왕건은 모두가 잊고 있던 고구려를 다시 사람들의 마음 속에 자리잡게 만들고, 그래서 최초로 북진정책 모델을 입안하고 착수하기까지 했던 한반도 최초의 중세인이었다.

물론 평양의 중요성을 언급하며 '고려'라는 국명을 처음 사용한 것은 궁예가 맞지만, 그는 이후 그에 따르는 후속절차는 전혀 진행하지 않고 철원경을 중심으로 하는 제3의 길을 모색하는 쪽으로 정책 방향성을 트는 바람에 최초라는 타이틀 외에는 큰 점수를 주기가 어려워졌다. 오히려 여기에서 힌트를 얻은 왕건이 자신의 본거지인 송악, 곧 개경에 굳이 얽매이지 않고 좀 더 멀리 바라보면서 평양, 즉 서경 부활을 외치며 본격적으로 북진정책을 준비하였다.

그가 서경을 얼마나 중시 여겼는지는 그의 행동을 보는 것만으로도 잘 느낄 수 있다.

919년 3월, 개경과 서경의 탑묘(塔廟)와 초상(肖像)을 수리하게 하였다.

이 해에 평양 서남부의 용강현(龍岡縣, 대동강 하구의 남포시)에 성을 쌓고, 겨울 10월 평양에도 성을 쌓았다.

920년 왕건이 직접 북계(北界)를 순행하였고, 또 평양 서쪽 함종현(咸從縣, 평안남도 증산 일대)에 성을 쌓았다.

921년 10월 20일, 왕건이 공식기록상 처음으로 서경에 행차하였다.

이 해에 서경보다 한참 북쪽인 운남현(雲南縣, 평안북도 영변)에 성을 쌓았다.

922년에 대승 질영(質榮)과 행파(行波) 등의 가족들과 여러 군현(郡縣)의 양가(良家) 자제를 이주시켜 서경을 충실하게 하였다. 왕건이 서경에 행차하여 새로 관부와 관리를 두었으며, 재성(在城)을 쌓기 시작했는데 완공까지 6년이 걸렸다. 또한 그는 직접 아선성(牙善城, 평안남도 증산 일대) 주민들의 거주지를 정하기도 하였다.

925년 봄 3월, 왕건이 서경으로 행차하였고, 이 해에 북계를 순행하였다.

이 해에 서경 바로 북쪽의 성주(成州, 평안남도 성천)에 성을 쌓았다. 진국성(鎭國城, 평안남도 숙천 일대)을 옮겨 쌓도록 하였다.

926년 겨울 12월에 왕건이 서경에 행차하여 친히 초제(醮祭)를 지내고 주진(州鎭)을 두루 둘러보았다.

928년 2월 대상 염경(廉卿), 능강(能康) 등을 보내어 안북부(安北府, 평안남도 안주)에 성을 쌓고 원윤 박권(朴權)을 진두(鎭頭)로 삼아 개정군(開定軍) 700명을 거느리고 지키게 하였다.

이 해에 왕이 북계를 순시하고, 진국성(鎭國城)을 옮겨 쌓아 통덕진(通德鎭)으로 이름을 고치고, 원윤 충인(忠仁)을 진두로 삼았다.

929년 3월 대상 염상(廉相)을 보내어 안정진(安定鎭, 평안남도 순천)에 성을 쌓고 원윤 언수고(彦守考)에게 지키게 하였다.

929년 여름 4월 6일, 왕건이 서경에 행차하여 주진을 두루 순시하였다.

이 해에 (안정진, 안수진, 홍덕진 외에) 영청진(永淸鎭) 등에도 성을 쌓았다.

930년 여름 5월 29일 왕건이 서경에 행차하였다가 6월 8일에 돌아왔다.

930년 8월 대상 염상을 보내어 마산(馬山)에 성을 쌓고 안수진(安水鎭)이라고 이름짓고는 정조 흔행(昕幸)을 진두로 삼았다.

930년 겨울 12월 1일, 왕건이 서경에 행차하여 학교를 처음으로 설치하고는 수재(秀才)인 정악(廷鶚)을 서학박사(書學博士)로 삼도록 명하였고, 따로 학원을 창설하여 6부(部)의 생도를 모아 가르치게 하였다. 뒤에 태조가 학업이 크게 일어났다고 듣고는 비단을 하사해 권면(勸勉)하였다. 겸하여 의업(醫業)과 복업(卜業)의 두 업(業)을 설치하였으며, 또 창고의 곡식 100석(石)을 하사하여 장학금 재원으로 활용토록 하게 하였다.

이 해에 안북부(安北府), 조양진(朝陽鎭)에 성을 쌓았다.

931년 겨울 11월 28일, 왕건이 서경에 행차하여 친히 재계(齋戒)하고 제사를 지냈으며, 주진을 두루 순시하였다.

이 해에 원윤 평환(平奐)을 강덕진(剛德鎭, 평안남도 성천)의 진두로 삼았다.

934년 봄 정월, 왕건이 서경에 행차하여 북방의 진(鎭)을 두루 순시하였다.

이 해에 대상 염상을 통해현(通海縣)에 보내어 통해진(通海鎭, 평안남도 평원)에 성을 쌓고 원보 재훤(才萱)을 진두로 삼았다.

935년 가을 9월 2일, 왕건이 서경에 행차하였다가 황주(黃州)·해주(海州) 곧 황해도 일대를 순시하였다.

이 해에 이물(伊勿, 북한 강원도 회양) 및 숙주(肅州, 평안남도 숙천)에 성을 쌓았다.

937년에 순주(順州, 평안남도 순천)에 성을 쌓았다.

938년 7월, 서경에 나성(羅城)을 쌓았다.

이 해에 영청현(永淸縣, 평안남도 평원), 양암진(陽嵒鎭, 평안남도 양덕) 및 용강(龍岡, 평안남도 서남단의 남포시 중부), 평원(平原, 평안남도 평원, 평양 서쪽)에 성을 쌓았다.

939년에 숙주(肅州, 평안남도 숙천), 대안주(大安州, 평안남도 평성 북부와 순천 남부 일대)에 성을 쌓았다.

940년에 은주(殷州, 평안남도 순천)에 성을 쌓았다.

정신없을 정도로 왕건은 거의 매해 서경을 집중 관리하였던 것인데, 그 사이사이에 후백제와의 운명을 건 쟁투도 벌였고 신라와의 줄다리기 외교는 물론 온갖 복잡다단한 개경 내부의 상황들을 일일이 처리하는 와중에 동시다발적으로 처리하였다는 게 놀라울 따름이다.

　그의 유훈을 담은 「훈요」에서도 서경에 대한 강조는 빠지지 않았다.

　사실 그의 후손들이 거의 지키지 않아서 사문화된 조항이긴 하지만, 몇몇 후대의 국왕들은 실제로 그의 희망대로 서경에 관심을 기울이고 여러 차례 방문도 하고 힘을 실어주기도 하는 등 고려 사회에서는 여전히 서경을 제2의 으뜸가는 도시로 다들 인식하고 인정하는 분위기였다.

　그런데 여기에 기름을 부어주는 일이 왕건 치세 때 발생하는데 그것은 다름 아닌 북국 발해의 멸망이라는 일대 사건이었다. 발해 유민들이 대거 고려로 망명해오자 고려 사회는 발칵 뒤집어졌다. 한두 명도 아니고 누적하면 단기간에 10만 이상의 이민자들이 대규모로 국경을 넘어온 것이니, 현대 국가라도 쉽지 않은 행정처리가 뒤따르지 않을 수 없었다. 그래도 다행인 것은 궁예가 태봉 시절에 삼한 영토의 2/3를 차지하여 그만큼 국가적 여력을 미리 마련해두었기에 고려 초 이들의 대규모 이주를 받아줄 수 있었을 것이다. 발해인들의 이주 행렬을 나열한 것만 보아도 정신이 없을 정도이다.

(925년 9월 6일) 발해의 장군 신덕(申德) 등 500명이 내투하였다.

(9월 10일) 발해의 예부경(禮部卿) 대화균(大和鈞)과 균로(均老), 사정(司政) 대원균(大元均), 공부경(工部卿) 대복모(大福暮), 좌우위장군(左右衛將軍) 대심리(大審理) 등이 백성 100호를 거느리고 귀부해왔다.

(12월 29일) 발해의 좌수위소장(左首衛小將) 모두간(冒豆干)과 검교개국남(檢校開國男) 박어(朴漁) 등이 백성 1,000호를 거느리고 귀부해왔다.

(927년 3월 3일) 발해의 공부경(工部卿) 오흥(吳興) 등 50명과 승려 재웅(載雄) 등 60명이 내투하였다.

(928년 3월 2일) 발해인 김신(金神) 등 60호가 내투하였다.

(7월 8일) 발해인 대유범(大儒範)이 백성을 거느리고 귀부해왔다.

(9월 25일) 발해인 은계종(隱繼宗) 등이 귀부해왔는데, 천덕전(天德殿)에서 태조 왕건을 알현하였다.

(929년 6월 23일) 발해인 홍견(洪見) 등이 배 20척에 사람과 재물을 싣고 귀부해왔다.

(9월 10일) 발해인 정근(正近) 등 300여 인이 내투하였다.

(934년 12월) 발해의 진림(陳林) 등 160인이 귀부해왔다.

(938년) 발해인 박승(朴昇)이 3,000여 호를 거느리고 내투하였다.

여기서 몇 가지 특이점이 보이는데, 우선 발해는 926년 1월에 멸망하였으나 『고려사』나 『고려사절요』에서는 925년 12월의 일인 것처럼 기재하고 있다. 아마도 고려 초 전쟁으로 인해 초기 고려실록의 유실로 인해 기록의 정확도가 떨어진 문제가 큰 것 같은데, 그래서 926년 한 해 동안의 망명객 기록도 다 함께 사라지고 말았다. 연결된 문제인지는 몰라도 925년 연말까지의 이주 행렬은 직책이 함께 기재된 고위급 인사들인 반면에, 927년 이후의 이주자들은 대부분 그저 발해인이라고만 표기가 되어 있다. 물론 그렇다고 해서 일반인은 아니었다고 보이는 게 일부는 왕족인 대씨이고 또 태조 왕건이 직접 궁전에서 알현을 받기도 하는 등 어느 정도 사회적 지위를 갖추고 있던 인물들임은 틀림없어 보인다. 끝으로, 929년 이후에는 934년과 938년으로 점차 빈도가 띄엄띄엄 낮아지는데, 후자의 경우엔 아마도 발해 부흥운동을 벌이던 집단의 망명이었거나 정안국(定安國)의 1차 내분 후 이탈해온 세력들일 여지도 있어 보인다.

이외에도 발해인들에 대한 왕건의 특별 조치는 더 있었다.

(934년 7월) 수만 명을 거느리고 내투해온 발해국의 세자 대광현(大光顯)에게 새로 이름을 왕계(王繼)라고 지어주고 왕실의 일원으로 받아들였다. 특별히 원보로 임명하여 배주(白州)를 지키게 하였다. - 『고려사』

고모한(高模翰)은 다른 이름은 고송(高松)이며 발해인이다. 힘이 장사였고 말타기, 활쏘기를 잘하였으며 병법을 즐겨 말하였다. 처음에 (거란) 태조가 발해를 평정할 때 고모한은 고려로 피신하였는데, 고려왕은 딸을 아내로 삼게 해주었다. 죄를 짓고 도망쳐서 (거란으로) 돌아왔다. - 『요사(遼史)』

대광현, 즉 왕계와 발해유민들을 배주에 배치한 것은 이보다 2년 전에 후백제군이 이곳 배주 등지를 기습공격함으로써 초토화된 그 여파를 메울 겸, 또 개경 바로 서편에 붙어 있는 지리적 위치상 수도 방위에 필요한 병력을 공급할 겸하여 조치한 것으로 보인다. 원래도 918년 서경 개척 초기에 배주 등에서 백성들을 옮겨갔었기에 인구 공동화가 어느 정도 진행된 지역이기도 했고 말이다.

고모한의 경우는 조금 독특한 케이스이다. 왕건에게 아들이 총 25명이었다면 딸은 기록이 9명밖에 남아 있지 않아 중요도가 낮은 딸들은 누락된 게 분명해 보이는데, 아마도 그런 딸들 중 한 명과 혼인을 시켜주었던 것은 아니었을까 싶다. 안타깝게도 그가 다시 도망을 쳐서 연은 끊기게 되지만, 어쨌거나 자신의 딸을 내줄 만큼 발해인들에 대해 우호적이었던 것만큼은 확실하다.

이렇듯 대규모로 발생한 난민들을 전폭적으로 받아들인 것은 왕건의 원대한 비전과 맥을 같이 했기에 가능했던 것이다. 굳이 같은 민족이어서 인도적 차원에서 수용한 것이라고 근현대 낭만

주의적 사상으로 해석해서는 안 될 일이다. 지금에 비하면 인권 의식도 그다지 없었고 민족에 대한 관념은 아예 존재하지 않던 시절이었다. 그럼에도 이러한 그의 적극적 조치는 국제적으로도 인정을 받았는데, 이를테면 『고려사』에 실린 후당의 책봉 조서를 보면 후당에서도 이러한 그의 행동을 "발해인들(忽汗之人)을 구제"한 것으로 이해를 해주었던 것을 알 수 있다.

반면에 왕건의 북진정책에 장애가 되는 존재는 확실히 적대적 마인드를 가지고 있었다. 그의 유훈인 「훈요」에 의하면 "거란은 짐승같은 나라이며 문화도 다르고 언어 또한 다르니" 굳이 따를 필요가 없다고 강조하고 있다.

스스로도 이를 실행에 옮긴 대표적 사례로 942년에 있었던 일명 만부교(萬夫橋) 사건을 들 수가 있다. 거란 사신 30명을 유배 보내고 선물로 받은 낙타 50마리를 만부교 아래에 묶어둔 채 굶어 죽게 만든 일 말이다. 그는 거란이 오래 전부터 발해와 우호적 관계를 맺고 있다가 갑작스럽게 뒤도 돌아보지 않고 하루아침에 멸망시켜버린 것은 국제적 도의가 아니라고 여겨 가까이 할 나라가 아니라고 생각하였다고 한다.

다만 고려시대에도 만부교 사건은 이른바 외교적 프로토콜에 어긋나기에 지나친 결례로 받아들여졌던 모양이다. 그러나 나중에 실제로 거란은 세 차례나 대규모 침공을 일으켜 고려의 주적이었음을 스스로 입증하게 된다. 왕건이 고려의 미래를 북방 영토에서 찾고자 하였던 것에 반해 거란은 그런 고려에 정면으로 장애물이 되는 존재가 맞았다. 즉 왕건의 북방 정책 기조는 '친발해 반거란'으로 모아졌다.

여하튼 그가 북진에 관심을 기울였다는 사실은 그의 후손이 증명해주고 있다. 원나라의 수도 한복판에 만권당(萬卷堂)이라는 일종의 학문연구기관을 설립한 것으로도 유명한 제26대 충선왕(忠宣王)이 태조 왕건에 대해 남긴 말이 아직까지 전해진다.

> 태조는 즉위한 후에 김부가 아직 귀부하지 않았고, 견훤도 아직 잡히지 않았는데도 누차 서경에 행차하여 친히 북쪽 변두리 땅을 순행하였다. 그 뜻 또한 동명왕(東明王)의 옛 영토를 우리 집안의 가보로 여겨 분명 석권한 후에 그곳을 차지하고자 한 것이니…
>
> (후략)

아버지 왕륭이 궁예에게 조선, 숙신, 변한의 땅에서 왕이 되고자 하는지 물었을 때 그 곁에는 스무 살의 왕건도 함께 있었다. 이 말뜻은 단순히 기껏해야 한반도 중부 지역 정도로만 만족하고 그냥 안주할 것인지, 아니면 그 이상의 폭넓은 시각으로 미래 비전을 가져갈 것인지를 물은 것이었다. 이에 깊은 인상을 받았던 왕건은 스스로 건국하게 되었을 때 그때의 초심이기도 하였던 초강대국 고구려로의 회귀를 자신의 꿈으로 정하게 된다. 그것이 그가 후삼국 쟁투로 정신없이 바쁜 와중에도 계속해서 서경과 북방 경계선을 방문하고 국경지방에 방어기지 겸 공격의 전초기지로서 축성을 지속적으로 추진한 이유였다. 그는 삼한통일 후 신라가 잃어버렸던 고구려로 상징되는 북방영토의 회복에 다시 관심을 가지게 된 첫 번째 중세인이었다.

애증의 관계, 호족

태조 왕건의 국내 정치는 좋든 싫든 호족과의 관계에서 시작되고 호족으로 끝이 났다. 그의 혼인관계를 보면 모든 게 보인다. 한마디로 전국의 그간 모든 활동반경이 그에게는 혼인동맹의 대상이 된 셈이었다.

순서	호칭	출신지	부모
제1비	신혜(神惠)왕후	정주(貞州)	삼중대광 류천궁(柳天弓)
제2비	장화(莊和)왕후	나주(羅州) 목포(木浦)	오다련군(吳多憐君)
제3비	신명순성(神明順成)왕태후	충주(忠州)	유긍달(劉兢達)
제4비	신정(神靜)왕태후	황주(黃州)	삼중대광 황보제공(皇甫悌恭)
제5비	신성(神成)왕태후	신라	잡간 김억렴(金億廉)
제6비	정덕(貞德)왕후	정주	시중 류덕영(柳德英)
제7비	헌목(獻穆)대부인	경주(慶州)	좌윤 평준(平俊)

제8비	정목(貞穆)부인	명주(溟州)	삼한공신 삼중대광 왕경(王景)
제9비	동양원(東陽院)부인	평주(平州)	삼중대광 유금필(庾黔弼)
제10비	숙목(肅穆)부인	진주(鎭州)	대광 명필(名必)
제11비	천안부원(天安府院)부인	경주	태수 임언(林彦)
제12비	흥복원(興福院)부인	홍주(洪州)	삼중대광 홍규(洪規)
제13비	後대량원(大良院)부인	합주(陝州)	대광 이원(李元)
제14비	大명주원(溟州院)부인	명주	내사령 왕예(王乂)
제15비	광주원(廣州院)부인	광주(廣州)	대광 왕규(王規)
제16비	小광주원(廣州院)부인		
제17비	동산원(東山院)부인	승주(昇州)	삼중대광 박영규(朴英規)
제18비	예화(禮和)부인	춘주(春州)	대광 왕유(王柔)
제19비	대서원(大西院)부인	통주(洞州)→서경	대광 김행파(金行波)
제20비	소서원(小西院)부인		
제21비	서전원(西殿院)부인	-	-
제22비	신주원(信州院)부인	신주(信州)	아찬 강기주(康起珠)
제23비	월화원(月華院)부인	-	대광 영장(英章)
제24비	小황주원(黃州院)부인	황주	원보 순행(順行)
제25비	성무(聖茂)부인	평주	삼중대광 박지윤(朴智胤)
제26비	의성부원(義城府院)부인	의성부(義城府)	삼중대광 홍유(洪儒)
제27비	월경원(月鏡院)부인	평주	삼중대광 박수문(朴守文)
제28비	몽양원(夢良院)부인		삼중대광 박수경(朴守卿)
제29비	해량원(海良院)부인	해평(海平)	대광 선필(宣必)

정주의 류천궁은 자신의 본거지인 송악과 아주 가까운 항구의 부자였는데, 이곳에서 고려 군함들의 제작과 수리가 이루어졌다.

나주의 목포는 그가 후백제의 배후를 공략하는 데 성공함으로써 본격적으로 출세를 하게 된 근거지였다. 충주는 그가 삼년산성 공략 실패 후 후백제군의 반격을 받았을 때 피신하였던 곳이다. 황주는 서경과 연관이 깊은데, 그가 서경을 채워넣을 때 이곳의 사람들을 옮기기도 하였고, 서경 방문 시 함께 들르기도 하였던 곳이다. 신라 곧 경주는 천년왕국을 평화롭게 흡수함으로써 후삼국 통일의 한 축을 완성한 곳이었다.

또 명주는 오늘날 강원도 강릉의 대호족 세력이 투항해온 곳이었고, 평주는 이때까지도 여전히 옛 고구려의 추억이 서려 있는 지역이었다. 진주는 오늘날 충북 진천인데, 왕건에게는 가장 큰 골칫거리였던 청주를 가장 가까이에서 통제할 수 있었던 전진기지와도 같은 역할을 해준 곳이었다. 홍주는 지금의 충남 홍성으로 고려와 후백제의 명운을 가른 운주 전투의 격전지였다. 합주는 지금의 경남 합천인데, 후백제의 견훤이 이곳을 차지하기 위해 그토록 공을 들였던 대야성이 있는 곳으로 유명하다. 광주는 오늘날 서울/경기 일대이니 더 이상 설명이 필요 없을 듯하고, 승주는 전남 순천으로 견훤의 망명부터 일리천 전투까지의 격동기에 고려 측에 결정적으로 힘을 실어준 지역이었다. 춘주는 오늘날 강원도 춘천이고, 서경 즉 평양 역시 굳이 설명이 필요 없을 것이다.

신주는 황해도 신천으로, 이 또한 송악과 가까운 옛 고구려 영토였다는 인연이 있었다. 의성부는 경북 의성인데 후백제와의 격전지이기도 했지만, 아마도 고려의 개국공신 홍유에 대한 우대조치가 더 컸을 것이다. 끝으로 해평은 경북 구미로 후삼국 최후의 전투인 일리천 전투가 벌어졌던 지역이었다.

이뿐만 아니라 바로 아래 아들들의 처가도 살펴보면 상당히 흥미롭다. 태조 왕건이 생존해 있을 때에는 당연히 그의 의중이 반영된 혼처였을 텐데, 여기서도 정치적인 안배가 눈에 띈다. 특히 차기 왕위 계승권자였던 혜종에게는 외가의 부족한 힘을 처가의 뒷배경으로 보충할 수 있도록 오늘날 충청도와 서울/경기 지역을 배정해주었고, 또 후삼국 통일의 마지막을 함께 완성하게 해준 박영규의 딸은 그 다음 국왕인 정종과 혼인시킴으로써 논공행상을 확실하게 해주었기 때문이다.

순서	호칭	출신지	부모
혜종 제1비	의화(義和)왕후	진주	대광 임희(林曦)
제2비	後광주원(廣州院)부인	광주	대광 왕규
제3비	청주원(淸州院)부인	청주(淸州)	원보 김긍률(金兢律)
제4비	궁인 애이주(哀伊主)	경주	대간 연예(連乂)
정종 제1비	문공(文恭)왕후	승주	삼중대광 박영규
제2비	문성(文成)왕후		
제3비	청주남원(淸州南院)부인	청주	원보 김긍률
광종 제1비	대목(大穆)왕후	-	태조 왕건
제2비	경화궁(慶和宮)부인	-	혜종 왕무

왕건의 또 다른 전략은 호족 포섭 정책은 자신과 같은 왕(王)씨를 나눠주어 간접적으로 한 편을 만드는 전략이었다. 역사에서는 이를 사성(賜姓) 정책이라고 부른다. 이 또한 후대에까지 다양한 케이스가 존재하지만, 태조 왕건 시대의 주요 사례들만 모아보면 아래와 같다.

(918년 6월) 은사(隱士) 박유(朴儒)가 와서 알현하였다. 광해주(光海州, 춘천) 사람이다. 처음에 궁예를 섬겨 원외랑(員外郞)이 되었고, 승진하여 동궁기실(東宮記室)에 이르렀다. 궁예의 정사가 혼란한 것을 보고 출가하여 산골짜기에 숨었다. 태조 왕건이 즉위하였다는 소문을 듣고 찾아와 만나니 (중략) 나중에 왕씨 성을 하사하였다. → 왕유

(922년 7월) 명주 장군 순식(順式)이 (중략) 맏아들 수원(守元)을 보내어 투항해오니 왕씨 성을 내려주었다. → 왕수원

(928년 1월) 명주의 순식이 무리를 이끌고 조회하러 오니, 왕씨 성을 내려주고 대광(2품)으로 임명하고, 그 아들 장명(長命)에게는 염(廉)이라는 이름을 내려주고 원보(4품)로 임명하였으며, 소장(小將) 관경(官景) 또한 왕씨 성을 내려주고 대승(3품)으로 임명하였다. → 각각 왕순식, 왕렴, 왕경

(934년 7월) 발해국의 세자 대광현(大光顯)에게 새로 이름을 주어 왕계(王繼)라 하고 왕실 족보에 포함시켰다. (후략)

김예(金乂)가 태조 왕건을 도와 공이 있었으므로 관직은 내사령(內史令)을 지냈으며, 태조가 그의 딸을 맞아들여서 왕비로 삼고 왕씨 성을 하사하였다. → 왕예

즉, 거미줄같은 혼인을 통해 주요 호족들을 우군으로 끌어들이고, 또 자신의 성씨를 나눠주어 광의의 가족 집단을 형성함으로써 능력이 있거나 큰 세력이 있는 이들을 폭넓게 내 편으로 만드는 것이 태조 왕건이 추구한 대호족 우대 정책이었다. 이뿐만이 아니었다. 그는 왕실을 중심으로 교집합을 늘려나가는 사적 접근 외에도, 공적 제도로도 호족을 우대하는 정책을 도입하였다. 바로 사심관(事審官)제도가 대표적이다.

935년에 경순왕 김부의 평화로운 양위를 통해 신라는 이제 사라지고 그 자리에 대신 행정구역으로 새로 경주를 설치한 다음 김부를 다시 그곳 경주의 사심관으로 임명하게 되는데, 이로써 부호장(副戶長) 이하의 관직 등에 관한 전권을 맡긴 것이 그 시초였다. 이후 여러 공신들도 이를 전례로 삼아 각자 자신의 지역 주(州)의 사심관이 되었다. 정주의 류씨 집안, 충주의 유씨 집안, 명주의 왕씨 집안, 신주의 강씨 집안 등이 그렇게 자신들의 지역을 사실상 지배하는 체제가 가능해진 것이다.

물론 왕건도 무조건적으로 호족에게 백기투항만 하진 않았다. 기인(其人)제도라고 하여 지방 행정실무를 담당하는 향리(鄕吏)의

자제를 선발하여 수도에 일종의 인질로 잡아두고 그 지방의 일을 자문토록 하는 제도도 동시에 존재했다. 다만 이는 수많은 호족 우대 정책에 비하면 대상도 세력가인 호족 자신도 아니고 해당 지역의 지방행정을 담당하던 계층이 타깃이었기에 딱히 호족 견제에 그만큼 효과가 있었을지는 의문스러울 수밖에 없다.

호족(豪族)이라는 용어 자체가 이 당시 실제 쓰였던 표현이 아니기에 논란의 여지는 있지만, 고려 초기의 국정은 사실상 수많은 성향과 다양한 출신들로 구성된 호족 연합이 운영했다고 봐도 과언이 아닐 정도였다는 점은 부인할 수 없는 사실이다. 실제로 호족들은 고려의 왕권에 가장 위협이 되는 존재였다. 창업자인 국왕이 자신의 후계자도 대놓고 자신이 직접 임명하지 못하는 것이 신생국 고려의 실상이었고, 또 그렇게 겨우 차기 국왕이 정해진 다음에도 호족들간의 사실상의 내전으로 국정 대혼란이 펼쳐질 수밖에 없었던 것도 고려 사회의 냉혹한 현실이었다. 그럴진대 과연 건국 초 정부의 개각 당시 국왕이 자유롭게 임명할 수 있는 몫은 어느 정도였을지 짐작하기도 어렵다. 차관급 임명도 개국공신들의 눈치를 봐야 했고, 죄인의 처벌 수위도 개국공신들이 반대하면 끝까지 밀어붙일 수가 없었던 게 당시 태조 왕건이 처한 상황이었다. 이런 모호한 상황이 정리되기까지는 그의 셋째 아들의 집권을 기다려야 한다.

태조 왕건은 역사의 승자였다. 그가 일부러 시키지 않더라도 역사가라면 누구나 그의 성공사례를 중심으로 기술할 수밖에 없었다. 물론 그가 성공할 만한 요소들을 많이 갖추고 있었기에 결국 성공할 운명이었다고 할 수도 있다. 실제로 왕건은 무수히 많은 장점을 지니고 있었다. 우선 포용력을 들 수 있다. 온갖 기회주의적 호족들은 물론 자신의 오랜 숙적이었던 견훤도 기꺼이 품은 게 그였다. 뛰어난 학습능력도 그의 장점이다. 궁예의 단점과 견훤의 실책을 보고 배우면서 자신은 어떻게 해야 할지 끊임없이 방향을 잡아나간 것이 그가 한 일이다. 더욱이 융통성 하면 그를 빼놓을 수가 없다. 중국의 선진문물을 따르더라도 나라마다 서로 다른 특성이 있기 마련이니 모두 다 받아들일 필요는 없다고 한다든지, 통치에 유교가 필요하다는 점은 충분히 인정하면서도 당장은 난세이기에 불교든 풍수지리든 필요한 것은 모두 다 활용해야 한다는 식의 실용적 발상은 어떤 주의나 사상에 함몰되기 쉬운 현대인도 본받아야 할 지점이다.

비록 고위급 장군도 아닌 일반 장수들의 추대로 최고 권력에 오르기는 하였으나, 그런 권력 분점의 불리한 구조에 휘둘리지 않고 지난한 노력을 기울여 점진적으로 국왕 중심으로의 권력 구조로 재편해낸 것 또한 그의 공이었다. 태조 왕건은 꾸준한 노력을 통해 제일인자로서의 지위를 오롯이 자신의 것으로 만들 수 있었고, 또 결코 자만하지 않고 끊임없이 자기 편을 늘려나가는 방식으로 자신의 권력을 안정시키는 데에도 성공하였다. 권력의 비정한 속성을 이해하고 그 칼끝에 자신이 베이지 않기 위해 몸조심할 줄 알았기에 왕건은 역사적으로도 손꼽는 위대한 정치가가 될 수 있었다.

그 역시 분명 인간적인 한계는 있었지만 그럼에도 뚝심있게 장기적인 비전을 추진해 나가는 한편으로 수많은 다양한 목소리들을 담아내고 어떻게든 하나의 방향성을 만들어 나가고자 헌신한 점 하나만큼은 충분히 인정할 수 있지 않을까 한다. 오늘날 이 복잡한 현대사회 속에서 통합의 리더십을 구현하는 방법을 누군가에게 배워야 한다면 그 일순위는 다름 아닌 태조 왕건이 되어야 할 것이다.

후삼국 최강의 무인,
유금필

고려 초기 최고의 무장으로 손꼽히는 유금필(庾黔弼, ?~941)이 역사에 모습을 드러내는 시점은 918년 7월이다. 즉 왕건의 쿠데타 직후 청주 지역의 불온한 움직임에 대응해 개국공신인 홍유와 함께 1천5백 명의 군사들을 이끌고 청주 북쪽의 진주(鎭州)에 주둔한 것이 처음이었다. 기록에 따르면 이때 그는 마군장군(馬軍將軍)으로 발탁되었던 모양이다. 별다른 전투 기록은 없으며 이들의 통제 덕분에 청주의 반란을 미연에 방지할 수 있었다고 한다. 하지만 이때의 그의 활약은 홀로는 아니었고, 단독으로 공적을 세우는 시점은 이로부터 1년 반 후의 일이 된다.

건국 직후부터 고려의 북방 국경지대인 골암진(鶻岩鎭, 함경남도 안변)의 골암성에는 북방민족이 출몰하여 피해를 입는 일이 자주 발생하였다. 이에 골머리를 썩던 태조 왕건은 920년 3월의 어느 날 휘하 장군들과 함께 대책회의를 가졌다.

"남쪽의 적들도 아직 평정하지 못했는데 북쪽의 이민족도 문제를 일으키고 있으니 자나깨나 걱정이 크오. 유금필에게 한번 맡겨 보는 것은 어떻겠소?"

물론 다들 국왕의 의견에 동조하였다. 그렇게 그는 명령을 받은 그날 곧바로 개정군(開定軍) 3천 명을 이끌고 출발하였다. 여기서 개정군은 이 당시 고려의 정규군 명칭인데, 북방 지역에서만 그 이름이 등장하는 것을 보면 국경 개척을 위한 특수목적의 성격을 띈 부대로 이해된다. 골암진에 도착하자마자 그가 먼저 착수한 것은 골암진의 동쪽 산에 성을 쌓는 일이었다. 이미 골암진에는 본성인 골암성이 있었지만 현지인들에게 고려군의 장기적인 주둔을 명시적으로 보여주는 것이 목표였던 듯하다. 즉 고려는 이 지역을 포기할 생각이 전혀 없으며, 필요하다면 얼마든지 힘으로 제압할 의지가 있다는 것을 자연스럽게 표출하는 것이 그의 전략이었을 것이다.

아울러 그는 화전 양면의 전략을 구사하였다. 축성을 마친 그는 하루는 북방민족들의 추장 3백여 명을 초대하여 술과 음식을 성대하게 차려놓고는 잔치를 열어 그들이 취한 틈을 타서 붙잡아 협박을 하였다. 목숨이 달려 있으니 추장들은 모두 당장 복종을 맹세하지 않을 수 없었다. 동시에 유금필은 각 부족으로 사신을 파견하여 추장이 포획당했다는 사실을 전달하면서 복종을 종용하게 하였다. 그렇게 항복시킨 이들의 규모만 해도 1천5백 명이 넘었다. 아울러 그들에게 붙잡혀 있던 고려인 3천여 명을 되돌려받았다. 이 작전 덕분에 북방민족의 준동으로 위태롭던 북방 영토는 다시 평온을 되찾을 수 있었다고 한다. 공을 세운 유금필이 태조 왕건의 특별 포상을 받았음은 물론이다.

그가 사용한 방식이 오늘날 기준으로 보면 그리 정당해 보이지 않는 것은 사실이지만 가치관과 도덕률이 달랐던 시대적 상황을 감안할 필요가 있다. 어찌되었든 결과적으로 북방민족의 복속을 성공시킨 덕택에 고려는 국경지대의 평화뿐만 아니라 실질적으로 고려군의 병력 증강이라는 부수적인 효과까지 거둘 수 있었다. 특히 후자의 경우는 흑수말갈을 위시한 여러 북방민족의 전투력 높은 기병 전력을 흡수함으로써 고려가 후삼국 통일을 할 수 있었던 데에도 크나큰 기여를 해주게 된다.

골암진을 기반으로 한 북방영토 평정에는 대략 3년 남짓한 시간이 걸렸다. 다시 2년 후인 925년에 유금필은 정서대장군(征西大將軍)으로 승진하여 다시 모습을 드러낸다. 이번에는 고려의 숙적 후백제와의 전투에 투입된 것이다. 10월 10일, 유금필은 후백제의 연산군(燕山郡, 충북 청주와 보은 사이)의 연산진을 공격하였고 장군

길환(吉奐)을 죽이는 전공을 거두었다. 또 연달아 서쪽으로 임존군(任存郡, 충청남도 예산)을 공격하여 3천여 명을 죽이거나 사로잡았다.

이 무렵 왕건은 견훤과 조물군(曹物郡, 경상북도 안동 부근)에서 전투를 벌이고 있었는데, 전력에서 우위에 있던 후백제군에게 압도당하여 고려군은 매우 위태로운 상황이었다. 그런데 때마침 10월 16일에 유금필이 군대를 이끌고 합류함으로써 고려군의 기세가 크게 진작되었다. 불과 며칠 사이에 동에 번쩍 서에 번쩍 하는 식으로 놀라우리만치 광폭행보를 보인 것이다. 물리적으로 과연 이동이 가능한가 싶을 정도로 거리가 꽤 되는데, 이를 보면 이 당시 유금필의 군은 기병 위주로 편성되어 있었음을 알 수 있다. 어쨌거나 견훤 입장에서는 다 된 밥에 코를 빠트린 격이 되어 더 이상은 승부를 내기 어려워진 까닭에 양측 모두 강화 협상이 타결될 수 있었다. 이리하여 유금필 덕분에 심각한 패전을 피할 수 있었던 태조 왕건은 그에게 이렇게 치하하였다.

"경이 연산진과 임존군을 격파한 공이 이미 적지 않소. 국가가 안정된 다음에는 반드시 경의 공훈을 기록할 것이오."

유금필이 태조 왕건을 위기에서 구해낸 것은 이때뿐만이 아니었다. 928년에 그는 탕정군(湯井郡, 충청남도 아산)에 성을 쌓으며 주둔하고 있었는데, 그해 7월에 후백제 장군 김훤(金萱), 애식(哀式), 한장(漢丈) 등이 3천여 명의 병력을 동원해 왕건을 쫓아 서원경(西

原京), 즉 청주를 공격해왔다. 이에 그는 급히 군사를 이끌고 청주로 달려가 후백제군을 무찌르고는 독기진(禿歧鎭)까지 추격하여 3백여 명을 죽이거나 사로잡았다. 그리고는 또 다시 말을 달려 당시 중원부(中原府), 즉 충주로 물러나 있던 태조 왕건을 찾아가 승전 상황을 자세히 보고하였다. 왕건은 유금필에게 이렇게 소회를 말했다.

"공산 동수 전투에서 신숭겸과 김락 두 명의 명장이 전사하여 걱정이 컸는데, 이제 경의 말을 들어보니 내 마음도 조금 편안해졌소."

이제 유금필은 태조 왕건에게는 군사적으로 유일하게 신뢰할 수 있는 존재가 되었다. 927년 말 견훤의 신라 수도의 급습 직후 자신도 포위로 목숨을 잃을 뻔했을 뿐만 아니라 개국공신들이 여럿 전사할 정도로 후백제군에게 완패를 당했던 태조 왕건 입장에서는 언제든 어느 상황이든 그를 투입하기만 하면 승리를 장담할 수 있다는 그런 믿음이 생긴 것이다. 이 무렵의 유금필은 고려군 내에서 불패의 상승장군으로 통했다.

유금필이 다시 한번 실력 발휘를 하는 시점은 929년 12월이다. 견훤이 고창군(古昌郡, 경상북도 안동)을 포위 공격해오자 태조 왕건이 친히 고창군 구원을 위해 예안진(禮安鎭)까지 진군해왔다. 그곳에서 그는 휘하 장군들과 대책회의를 열었다. 그런데 이때 회의의 주제는 전세가 불리하면 어찌 할 것인지였다. 확실히 불과 2년 전에 견훤에게 말 그대로 죽을 뻔했던 상황을 겪었던지라 솔직히 겁이 났을 만도 하다. 대상 공훤, 홍유는 왕건의 그런 트라우마를 잘 알고 있었기에 먼저 피해를 최소화하는 보수적인 안을 내었다.

"만약 전황이 불리하다면 죽령을 피해 샛길을 이용해야 할 것입니다."

하지만 유금필만큼은 달랐다. 이런 패배적인 분위기를 타파하고자 거꾸로 공격적인 제안을 한 것이다.

"원래 전투란 위험한 법입니다. 살고자 하기 전에 먼저 기꺼이 죽고자 해야지만 오히려 승리를 장담할 수 있을 것입니다. 그런데 아직 맞싸워보지도 않고서 먼저 패전을 대비하는 것은 도대체 무슨 일입니까? 여기서 멀찍이 바라만 보고 신속히 진격하지 않는다면 고창의 우리 병사 3천여 명을 팔짱만 낀 채 적에게 그냥 내주게 되는데 그게 더 원통한 일이 아니겠습니까? 저는 서둘러 진군해 공격에 나서야 한다고 생각합니다."

훗날 이순신의 사즉생(死卽生)의 정신을 이때의 유금필이 먼저 보여준 것이다. 이에 태조 왕건도 깨달은 바가 있었던 지 유금필의 안을 채택하였다. 이에 선봉으로 나선 유금필이 전력을 다해 저수봉(猪首峯)을 돌파하여 고려군의 진격로를 확보하였다. 그렇게 태조 왕건이 고창군에 진입한 다음 유금필에게 이와 같이 말하였다.

"오늘의 승리는 오직 경의 노력 덕분이오."

그렇게 개시된 고창군 전투는 해가 바뀌어 최종적으로 1월 21일에 후백제군 8천여 명의 전사 및 포획으로 고려군의 완승으로 끝났다. 왕건의 말마따나 이 모두가 신장(神將) 유금필의 활약 덕택이었다.

하지만 고려군의 영웅이었던 그에게도 인생의 굴곡은 찾아왔다. 언제나 승리뿐이었던 그에게도 승자의 저주처럼 주변에 질시하는 세력이 생겼고, 어떤 사유에서인지 태조 왕건을 움직어 그를 실각시키는 데까지 성공하였다. 그렇게 931년 3월에 그는 곡도(鵠島, 백령도)에 유배를 가게 되었다. 하지만 시대는 아직 그를 모멸차게 내버릴 의향은 없었다.

이듬해 9월에 견훤은 해군을 파병해 예성강을 공격토록 하였다. 후백제군은 고려의 수도 바로 안마당인 염주(鹽州), 배주(白州), 정주(貞州) 세 곳을 휩쓸었고, 전함 1백 척을 불사르고는 회군하면서 저산도(猪山島)에서 기르던 군마 300필까지 탈취하는 전공을 보였다. 뿐만 아니라 바로 다음 달에 또 다시 후백제의 해군이 고려의 서해안 영토였던 대우도(大牛島)를 기습 침공하여 약탈을 자행하자, 태조 왕건은 급히 대광(2품) 왕만세(王萬歲) 등을 파병하여 구원토록 하였으나 오히려 패하고 말았다. 이 소식에 왕건은 어찌 해야 할지 몰라 근심이 컸는데, 마침 유금필의 보고가 그에게 전해졌다.

제가 비록 죄를 지어 쫓겨났지만 (후)백제가 우리 해안가를 침략하였다는 소문을 들었습니다. 제가 이미 지금 있는 섬과 포을도(包乙島, 대청도)에서 장정들을 선발하여 군대를 편성하고 또 전함을 수리하여 방어하고 있사오니 국왕께서는 걱정하지 않으셔도 좋겠습니다.

유금필의 적극적인 대응과 여전한 충성심에 감동한 태조 왕건은 눈물을 흘리며 자신의 잘못된 판단을 후회하였다고 한다. 그리고는 유배중이던 그를 다시 불러들였다.

"경은 사실 죄도 없는데 유배를 떠나야 했음에도 원망하지 않고 오로지 나라를 도울 생각만 하니 내 참으로 부끄럽고 후회스럽소."

그렇게 현역으로 복귀한 유금필은 태조 왕건의 기대에 완벽히 부응했다. 다음 해인 933년 5월 유금필이 정남대장군(征南大將軍)이 되어 의성부(義城府) 방어를 하고 있을 때였다. 태조 왕건이 그에게 사람을 보내 추가로 명하였다.

"나는 신라가 후백제에게 침략당할까 염려되어 미리 대광(2품) 능장(能丈), 영주(英周), 열궁(烈弓), 은희(恩希) 등을 보내어 방비케 하였는데, 최근에 들어보니 후백제군이 벌써 혜산성(槽山城), 아불진(阿弗鎭) 등지를 약탈하고 있다고 하오. 혹 이들이 신라의 수도까지 침략할까 우려되니 경이 가서 구원토록 하시오."

6년 전 견훤이 직접 신라의 수도를 급습하였던 사실이 새삼 떠올랐던 모양이다. 그래서 뒤늦게 자신이 직접 신라 구원을 위해 뛰어들었다가 여러 공신들이 전사한 것은 물론 스스로도 죽을 뻔하였던 충격적인 패전 말이다.

이에 유금필은 정예병 80인을 선발하여 급히 출동하였다. 사탄(槎灘)에 다다르자 그는 병사들에게 이렇게 말하였다.

"만약 여기서 적을 만난다면 나는 결코 살아돌아갈 수 없을 것이네. 자네들도 나와 같이 칼에 맞아 죽을까 염려되니 각자 알아서 살아남도록 하게."

"저희들도 죽으면 죽었지 어찌 장군만 홀로 살아돌아가지 못하게 하겠습니까!"

용장 밑에 약졸 없다는 말 그대로 그 장군에 그 군사들이었다. 그렇게 그들은 한 마음으로 힘을 합쳐 적과 싸울 것을 맹세하였다. 사탄을 건너자 곧 신검(神劍)이 이끄는 후백제군과 조우하였다. 이들에 비해 유금필의 정예군은 소수인데도 그들을 향해 무작정 달려들자 오히려 후백제군은 설마 이들이 전부일 거라는 생각을 못하고 분명 본진이 있을 거라 믿었는지 막상 대적할 생각도 못하고 후퇴하였다. 그가 일전에 주장하였던 것처럼 죽고자 해야 승리할 수 있다던 그 말 그대로였다. 유금필군이 가까스로 신라 수도에 당도하자 남녀노소 할 것 없이 모두가 성을 나와 그들을 맞이하며 감동의 눈물을 흘렸다.

“오늘 대광(2품)을 뵐 수 있을 것이라고는 생각지도 못하였습니다. 대광이 아니었다면 우리들은 분명 처참하게 짓밟혔을 것입니다.”

유금필은 이렇게 7일간 신라 수도에 머무른 다음 다시 회군하였다. 그런데 돌아오는 도중 자도(子道)에서 신검군을 마주치는 바람에 예기치 못한 접전을 벌이게 되었다. 하지만 이때도 유금필의 분전으로 후백제의 장수 금달(今達), 환궁(奐弓) 등 7명을 포획하였고, 죽이거나 사로잡은 병사들도 부지기수였다. 승전보가 본영으로 전해지자 태조 왕건이 놀라는 한편으로 매우 기뻐하였다.

“나의 장군 유금필이 아니라면 누가 이같이 해낼 수 있겠는가?”

유금필이 돌아오니 태조 왕건이 대전을 내려와 맞이하였고 그의 손을 붙잡고서 말하였다.

“경과 같은 공훈은 이전에도 없었던 것이오. 마음에 새겨두고 내 잊어버리지 않겠소.”

“어려운 상황에서도 자기 자신을 잊고 위기 속에서도 명령을 따르는 것은 본래 신하의 직분입니다. 국왕께서는 어찌 이러십니까?”

겸양의 뜻을 보이는 유금필의 말에 태조 왕건은 그를 더욱 중히 여겼다고 한다.

934년 9월, 태조 왕건이 직접 운주(運州, 충청남도 홍성)를 공략할 때 유금필도 우장군(右將軍)으로 참전하였다. 그 소식에 견훤도 친히 정예군 5천 명을 대동하여 출진하였다. 다만 어느덧 후백제군도 계속되는 전투에 한계가 왔다고 판단한 것인지 아니면 고려군과 대비해서 총 병력 수에서 후백제군이 열세여서 그랬는지 견훤이 의외로 휴전을 제안하였다. 이에 태조 왕건이 장군들과 어찌할지 의논을 하였다. 하지만 주전파 유금필은 이 기회에 결전을 벌일 것을 주장하였다.

"전황을 보건대 반드시 싸워야 합니다. 국왕께서는 저희가 적군을 격파하는 것을 보시기만 하면 되니 걱정하지 마십시오."

그리고는 후백제군이 아직 진영을 제대로 갖추지 못한 틈을 타 정예기병 수천 명을 이끌고 돌격하였다. 그 결과 고려측은 적군 3천여 명을 쓰러뜨리고, 상달(尚達), 최필(崔弼) 등의 장군급 인재들과 술사 종훈(宗訓), 의사 훈겸(訓謙) 등 여러 참모진을 포로로 잡았다. 웅진(熊津) 북쪽의 30여 성이 고려군의 승전 소식에 자진하여 항복해왔다. 이는 모두 유금필의 냉정하고 정확한 상황판단 덕분이었다.

935년 4월, 태조가 여러 장군에게 숙원을 한 가지 말하였다.

"나주 경계의 40여 군(郡)은 오래전에 항복하여 우리의 울타리가 되어 왔소. 이전에 대상(4품) 견서(堅書), 권직(權直), 인일(仁壹) 등을 보내어 가서 다스리게 하였는데, 근래에 백제의 침략을 받아 6년 동안 연락이 끊긴 상황이오. 누가 나서서 나주를 되찾아주겠소?"

처음에는 홍유와 박술희가 서로 먼저 손을 들고 나섰다. 하지만 태조 왕건의 의중은 조금 달랐다.

"이번에 지휘관이 될 자는 타인의 마음을 얻는 것이 가장 중요할 걸세."

왕건의 속마음을 읽은 공훤과 대광(2품) 제궁(悌弓)이 유금필을 추천하였다. 이에 내심 기대하던 답변을 들은 왕건이 이와 같이 부연하였다.

"나 역시 이미 그렇게 생각하고 있었다네. 하지만 최근 신라와의 교통로가 막혔을 때 유금필이 가서 길을 다시 뚫어주었는데, 그러한 노고를 생각하니 다시 명을 내리지 못하겠소."

여기까지 들은 유금필이 답하였다.

"제가 비록 이제 나이가 들었다지만, 이러한 국가의 대사에 어찌 힘을 다하지 않겠습니까?"

태조가 기뻐 눈물을 흘리며 말하였다.

"경이 만약 임무를 맡아준다면 이보다 더 기쁠 수 있겠는가."

그렇게 그는 도통대장군(都統大將軍)으로 임명되었다. 태조 왕건은 출항 시기에 맞춰 직접 예성강까지 나가 배웅을 하였는데, 유금필에게 국왕의 전용 선박을 내어줄 정도로 극진히 예우하였다. 그는 예성강에 3일간 머무르면서 유금필이 바다로 떠나는 것을 기다렸다가 돌아왔다. 유금필은 기대한 대로 나주에 가서 임무를 성공적으로 완수하여 돌아왔고, 태조 왕건은 이번에도 예성강에

고려의 무인석(노국공주 정릉, 일제강점기) - 국립중앙박물관

나가 그를 직접 맞이하는 예우를 보여주었다.

이때 후백제에 빼앗겼던 나주를 재탈환한 것이 고려에게는 신의 한 수가 되었다. 마침 후백제 내에 차기 왕권을 두고 왕자의 난이 발생하는 바람에 다름 아닌 견훤이 실각하여 금산사에 유폐되는 일대 사건이 벌어졌고, 아들들의 배신에 크게 환멸을 느낀 그는 이해 여름 6월에 일행을 대동하여 다시 고려 영토로 바뀐 나주로 달아나 고려측에 망명 의사를 타진해온 것이다. 절호의 기회라는 것을 본능적으로 느낀 태조 왕건은 예의를 갖춰 유금필 등에게 군선 40여 척을 거느리고 해로를 통해 견훤 일행을 맞이해 오게 하였다.

그렇게 더 이상 견훤이 없는 후백제의 잔당과 고려군은 936년 9월 8일에 일리천을 사이에 두고 최종 결전을 벌였다. 이때 유금필은 중군 소속으로 나섰고, 휘하에 원윤(6품) 관무(官茂), 관헌(官憲) 등과 함께 흑수(黑水), 달고(達姑), 철륵(鐵勒) 등 이민족 출신 정예기병 9천5백 명을 거느리고 참전하였다. 전장에서의 그의 활약은 따로 기술이 필요하지도 않을 것이다.

평생을 몸담은 고려의 후삼국 통일이 이루어진 후 겨우 4년 반밖에 지나지 않은 941년 4월 6일에 고려 최고의 장군 대광 유금필이 세상을 떠났다. 지병이 있었는지 천수를 누린 것인지는 알 수 없지만, 935년경 스스로 나이들었다고 한 것을 빗대어 보면 그 당시 아마도 60세 가량 되었을 것으로 보인다. 그것이 맞다면 유금필은 877년생인 태조 왕건과 거의 동년배가 아니었을까 싶다.

유금필은 장수로서 지략이 출중했고, 인간적인 면모로 병사들의 마음도 얻었다. 출전할 때마다 명령을 받는 즉시 출발하였기에 집에도 들르지 않을 정도였다. 마치 신라시대의 대장군 김유신을 떠올리게 하는 일화이다. 승전 후 복귀하면 태조 왕건이 매번 환영해주는 등 처음부터 끝까지 국왕의 총애를 받았는데, 다른 어느 장군도 받지 못한 대우였다고 한다.

심지어 왕건에게 자신의 딸까지 시집보냄으로써 사돈관계까지 맺었다. 왕건의 제9비인 동양원(東陽院)부인이 바로 그녀이다. 부부 사이에서는 효목태자(孝穆太子)와 효은태자(孝隱太子) 두 명의 아들이 있었다. 왕비의 순서에서도 높은 축에 속하고, 자식까지 생산한 것을 보면 그 아버지인 유금필에 대한 태조 왕건의 대우가 어느 정도였는지 쉬이 짐작해볼 수가 있겠다.

유금필은 아들 네 명을 두었는데, 유긍(庾兢), 유관(庾官), 유유(庾儒), 유경(庾慶)이 그들이다. 이들 외에도 유금필의 후손들은 고려 역사에서 지속적으로 중요한 활동을 보이게 된다. 오늘날의 평산(平山) 유씨(庾氏)는 그를 시조로 하고 있다.

고려 건국의 숨은 주역, 신혜왕후

왕건에게는 공식적으로 아내가 29명이나 있었다는 사실은 잘 알려져 있다. 그런데 그 많은 아내 중 누가 순서상 제일이었는지는 다들 잘 모르는 것 같다. 대개는 후계자를 낳은 아내가 일순위라고 생각할 수도 있겠으나, 사실 장자인 제2대 혜종 왕무의 모후인 장화왕후(莊和王后)는 한끗 차이로 차순위였다. 오히려 부부 사이에 자식이 없었던 신혜왕후(神惠王后)가 왕건의 우선순위 제일의 아내였다. 왜 그럴까? 여기에는 복합적인 요인이 존재한다.

그녀는 오늘날 개성 바로 서쪽의 정주(貞州) 출신으로 그 지역의 큰 부자이자 유지였던 류천궁(柳天弓)의 딸이었다. 아버지 류천궁

이 어찌나 부자였던지 지역민들은 그를 장자(長者)라고 불렀다. 참고로 장자라는 말은 오늘날에도 억만장자처럼 큰 부자에게 쓰이는 표현이기도 하다.

젊은 시절 왕건이 궁예 휘하에서 장군이 되어 부대를 이끌고 정주 지역을 지나가던 어느 날이었다. 오래된 버드나무 밑에서 말을 쉬게 하던 중 한 여인이 길 옆 시냇가에 있는 것을 보았는데, 왕건은 그녀의 예쁜 얼굴에 마음이 동했는지 말을 걸었다.

"그대는 어느 집의 따님이신가요?"

"저는 이 마을 장자 집의 딸입니다."

이어서 그녀가 자신의 집으로 초대하자 왕건이 부대를 이끌고 장자의 집을 찾아가 숙박을 청하였다. 류천궁은 왕건이 이끄는 부대를 넉넉히 대접한 것은 물론 자신의 딸에게 왕건을 모시도록 하였다. 그의 입장에서는 시대가 시대였던 만큼 눈앞의 무력에 알아서 굴복한 것이거나, 혹은 먼 미래를 바라보고 큰 투자를 한 것이거나 둘 중 하나였을 것이다.

하지만 아직 눈앞에 닥친 일들이 급박하게 돌아가던 상황이어서 그랬는지 왕건은 다시 그녀를 찾지는 못했다. 그렇게 자연스럽게 연락이 뜸해지고 소식이 끊어지자, 그녀는 다른 남자를 찾아 결혼할 생각은 하지 않고 첫 남자와의 의리를 지키려 머리를 깎고 비구니가 되는 쪽을 택했다. 뒤늦게 왕건이 그 소식을 듣고는 깨달은 바가 있었던지 급히 연락하여 정식으로 결혼을 하였다.

　그렇다면 신혜왕후가 왕건을 처음 만난 시점은 언제일까? 궁예 휘하에서 장군이 되었을 때라고 하니, 해군대장군이 되었던 게 909년의 일인데 이때가 맞다면 33세에 첫사랑을 만난 셈이 된다. 그런데 이건 너무 늦다. 두 번째 아내인 장화왕후와 만나서 아들을 임신하게 된 시점이 911년경이므로 첫 번째 아내와 이때 처음 만난다는 게 물리적으로 불가능한 것은 아니지만, 이미 십대에 결혼하는 게 당연하던 이 당시의 사회적 기준에서 서른세 살은 한 남자가 처음으로 한 여인에게 마음을 빼앗긴 순간이라고 하기에는 너무 늦은 나이이기 때문이다.

　그렇다면 장군이라는 호칭은 잠시 내려놓고, 왕건이 가장 젊은 나이에 처음 군대를 이끌기 시작하였던 시점은 언제일까? 스물두 살의 청년이던 왕건을 궁예가 당시 정예기병대의 리더인 정기대감(精騎大監)으로 임명하였던 게 898년의 일이었다. 마침 송악성에 수도를 삼아 정착하고 송악 출신의 청년인 왕건을 오늘날 서울, 경기도 일대의 복속을 위해 내보내기 위한 방편이었다. 추론이지만 이 근거리 공격을 위해 궁예가 군 경력이 일천한 젊은이를 내보내었고, 바로 송악 즉 지금의 개성 근처인 정주를 지나면서 젊은 시절의 신혜왕후를 마주치게 되었던 것은 아닐까. 참고로 왕건의 아버지 왕륭이 궁예에게 합류한 것이 896년이었고, 또 궁예가 송악 바로 옆의 정주, 곧 인물현(仁物縣)을 자신의 영토로 확보한 것이 이듬해인 897년의 일이었다. 대략 시간의 흐름상 이 무렵에 두 젊은 남녀가 마주쳤을 확률이 높아 보인다.

이렇듯 아마도 이십대 초반의 나이에 처음으로 자신의 눈에 든 여인과 하룻밤을 보내고 한동안 잊고 지내다가, 몇 해가 지나도록 자신을 여전히 잊지 못하고 있다는 소식에 불현듯 정신을 차리고는 정식으로 혼인을 하였던 것이다. 실제로 왕건은 궁예의 명에 따라 정복활동을 위해 전국각지를 누비며 돌아다니고 있었기에, 그렇게 나름 바쁘게 살다보니 미처 신혜왕후를 다시 찾을 생각을 하지 못하였을 수도 있을 것이다. 그러나 신혜왕후도 보통 여인은 아니었다. 남자의 마음, 그것도 전도유망하고 야심만만한 청년의 마음 한 켠에 잠들어 있던 젊은 시절의 순수함을 어떻게 하면 깨울 수 있을지 잘 알고 있던 것을 보면 말이다.

왕건과 신혜왕후의 이 스토리는 그 당시 꽤 유명했었던 모양이다. 나중에 김행파(金行波)라는 이도 마침 서경을 방문하였던 태조 왕건에게 두 딸을 바쳤는데, 이틀 동안 함께 지내기만 한 왕건이 후에 다시 이들을 찾지 않자 신혜왕후가 그러하였듯 둘 다 출가하여 비구니가 되었다. 그 소식을 전해들은 왕건은 "그대들이 이미 출가하였으니 그 뜻을 꺾을 수는 없겠지."라고 하면서 서경성 안에 대서원(大西院)과 소서원(小西院)이라는 이름의 두 절을 짓게 하고 각각 살게 해주었다. 그렇게 이 자매의 호칭이 대서원부인과 소서원부인으로 역사에 남게 되었다. 한비자가 이미 수주대토(守株待兎)라는 일화로 설명을 하였던 바이지만, 한 번 성공한 방식이 또 다시 성공하리라는 보장은 없다는 것을 그때의 김행파는 몰랐을 것이다.

다른 부분은 딱히 염두에 둘 정도는 아니지만 여기서 눈여겨 봐야 할 부분은 사성(賜姓)이다. 922년에 신도시 서경을 보강하기 위해 통주(洞州)에서 이주해온 김행파는 원래 성씨가 없었다. 그가 활도 잘 쏘고 말도 잘 타는 것을 보고 태조 왕건이 김(金)을 성씨로 내려준 것이었다. 후삼국시대 혹은 고려시대 초까지만 해도 오늘날처럼 그렇게 성씨가 널리 사용되지 않고 있었다. 그렇기에 다음 장에서 보게 될 인물들을 비롯하여, 이 당시에는 성씨 없이 이름으로만 불리던 이들이 나중에 성씨를 정하게 되는 경우들이 많았다. 이를 사성이라고 하는데, 태조 왕건이 처가가 되는 집안에 김씨를 내려준 사례를 참고해보면 신혜왕후의 아버지 류천궁 역시 사성을 받아 류씨가 된 것은 아닐까 짐작된다. 즉 젊은 왕건과 신혜왕후 둘이 오래된 버드나무(古柳) 아래에서 처음 만났던 까닭에 류(柳)씨 성을 가문에서 사용토록 하게 해준 것이 아니었을까 싶다.

그리고 신혜왕후와의 결혼 시점 역시 불분명하지만 이 역시 한 번 추정은 해볼 수 있다. 그녀가 비구니가 되어 절에 들어갔다는 소식을 듣기 위해서라면 기왕이면 정주에 가까이 왔을 때일 확률이 높을 것이다. 그렇다면 왕건이 후백제의 배후 공략을 위해 정주의 포구를 찾게 되는 시점은 크게 보면 909년과 914년 두 번인

데, 후자는 장화왕후를 알고 난 지 한참 후가 되니 아닐 테고, 아마
도 전자인 909년이 신혜왕후의 소식을 듣고 정식으로 결혼을 결
심하게 되었던 바로 그 순간이 아니었을까 싶다. 즉 898년 이후
언젠가 이십대 초반의 나이에 신혜왕후를 처음 알게 되었고 정식
결혼은 909년 무렵의 일이었던 것으로 가정해볼 수 있을 듯하다.
그렇다면 911년 제2비인 장화왕후와의 관계상 우선순위에도 아무
런 문제가 없게 된다.

다만 둘 사이에서는 자식이 없었다. 나중에 왕건이 다른 왕비들
과의 사이에서 수십 명의 자손들을 낳는 것을 보면 그녀가 불임이
었던 것은 확실해 보인다. 지금도 그렇지만 당시에는 자식이 없다
는 게 훨씬 더 서러운 일로 여겨졌던 터라 신혜왕후와 왕건 둘 다
꽤 마음 아팠었지 않았을까 싶다. 여담이지만, 왕건의 제22비인
신주원(信州院)부인의 경우 아들 하나가 있었지만 어려서 죽었기
에 왕건의 배려로 후에 광종이 되는 왕소(王昭)를 대신 키운 사례
도 있었다.

그럼에도 어쨌든 자식은 없었어도 왕건의 여러 왕비들 중 신혜
왕후는 제일이었다. 가장 이른 시기에 만나 젊은 순정으로 사랑
하게 된 사이여서 더욱 그러했을 것이다. 그런데 그렇다고 그녀가
단순히 순애보적인 인물이었다고 오해하면 안 된다. 그녀는 이 혼
란스러운 후삼국시대를 어찌 살아가야 할 지 잘 알 만큼 현명하고
순간적 판단력 또한 최상급이었으며 실행력 역시 남달랐던 난세

의 여인이었다.

한밤의 쿠데타

918년 6월 14일 밤, 네 명의 기병장교가 이해 42세가 된 왕건을 찾아왔다. 궁예의 태봉국에서 사실상 제2인자로 자리매김하고 있었지만, 언제든 천길 낭떠러지로 떨어질 지 모르는 위험천만한 조정을 떠나 차라리 전선으로 나가 싸우는 쪽을 더 갈망하는 그의 성향을 다들 대충은 눈치 채고 있었다. 그 역시 네 명의 젊은 장수, 술(術), 백옥삼(白玉衫), 능산(能山), 사괴(砂瑰)가 자신을 왜 한밤중에 찾아왔는지 당연히 느끼고 있었다. 왕건은 아내에게 잠시 자리를 비켜달라고 하였다. 무언가 중요한 이야기가 오고갈 것임을 직감하였던 신혜왕후는 자리를 피하는 척 북쪽 방문을 나가서는 몰래 장막 뒤로 돌아와 숨었다.

이윽고 네 명의 장수들이 궁예를 끌어내리고 왕건을 추대하겠다는 자신들의 쿠데타 계획을 밝혔지만, 왕건은 정당성을 문제삼으면서 강하게 그 계획에 반대하였다. 설득과 거절이 지리하게 반복되자, 이를 엿듣고 있던 신혜왕후가 마침내 박차고 나와서는 직접 남편을 설득하였다.

"정의를 위해 폭군을 끌어내리는 것은 예로부터 당연히 있어온 일입니다. 지금 여러 장수들의 의견을 듣다보니 저같은 사람도 들고 일어나게 되는데 어찌 대장부께서 고민을 하시는 건가요? 이렇듯 사람들의 마음이 모두 다 돌아섰다는 것은 천명(天命)이 분명합니다."

그리고는 직접 남편의 갑옷을 들고와서는 입혀주었다. 예상치 못한 아내의 너무나도 강한 반응에 남편도 결국 이 위험천만한 쿠데타에 동조하게 되었다. 드디어 여러 장수들이 왕건을 모시고 호위하여 집을 나섰고 그렇게 한 국가의 새로운 역사가 이날 시작되었다.

참고로 이들 네 명의 장수는 이후 4대 개국공신이 되게 되는데, 이들뿐만 아니라 사실상 제5의 개국공신 역할을 한 것이 바로 신혜왕후였다. 마음이 흔들리던 왕건을 강하게 붙잡아준 이가 바로 그녀였다는 것은 역사적 사실이다. 그녀의 적극적 개입 덕분에 결행할 수 있었던 쿠데타로 왕건 집안은 무려 5백 년 가까이 지속되게 되는 왕조를 세울 수가 있었다.

결혼 동맹

그녀는 시각도 폭넓은 데다 무척 꼼꼼한 스타일이었던 것 같다. 앞서 이야기했다시피 그녀는 자식을 낳지 못했기에 고민이 없을 수 없었을 것이다. 하지만 모든 길이 직진만 존재하는 게 아니듯, 그럴 때는 돌아가는 것도 방법일 것이다. 신혜왕후와 같은 고향 출신에 성씨도 같은 것으로 보아 아마 멀지 않은 친인척간으로 보이는 정주의 또 다른 유지인 류덕영(柳德英)의 딸이 왕건과 혼인한 것을 보면 신혜왕후의 입김이 작용했던 것은 아닐지 자연스럽게 의심해볼 수가 있다.

그렇게 제6비가 되는 정덕왕후(貞德王后)는 왕건과의 사이에서 아들 넷에 딸 셋을 낳았다. 제1비인 신혜왕후만큼은 아니었겠지만 그녀도 왕건에게 그만큼 사랑받았던 모양이다. 왕건은 공식적으로 아들 스물다섯에 딸 아홉을 낳은 것으로 되어 있다. 그런데 아들 25명 중 그녀가 출산한 4명(16%)도 비율상 많긴 하지만, 딸 9명 중 3명(33.3%)이 모두 정덕왕후 소생인 것은 조금 튀는 통계일 수밖에 없다. 그렇다면 이렇게 높은 비중으로 그녀의 딸들이 역사 기록으로 남았다는 것은 그만큼 류씨 가문에서 그들의 정략결혼에 신경을 썼다는 반증이 된다. 그리고 왕건에게 그만큼 영향력을 미칠 수 있었던 것은 류씨 가문에서도 신혜왕후뿐이었다.

아들 넷은 기록이 부실하기에 우선 제외하고, 딸 셋과 관련해서는 매우 중요한 정보들이 남아 있다.

첫째 문혜왕후(文惠王后)는 문원대왕(文元大王) 왕정(王貞)과 결혼, 아들 천추전군(千秋殿君)이 광종의 딸 아지(阿志)와 혼인

둘째 선의왕후(宣義王后)는 대종(戴宗) 왕욱(王旭)과 결혼, 아들은

성종(成宗)

셋째 성명 미상의 공주는 왕건의 또 다른 아들 의성부원대군(義城府院大君)과 결혼

차례대로 살펴보자면, 우선 첫째딸 문혜왕후의 경우 제3비인 신명순성왕태후(神明順成王太后)의 아들과 혼인을 한 것이다. 그녀는 충주 출신으로, 제3대 정종 왕요(王堯, 923~949)와 제4대 광종 왕소(王昭, 925~975)의 친모이기도 했으니 당대의 실세 중에서도 실세였다. 신혜왕후는 신명순성왕태후의 그 다음 아들을 사위로 들여 실세끼리의 돈독한 관계를 만들어두었다.

둘째딸 선의왕후는 제4비인 신정왕태후(神靜王太后)의 아들과 혼인을 해서 제6대 성종 왕치(王治, 960~997)를 낳게 된다. 신정왕태후는 황주(黃州) 출신이었는데, 오늘날 황해북도에서도 평양과 거의 맞닿아 있는 지역이다. 그런데 선의왕후가 일찍 세상을 떠나는 바람에 할머니인 신정왕태후가 마치 친모처럼 성종을 키워주었다. 더욱이 신정왕태후의 딸 대목왕후(大穆王后)는 광종과 결혼하여 제5대 경종 왕주(王伷, 955~981)를 낳았으니, 여기까지만 봐도 이 결혼을 통해 이미 네 명의 잠재적인 차기 왕위 계승권자들과 직간접적으로 연결이 되어 있었던 셈이다.

셋째인 공주는 이름이 전해지지 않는데, 그녀를 혼인시킨 집안인 제26비 의성부원(義城府院)부인은 왕비 그룹 내에서도 순서상 거의 후순위인 것을 보면 왜 굳이 그 집안인가 짐작하기 어려울

수도 있다. 하지만 의성부 출신인 그녀의 아버지는 바로 고려의 4대 개국공신 중 첫 번째인 홍유이다. 이들 사이에서 자식이 뒤늦게 태어난 것을 보면 혼인을 한 시점도 늦기 때문으로 여겨지는데, 여하튼 류씨 집안은 개국공신 동지까지도 염두에 두고 결혼 동맹 네트워크를 짠 것이다.

결론적으로 보면 신혜왕후는 비록 자신은 친자식이 없었지만 대신 친인척까지 동원하여 왕실 내에 아군을 만들고, 또 여기서 유력자들과 혼인을 매개로 관계를 파생하여 폭넓은 인적 네트워크를 형성하고 있었음을 알 수 있다. 이렇듯 실권은 다방면으로 이미 갖추고 있었고, 그렇다면 이제 남은 것은 공식적인 명예뿐이었다.

외교적 인정

왕건 재위 16년차인 933년 봄 3월 5일, 중국의 후당(唐) 명종(明宗)이 사신단을 파견해서 왕건을 고려국왕으로 정식으로 인정하는 동시에 이때 아내인 신혜왕후 역시 함께 공식 책봉을 해주었다.

아내가 되어 남편과 함께 사회적으로 성공하면 그 집안을 마땅히 잘 꾸렸다고 할 수 있다. 제후를 책봉하는 제도에 맞게 그 부인에게도 영광스럽게 국군(國君)의 작위에 적합토록 대우하고자 한다. 고려국왕의 아내인 하동(河東) 류씨는 내조하는 말이 언제나 올곧았으며, 함께 해온 공로도 컸다. 장막에서 옳은 의견을 개진하였던 것과 더불어 부인으로서의 총애와 예우를 지켰으며, 국왕을 도와 충절을 이루고 잘 헤아려 현명하게 처신하였다. 이에 특별한 영예를 내려 상례를 넘어서 특별히 대우하고자 하니, 국왕을 진심을 다해 힘껏 돕는 것으로 이에 보답하길 기대하며 귀하를 하동군(河東郡)부인으로 임명한다.

중국에서까지도 그녀의 고려 건국에 대한 기여를 알고 있었기에 이와 같이 공식적으로 인정을 한 것이었다. 후당에서는 총 4통의 국서를 보내왔는데 그 중에 한 통이 바로 신혜왕후를 하동군부인으로 삼는다는 내용이었고, 이렇게 국왕과 왕후를 동시에 책봉한 사례는 고려 역사에서 이때가 유일하다. 참고로 하동(河東)이란 원래 중국에서 황하의 동쪽이란 뜻인데, 여기서는 상징적인 의미로 중국에서 동방에 해당되는 고려를 지칭한 것이었다. 즉 동방의 나라에서 최고의 여인이라는 영예를 그녀에게 선사한 셈이다.

그런데 여기에는 또 다시 숨겨진 사실이 있다. 바로 전해인 932년에 고려측에서 먼저 후당에 대상 왕중유(王仲儒)를 사신으로 파견하여 책봉을 요청한 것이었다. 후당에서 신혜왕후의 공로를 안 것도 이 때문이었고, 아마도 그렇다면 이때 왕건이 아내에 대한 예우를 다하기 위해 주청을 하였던 것은 아닐지 추정해볼 수 있을 것이다. 어쨌거나 그녀 인생에서는 아마도 스스로의 노력으로 이만큼 올라선 것에 대해 국제적으로까지 인정받은 이때가 최고로 명예로운 순간이 아니었을까 싶다.

그런 그녀에게도 생의 끝은 찾아왔다. 그녀의 사망 시점은 정확치는 않지만 남편 왕건과 나이 차이가 그리 많이 나지 않았을 것으로 추정되기에 아마도 비슷하거나 혹은 조금 더 오래 살았을 것으로 보인다. 어쨌든 그녀는 사후에 왕건의 현릉(顯陵)에 같이 부장되었다. 총 29명의 아내들 중 그 누구도 아닌 오직 그녀만이 왕건과 합장되었다.

고려의 개국공신들 :
홍유, 신숭겸, 배현경, 복지겸

918년 6월 14일 밤에 궁예 휘하의 네 명의 기병장교가 왕건을 찾아왔다. 그들의 목적은 태봉국에서 사실상의 2인자 역할을 하던 그를 설득하여 궁예를 향해 쿠데타를 일으키겠다는 것이었다. 이 당시 이들은 성씨도 갖지 못했을 만큼 사회적으로 고위층은 아니었다. 이들의 원래 이름은 술(術), 백옥삼(白玉三), 능산(能山), 사귀(沙貴)였다. 나중에 왕건에게 정식으로 사성을 받은 다음에야 각각 홍유, 배현경, 신숭겸, 복지겸이 되는 이들이다.

목숨을 걸고 한밤중에 기획된 쿠데타는 다음날 성공적으로 거행되었다. 이들에 의해 폭군으로 낙인 찍힌 궁예는 일설에 따르

면 도망 중에 주민들에 의해 살해된 것으로 기록이 남아 있다. 그
렇게 성사시킨 쿠데타 덕분에 왕건은 새로운 국가를 건국할 수가
있었고, 이들은 제1등 개국공신으로 역사에 남게 되었다. 참고로
즉위 두 달 후인 918년 8월 11일에 발표된 공신 목록은 다음과 같
았다.

1등 : 홍유, 배현경, 신숭겸, 복지겸 4명
2등 : 견권, 능식, 권신, 염상, 김락, 연주, 마난(麻煖) 7명
3등 : 2천여 명

기록만으로는 개국공신 네 명만 주로 등장하지만 실제로 쿠데
타에 동조한 이들은 2천 명 이상이 된다. 1등 외에 2등도 불과 7명
뿐인 것으로 보아 쿠데타 당시 이들 역시 중요한 역할을 하였을
것으로 보이나 기록상으로는 구체적인 활동이 확인되지 않는다.
기록이 아예 남아 있지 않은 마난을 제외하고, 2등 개국공신 7명
중 전후하여 확인 가능한 이들의 움직임은 다음과 같다.

견권(堅權) : 쿠데타 이후인 921년 2월에 말갈부족인 달고(達姑)
의 무리 171명이 신라의 북쪽 변경을 침탈하기 위해 이동하는 도
중 삭주(朔州)의 장수였던 그가 기병을 이끌고 공격하여 섬멸시켰
다. 또한 936년 일리천 전투 당시에는 대상(4품)으로 승진하여 좌

익을 맡았다.

능식(能寔) : 쿠데타 직후인 918년 7월에 광평랑(廣評郎)에서 순군낭중(徇軍郎中)으로 승진 발령되었다가, 그달 말에 청주 반란을 미연에 방지하기 위해 마군장군(馬軍將軍)으로서 청주에 파견되었다. 927년 4월에는 해군장군(海軍將軍)으로 해군을 이끌고 강주(康州)를 공략하였다.

권신(權愼) : 시점은 불분명하나 후백제의 황산군(黃山郡, 충청남도 논산 일대)을 격파한 공으로 중아찬(重阿粲)으로 승진하였고, 다시 대상이 되었다. 928년 9월에 사망하였다.

염상(廉湘) : 918년 9월 임춘길의 반란모의 당시 마군대장군(馬軍大將軍)으로 있으면서 반란모의를 미리 탐지한 복지겸과 함께 반란의 조기진압을 위해 힘썼다. 928년 이후부터 대상으로서 북방 국경지역에 각종 축성을 담당하였고, 943년 5월 태조 왕건의 사망 당시 유언을 받은 세 명의 재상 중 한 명이었다. 944년에 세워진 탑비에서는 그가 해찬(4등급)의 고위 관등으로 등장한다.

김락(金樂) : 923년 창부시랑(倉部侍郎)으로 후당에 사신으로 파견되었고, 927년 7월에는 대량성(大良城)을 공략하였다. 왕건이 견훤에게 대패했던 공산 동수 전투 당시 좌장(左將)으로 참전하였다가 전사하였다.

연주(連珠) : 927년 9월 견훤이 신라 수도를 급습하기 직전 신라로 파병된 고려군 지휘부 중 한 명으로 등장하고, 또 일리천 전투 당시에는 홍유와 함께 우익을 맡았다.

그럼 이제 가장 중요한 4대 개국공신에 대해 자세히 살펴보도록 하겠다. 당시를 기록한 역사서에서는 공통적으로 이들 중 홍유가 가장 먼저 등장하는데, 아마도 그가 이들 네 명의 리더 역할을 하였던 것은 아니었을까 싶다.

홍유

네 명의 개국공신 중 쿠데타에 가장 앞장섰던 이는 홍유(洪儒, ?~?)였던 것으로 보인다. 그는 의성부(義城府, 경상북도 의성) 출신이라고 하는데, 같은 의성부에서 922년에 진보성(眞寶城) 성주 겸 장군으로 비슷한 이름의 홍술(洪述, ?~929)이라는 인물이 등장한다. 원래 성씨가 없던 홍유는 원래 그냥 술(術)이라고 불렸던 만큼 아마도 왕건의 배려로 이름의 발음이 같은 동향 인물의 홍(洪)씨를 사성받으면서 홍유로 정해지게 된 것은 아닐까 싶다.

어쨌거나 그는 궁예 치세 말년에 쿠데타 동지들과 함께 기병 장수가 되었다. 918년 6월에 그가 한밤중에 왕건의 집을 찾아가서 말하였던 내용을 살펴보자.

"삼한이 분열된 이래 도적떼들이 도처에서 활개를 쳤지만, 우리

대왕(궁예)이 분연히 들고 일어나서 이들을 섬멸하였고 지금은 요동땅 동쪽의 거의 절반을 차지하였습니다. 그러나 건국한 지 20여 년이 지나 이제는 끝을 잘 마무리 해야 하는 상황인데도, 국정을 제멋대로 하면서 형벌도 부당하게 집행하고 있고, 또 왕실 탄압은 물론 정부 관리들에 대한 잔인무도함이 너무 심합니다. 뿐만 아니라 국민들은 도탄에 빠져 안심하고 살 수가 없는 지경입니다. 자고로 어두운 임금은 몰아내고 밝은 군주를 바로 세우는 것이 곧 천하의 도리일 것입니다."

그럼에도 왕건이 정색을 하고 거절을 하자 이들 4인방은 계속해서 다음과 같이 그를 설득하였다.

"때를 만난다는 것은 어려운 일이지만 또 잃기는 쉬운 법입니다. 하늘이 때를 내려주는데도 이를 받아들이지 않으면 오히려 재앙을 맞게 됩니다. 오늘날 정치가 혼란스럽고 국가가 위태로운 탓에 국민들이 심히 고통받고 있는 와중에, 명성을 갖춘 이로는 공 외에 주요 요직에 남아 있는 인물이 없습니다. 그렇기에 다들 공만 바라보고 있는 것이며, 만일 공께서 저희 말을 따라주지 않으신다면 저희들은 죽은 목숨과 다를 바 없습니다. 민심이 이와 같은데 어찌 하늘의 뜻을 어기고 포악한 군주의 손에 죽임을 당해야겠습니까?"

이처럼 간절한 요청과 결정적으로 신혜왕후의 도움을 받아 이들은 주저하던 왕건의 결단을 이끌어내는 데 성공하였다. 여러 장수들은 함께 새벽녘에 왕건에게 충성 서약을 하고는, 그를 호위하여 문을 나섰다. 이들 중 누군가가 말을 타고 달리면서 이와 같이 외쳤다.

"왕공께서 드디어 정의의 깃발을 드셨다!"

각지에서 모여드는 이들이 너무 많아 정확히 셀 수도 없었다고 하며, 궁성의 성문에 운집하여 북을 치고 함성을 지른 이들만 1만 명에 달했다고 한다. 궁예가 달아나 얼마 후 차가운 주검으로 돌아온 것으로 그렇게 이들의 쿠데타는 당장은 성공적으로 마무리되었다.

다만 모든 이들이 쿠데타에 동조하는 것은 아니었다. 궁예의 치세가 길었던 만큼 여전히 심적으로 그를 따르는 이들 역시 다수였다. 새로 국왕으로 등극한 왕건은 그들 중에서도 특히 청주 지역민들이 순순히 복종하지 않을 것을 염려하여, 즉위 다음 달인 7월에 마군장군 홍유와 유금필 두 명에게 병사 1천5백 명을 내어주고는 청주 바로 위의 진주(鎭州, 충청북도 진천)에 주둔하여 상황에 대비토록 하였다. 이 때문에 가장 반골 기질이 농후했던 지역인 청주에서의 집단적인 항명 사태를 예방할 수 있었기에, 그 공로로 홍유는 대상(4품)으로 승진하였다. 1년 후인 919년 8월에는 오산성(烏山城)을 예산현(禮山縣, 충청남도 예산)으로 이름 바꾸고는 홍유와 대상 애선(哀宣)을 파견하여 유랑민 500여 호를 정착시키도록 하였다.

929년 7월에 의성부에서 후백제군과 싸우던 동명이인인 홍술이 전사하자 깜짝 놀란 왕건이 홍유가 죽은 것으로 알고 오열하였던 적이 있을 정도로 그는 왕건의 실질적인 오른팔 역할을 하였던 것 같다. 같은 해 12월에 후백제군이 고창군(古昌郡)을 포위하자 이를 구원하기 위해 출전한 왕건에게 혹여나 전세가 불리해질 상황에 대비해 보수적인 계획을 제안한 이도 그였다. 시간은 더 흘러, 그는 936년 9월 후백제와의 최후의 대결인 일리천 전투 때에도 우익의 기병대로 참전하여 왕건과 함께 후백제의 멸망을 현장에서 목도하였다.

시점은 알 수 없지만 홍유는 개국공신 4인방 중 리더격이었던지라 아마도 신혜왕후의 주선 덕분에 주군인 왕건과 자신의 딸을 혼인시키는 영광을 가질 수 있었다. 그의 딸은 출신지의 이름을 따서 의성부원(義城府院)부인이라고 불렸고, 아들 하나를 낳았다고 한다.

배현경

배현경(裵玄慶, ?~936)은 신라 경주 출신으로 원래 이름은 백옥삼(白玉衫)이었다. 담력이 다른 사람들보다 컸는데, 그 덕택에 일반 병사(行伍)에서 경력을 시작하여 거듭 승진하여 나중에는 대광(2

품)에 이르렀다. 918년 9월에 왕건이 청주 사람 현율(玄律)을 순군(徇軍)의 낭중으로 임명하려 하자 당시 마군장군이었던 그가 나서서 반론을 제기하였다.

"지난번에 임춘길(林春吉)이 순군리가 되어 반역을 도모하다가 일이 누설되자 죄를 인정하고 사형에 처해졌습니다. 이는 바로 그가 병권(兵權)을 관장하였고 본거지인 청주를 믿었기 때문입니다. 이번에 다시 그때와 마찬가지로 현율을 순군낭중으로 삼으신다고 하니 저희들은 의심이 들지 않을 수가 없습니다."

자기 앞에서 대놓고 면박을 준 셈이지만 개국공신인 그와 동지들의 뜻을 거스를 수가 없었던 것인지, 아니면 정말로 그 의견이 타당하다고 여겼기 때문인지는 알 수 없지만, 왕건은 현율을 순군 대신 병부(兵部)로 부처만 변경하여 임명하는 선에서 마무리지었다. 그외에는 그의 활약이 알려진 것은 없다. 그저 고려의 삼한통일에 그의 공이 컸다는 평가만이 전해진다.

936년 말에 왕건이 위독해진 배현경의 병 문안을 위해 직접 그의 집을 찾았지만 허사였다. 12월 13일, 배현경은 세상을 떠났다.

신숭겸

신숭겸(申崇謙, ?~927)은 광해주(光海州) 출신에 원래 이름은 능산

신숭겸 묘역 - 국가유산청

(能山)이었다. 체격이 크고 무예 실력과 용맹함을 두루 갖춘 위인이었다. 참고로 고려 건국 초에 현율의 순군낭중 임명을 배현경과 함께 반대한 이가 바로 그였다.

그런데 그보다 그가 무명(武名)을 날리게 되는 것은 927년 겨울 왕건과 견훤이 진검승부를 벌였던 공산 동수 전투 때였다. 견훤의 후백제군이 왕건을 말 그대로 포위해버리는 초유의 위급상황 속에서, 대장 신숭겸은 원보(4품) 김락 등과 함께 주군인 왕건을 어떻게든 생환시키기 위해 온힘을 다해 격전을 벌이다가 결국 전사하고 말았다. 덕분에 가까스로 살아남은 왕건은 자신을 대신해 기꺼이 목숨을 바친 신숭겸의 죽음을 매우 안타까워 하였다. 왕건은 신숭겸의 동생 능길(能吉)과 아들 신보(申甫), 그리고 같이 전사한 김락의 동생 김철(金鐵)까지 모두 원윤(6품)으로 승진시키는 것으로 그들의 숭고한 희생을 기렸다.

복지겸

복지겸(卜智謙, ?~?)은 원래 이름이 사귀(沙貴) 혹은 사괴(砂瑰)였다. 918년 6월 마군장군 환선길(桓宣吉)의 반란 모의를 미리 알아챈 것도 그였고, 같은 해 9월 순군리 임춘길이 반란을 도모하자 사전에 이를 보고하여 조치한 이도 그였다. 당시 그는 공식적으로는 마군장군이라는 무인의 직위에 있었지만, 개국공신 4인방 중에서 그가 일종의 정보통 역할을 담당하였던 것으로 보인다. 다만 이후의 활동에 대해서는 기록이 남아 있지 않다.

참고로, 언젠가 왕건이 신라 벽진군(碧珍郡, 경상북도 성주)의 장군 출신인 이총언(李悤言, 858~938)이 투항해온 것에 기뻐하며, 당시 18세였던 그의 늦둥이 둘째아들 이영(李永)을 대광 사도귀(思道貴)의 딸과 혼인시킨 적이 있는데, 혹여나 여기서의 사도귀가 대광(2품)의 직급으로 당시 최고 등급에 해당하는 고위 인사라는 점에 주목해보면, 초명이 '사귀'였던 복지겸을 지칭하는 것은 아닐까 짐작은 되나 확실치는 않다.

　이상이 4대 개국공신들의 활약상인데, 흥미로운 것은 이들은 물론 2등급 7인까지 포함하여 보아도 개국공신이라는 타이틀에 비하여 생각보다 새로운 정부 내에서의 출세가 별로 눈에 띄지 않는다는 점이다. 원래 이들은 쿠데타 직전에도 기병장교(騎將) 정도로 아주 높지는 않은 직위였는데, 쿠데타 직후에도 4명 모두 마군장군(馬軍將軍)이 된 게 전부였다. 여기에서 홍유는 리더격이었기에 4품 직급인 대상까지 올랐으나, 놀랍게도 936년 일리천 전투 때까지도 추가승진 없이 여전히 대상으로 남아 있었다. 아마도 왕건에게 딸을 시집 보내고 나중에 가서야 1품인 삼중대광으로 추증된 것으로 보인다. 그나마 배현경은 936년 사망 당시 2품 대광의 직급으로 확인되는데, 이는 살아생전에 4인방 중 가장 높게 승진한 케이스였다. 신숭겸은 927년 공산 동수 전투 당시 대장으로 참전하였다가 전사한 다음에야 거듭 추앙을 받게 될 뿐이다.

　이외에는 정부 요직 등을 전전한다든지 하는 별다른 모습이 보이지 않기에 정말 이들이 1등급 개국공신이 맞나 싶을 정도이다. 나중에 재상까지 오르게 되는 염상을 제외하면, 2등급 중에서도 두 명 정도만 순군낭중이나 창부시랑 정도로 승진한 게 눈에 띌 정도이다. 신기한 것은 1등급이 마군장군인데 2등급의 염상이 오히려 마군대장군으로 더 높이 나오기도 한다. 원래부터 그가 상급

자였기 때문일 것이다. 또한 개국공신들 거의 모두 다 문관이 아닌 무관으로 활동한다는 것도 공통점이다.

그럼에도 개국공신으로서의 타이틀에 걸맞는 소위 입김은 가졌던 모양이다. 관리의 임명이나 죄인의 처분에 있어서 이들이 반대하면 태조 왕건도 함부로 고집을 부리지 못하는 모습이 발견된다. 더욱이 자신의 후계자 결정 당시 왕건은 개국공신들에게 상담하는 게 아니라 비밀리에 우직한 무장 박술희를 통해 우회적으로 추대 작업을 하였던 것을 보면 자신이 국왕임에도 민감한 사안에 대해서는 개국공신들의 눈치를 보지 않을 수 없었던 것으로 보인다. 어쨌거나 이들도 나름 자신들의 무장 출신이라는 한계를 인정하고 정부 요직에 무리하게 욕심을 부리기보다는 국왕 주변에서 이너서클을 형성하고 배후에서 실세로서 인사 등에 권력을 발휘하는 쪽으로 자리매김하였던 것은 아니었을까 짐작된다.

영웅인가 역신인가 :
박술희, 왕규 대 왕식렴, 박수경

비운의 후계자, 혜종 왕무

943년 5월 29일, 태조 왕건의 병세가 악화되었다. 이에 급하게 신덕전(神德殿)에 가서 학사(學士) 김악(金岳)에게 유언을 작성하게 하였다. 그리고는 잠시 후 마지막 숨을 들이쉬고는 영면하였다. 한 영웅의 파란만장한 인생이 이날로 종지부를 찍었다. 차기 왕위 계승자인 태자와 여러 왕자 및 왕족들, 그리고 측근 신하들 모두가 땅을 치며 통곡하였다. 이어서 조정의 모든 관리가 내의성(內議省) 문 밖에 순서대로 도열하자 재상 왕규가 "모든 관리는 동궁(東

나주 완사천(浣沙川) : 왕건이 장화왕후를 만났다고 전해지는 곳 - 국가유산청

宮, 태자)의 처분을 따르라"는 왕건의 유명을 선포하였다. 그리고는 맏아들 왕무(王武, 912~945)가 제2대 고려 국왕, 즉 혜종(惠宗, 재위 943~945)으로 즉위하였다. 이렇게 혜종의 시대는 착 가라앉은 분위기 속에서 시작되었다.

다음 해인 944년에 고려는 후진(晉)에 광평시랑 한현규(韓玄珪)와 예빈경 김렴(金廉)을 보내 새 왕의 등극을 통지하였고, 그 다음 해인 945년에는 후진에서도 정식으로 혜종을 고려국왕으로 승인하였다. 외교적 관례였던 만큼 이 과정을 거쳐 혜종은 국제적으로도 고려의 국왕으로 공신력 있는 인정을 받게 된 셈이었다. 하지만 현실은 그리 녹록치 않았다. 혜종은 태조 왕건의 맏아들이라는 후광 외에는 가진 게 없는 신생국가의 무력한 국왕으로 첫 발을 내디뎌야만 했다.

혜종 왕무는 912년생으로, 바로 전해인 911년에 왕건이 33세의 나이에 나주로 출진하였다가 나주의 항구인 목포에서 장화왕후(莊和王后)를 만나서 낳게 된 첫 아들이었다. 기록상으로는 이때 왕무를 앞서는 다른 아들이 없었던 것으로 보아 그가 왕건이 처음으로 갖게 된 자식이었던 것 같다. 장화왕후 이전에 신혜왕후와 이미 부부의 사이였지만 안타깝게도 자식은 낳지 못했다. 그런 왕건이 34세에 처음 가져본 아들을 얼마나 예뻐했을 지 조금은 상상해볼 수 있을 듯하다. 특히나 왕건의 여러 아들 중 자신이 고려를 건국하여 국왕으로 등극하기 전에 낳은 아이는 왕무가 유일했다. 어떤 다른 정치적 여건에 전혀 얽히지 않은 정말 사랑으로 낳은 유일한 아들이었던 셈이다.

아버지 왕건은 시대가 시대였던 만큼 아들의 이름을 무(武)라고 지었던 것 같은데, 그의 기대에 부합하게 아들은 성장하면서 기상과 도량이 크고, 또한 지혜와 용맹이 뛰어났다고 한다. 왕건은 그런 왕무를 자신의 후계자로 일찍부터 점찍어두고 있었다.

921년 12월 10일, 45세의 왕건은 이 해에 열 살이 된 아들 왕무를 공식적인 왕위계승권자라는 뜻의 태자, 즉 당시의 표현으로 정윤(正胤)으로 삼았다. 이후 왕건은 정윤 왕무를 본격적으로 국정

전반과 전쟁 수행에 투입하여 후계자 수업을 시켰다. 한 세대 후의 인물인 최승로(崔承老)는 역대 고려 왕들에 대한 자신의 생각과 의견을 남긴 인물인데, 그가 이때의 혜종에 대해 평한 내용이 있다.

혜종께서는 오랫동안 동궁에 계시면서 여러 차례 정사를 감독하고 군사를 위무하셨으며, 예를 다하여 스승을 존중하고 관료들을 잘 대우하였습니다. 그 덕분에 명성이 조정에서부터 백성들 사이에까지 널리 퍼졌습니다.

그의 말마따나 실제로 왕건이 자신을 대리하여 왕무에게 현장 수업을 시킨 사례가 일부 남아 있다.

932년 이전 언젠가 최응이 병이 들었다기에 왕건은 태자 왕무에게 대신 병문안을 가게 하였다. 왕무는 최응의 병세를 살펴보고는 채식주의자였던 그가 영양부족이라고 생각되어 고기를 먹을 것을 권했다.

932년 가을 7월(21세), 왕건이 후백제로부터 투항해온 장군 공직(龔直)의 제안에 따라 직접 일모산성(一牟山城)을 정벌하러 떠나면서, 정윤 왕무에게는 자신을 대신하여 북방의 국경지대를 순시하도록 하였다.

935년 겨울 11월(24세), 신라의 경순왕 김부가 고려에 투항 후 직접 개경을 방문하자 왕건의 명으로 정윤인 그가 재상들과 함께 경순왕을 호위하여 유화궁(柳花宮)에 머물게 하였다.

936년 여름 6월(25세)에 왕건은 견훤의 요청에 따라 후백제와의 최후의 결전을 결심하였다. 이에 정윤 왕무와 장군 박술희에게 보병과 기병 1만 명을 주고는 천안부(天安府)로 먼저 가도록 하였다.

그뿐만 아니라 왕무는 전장에서도 자신의 이름 그대로 용감하게 전투에 임하였던 것 같다. 936년 9월의 일리천 전투 때 그 역시 참전하였다. 전장에서 어느 부대 소속으로 활약하였는지는 구체적으로 알 수 없으나, 아버지 왕건을 따라 종군하여 후백제와의 전투에서 선봉에 서서 용맹스럽게 공을 세웠다고 한다.

게다가 왕건은 아들 왕무의 교육에도 직접 신경을 썼다. 경순왕 귀부와 함께 고려로 넘어온 당대 최고의 문필가였던 최언위에게 태자사부(太子師傅), 즉 태자의 제왕 교육을 맡겼던 것을 보면 이를 잘 알 수 있다.

여기까지만 보면 왕무는 잠정적인 차기 국왕으로서 다방면의 후계자 교육도 충실히 받았고 그만큼 자질도 뛰어난 우수한 젊은 이였던 것으로 보이는데, 사실 그가 처한 환경은 그에게 그리 우호적이지 않았다. 문제는 상대적으로 힘이 약한 그의 외가와 호시

탐탐 차기 대권을 노리는 수많은 경쟁자들이라는 존재였다.

왕건은 일찍이 맏아들인 왕무에게 마음을 두고 있었지만, 그 역시 궁예의 태봉에서 출세한 일개 장군 출신이었고, 또한 주위의 마음을 얻어 쿠데타를 성공시키기는 했으나 사실 엄밀히 말하면 그가 대표자로서 이름을 내걸고 있을 뿐이었지, 여러 힘센 호족 집단들의 지원을 받아 신생국 고려라는 일종의 호족연합정권을 세웠다고 봄이 보다 현실에 가까울 것이다. 이를테면 최승로의 시무 28조 중 22조에서 전하고 있는 것처럼, 태조 왕권의 집권 초기 노비로 전락한 전쟁포로들을 풀어주어 일반 평민으로 만들고자 하였으나 공신들의 반발을 우려하여 유야무야되었던 것도 모두 그런 배경 때문이었다. 또한 그에게 29명의 아내가 있었다는 사실은 결코 그가 호색한이어서 그런 게 아니라, 수많은 동맹세력들과 거미줄처럼 혼인을 매개로 우호관계를 맺다보니 결과적으로 그렇게 된 것뿐이었다. 그리고 결혼을 통해 왕가와 연을 만들어둔 모든 세력들 역시 마치 동상이몽처럼 각자 자신들의 야심을 담은 꿈을 꾸고 있었고 말이다.

왕건이 언젠가 물려줘야 하는 고려의 국왕이라는 위치는 결코 만만한 자리가 아니었다. 당장 총 25명의 아들 중 누구를 선택하느냐에 따라 외가라는 이름의 각 세력들이 어떻게 들고 일어날 지 전혀 예측할 수 없는 상황이었다. 왕건 자신이 국왕이라고 해서 마음대로 할 수 있는 게 아니었다. 신생국 고려는 결코 절대왕정이 아니었다.

속마음은 이미 왕무에게 기울어 있었지만 왕건도 순탄하게 일이 진행될 수 있도록 나름의 작전을 짜지 않을 수가 없었다. 이때 그의 눈에 띈 인물이 한 명 있었다. 그라면 자신이 믿고 속마음을 열어보일 수 있는 유일한 인물이라고 판단했다.

우직한 무장, 충신 박술희

918년 어느 날, 태조 왕건이 말 없이 옷상자 하나를 장화왕후에게 선물하였다. 왕후가 그것을 열어보니 그 안에는 자황포(柘黃袍), 곧 국왕의 예복이 담겨 있었다. 이때 별도의 언질이 있었던 듯 그녀는 그것을 대광(2품) 박술희(朴述熙, ?~945)에게 가져가 보여주었는데, 그 역시 왕건의 뜻을 곧바로 알아챘다. 이에 그는 날을 잡아 자신이 총대를 메고 장자인 왕무를 정식 후계자인 정윤으로 임명해야 한다며 강하게 주장하고 나섰다. 국왕조차 다른 처가들과 여러 신하들의 눈치를 보아야 했던 상황을 상징적으로 보여주는 사례이다.

어쨌거나 왕건은 그렇게 박술희를 맏아들의 후견인으로 정했다. 그래도 여전히 3년이나 걸려서야 겨우 왕무는 정윤이 될 수 있었다. 하지만 그 다음에도 쉬운 일은 없었다. 얼마나 그 자신도 스트레스를 많이 받았던지 젊어서부터 주름살이 있었는데, 그러다 보니 별명도 자연스럽게 주름왕(襵王)이었을 정도였다. 하지만 그럼에도 그는 왕가의 정식 후계자라는 자부심이 있었던 것 같다. 일설에는 잠자리에 들 때면 항상 가까이에 물을 두었고, 또 큰 병에 물을 담아두고 팔 씻기를 좋아했다는데, 그 때문에 고려 왕실을 상징하는 용(龍)의 아들이라는 이야기를 듣기도 했다. 한참 후의 일이지만 고려 말 우왕(禑王)이 억울하게 신돈(辛旽)의 자식이라고 몰려 제거되는 상황에서, 자신이 왕가의 후손임을 증명하기 위해 윗옷을 벗어 겨드랑이의 비늘같은 것을 보여주었다는 전설과도 같은 이야기와 일맥상통하는 듯하다.

정윤 왕무의 정식 후원자가 된 박술희는 혜성군(槥城郡, 충청남도 당진) 출신에 두려움 없는 성격으로 명성을 떨쳤는데, 조금 특이한 것은 고기를 너무 좋아해서 두꺼비, 개구리, 거미 등 뭐든 다 먹어 치우는 것으로 유명했다. 18세에 궁예의 호위군사(衛士)로 첫 경력을 시작하였고, 나중에는 자연스럽게 왕건 휘하에서 일하게 되었다. 전쟁에서 거듭 공적을 세워 나중에는 대광(2품)까지 승진하였다. 후백제와의 최후의 전투 당시 정윤과 함께 1만 명의 선발대를 이끌고 출정한 이도 그였고, 투항해온 견훤과 함께 좌익의 선두에 섰던 이도 그였다. 태조 왕건이 오롯이 믿고 맡길 수 있었던 몇 안 되는 무장이 바로 그였던 것이다.

왕건의 오른팔과도 같은 존재였기에 태조의 국정철학을 담은

「훈요」를 맡게 된 것도 그였고, 또 임종 직전에 박술희만 따로 태조에게 부름 받아서 "경이 태자를 도와 옹립하였으니 잘 보좌해주시오."라며 특별히 부탁을 받았을 정도로 그에게는 태조 왕건의 깊은 신뢰가 있었다.

왕건과 박술희는 차기 국왕인 왕무가 가장 믿을 수 있는 외가가 수도 개경에서 너무 먼 것을 단점으로 여겼던 것 같다. 그래서 왕무에게 그들은 몇 가지 안전장치를 마련해주었다. 우선 김견술(金堅術)이라는 인물이 있는데, 918년 고려의 첫 개각 당시 창부경(倉部卿)이라는 국가 재정을 총괄하는 부처의 차관급으로 임명된 기록이 있다. 그의 활약상은 더 이상 확인되지는 않으나 나중에 혜종의 배향공신으로 선정된 2명이 박술희 그리고 그였던 것을 보면, 박술희를 도와 왕무를 적극적으로 보좌하였던 것은 확실한 듯하다. 아마도 박술희가 그를 끌어들였던 것은 아니었을까.

뿐만 아니라 태조 왕건이 그러하였듯 마찬가지로 왕무에게도 혼인동맹을 만들어주었다. 그에게는 총 네 명의 아내가 있었다. 921년 12월, 정윤이 된 왕무에게 진주(鎭州, 충청북도 진천) 출신인 대광 임희(林曦)의 딸을 아내로 맞이하게 하였다. 근거지도 박술희의 출신지역과 그리 멀지 않은 것으로 보아 그 역시 박술희의 선택이 아니었을까 싶다. 왕무의 장인이 되는 임희는 왕건의 쿠데타에 참여한 이력과 함께 고려 건국 직후 병부령(兵部令)이라는 국방을 총괄하는 요직에 중용되었던 것으로 보아 왕건의 이너서클 안

영월 흥녕사지 징효대사탑비 : 왕요, 왕소 형제 외에도 왕규, 염상 등 당대의 핵심인사들이 대거 기록되어 있다. - 국립문화유산연구원

  후삼국, 영웅들의 시대

에 들었던 인물임이 확실하다.

아내인 의화왕후(義和王后)와 왕무의 사이에서는 아들 흥화군과 두 딸 경화궁(慶化宮)부인과 정헌공주(貞憲公主)가 태어났다. 흥화군은 흥화궁군이라고도 하는데, 국왕의 대를 이을 왕자임에도 이름조차 알려져 있지 않다. 고려 초 치열한 권력다툼 속에 희생된 인물이었기에 기록이 유실된 것은 아닐까.

둘째 부인인 후광주원(後廣州院)부인은 광주(廣州) 출신인 대광(2품) 왕규의 딸이다. 왕규는 차기 권력을 노리는 진정한 야심가 중 한 명이기에 주목해야 하는 인물인데, 아래에서 따로 다뤄보도록 하겠다. 어쨌거나 그 또한 유사시 사병을 동원할 수 있는 당대의 실력자였기에, 정윤 왕무를 호위할 최측근으로 선발된 것이다.

세번째인 청주원(淸州院)부인은 청주 출신인 원보 김긍률(金兢律)의 딸인데, 흥미로운 부분은 바로 아래 배다른 동생인 왕요 또한 장인 김긍률의 또 다른 딸인 청주남원(淸州南院)부인과 혼인을 한 것이다. 끝으로, 정식 부인이 아닌 궁인(宮人) 애이주(哀伊主)는 원래 신라의 오랜 수도였던 경주 출신인 대간(大干) 연예(連乂)의 딸이다. 일반적인 하급 궁녀는 아니었겠지만 그렇다고 정실의 호칭을 얻지는 못한 것으로 보아 유력 호족 출신은 아니었다고 할 수 있겠다.

정리해보자면, 왕규는 박술희 자신만으로는 왕무의 보위에 부족함이 있다는 판단 하에 추가로 무력 동원이 가능한 실력자를 붙여준 것이고, 첫 번째 장인인 임희는 왕무를 위해서 추가적으로 지역기반을 마련해준 것으로 보인다. 이렇게 보면 확장되는 영역이 경기도와 충청도로, 나주에 비해 지리적으로 가까워 유리하다는 이점, 왕무를 보좌하는 실력자 박술희의 본거지와도 인근이라는 점, 그리고 아마도 왕무를 가장 위협하는 두 동생 왕요와 왕소의 외가가 여기서 멀지 않은 충주였기에 이를 견제하기에도 수월한 지역이라는 점 등이 작용하지 않았었을까 싶다.

하지만 그럼에도 끝내 안심이 되지 않았던 모양인지, 태조 왕건은 임종 시에 세 명의 재상 즉 왕규, 염상, 박수문에게 특별히 유언을 남겼다.

"중요한 기밀 업무 중 오랫동안 처리하지 못한 것들은 경들이 태자 왕무와 함께 결정토록 하시오."

여기서 염상은 태조의 2등급 개국공신 출신으로, 근 수년간 평안남도 일대의 북방 영토에서 축성 전문가로 활약한 인물이다. 나중에 보겠지만 서경을 중심으로 영토 확장에 매진하였던 왕식렴과 활동영역이 겹치다보니 아마도 높은 확률로 친-서경파였을 것으로 짐작된다. 그리고 박수문은 직접 서경의 왕성을 건설한 인물이기도 하고 또 친동생 박수경의 이후 행적으로 보건데 친-서경파에 가까웠다. 그럼에도 이러한 사실을 모르지 않았을 왕건이 최후의 순간까지도 이들에게 왕무를 부탁한 것은 자식의 불안정한 앞길을 불안하게 여기고 있었다보니 그나마 온건파로 보이는 이들에게 마지막 당부를 남겼던 것은 아니었을까.

이처럼 다방면으로 아들 왕무를 위해 왕건은 눈을 감는 그 순간까지도 손을 써두었지만 그럼에도 여전히 화마의 불씨는 남아 있었다. 하지만 왕건 사후 공은 온전히 혜종 왕무의 손으로 넘어왔다. 이제부터는 그가 어떻게 하는지에 따라 달려 있었다.

그런데 혜종 치세 동안의 기록은 놀랍도록 부실하다. 아마도 정권 초기에 정상적으로 기록조차 남길 수 없는 극도의 혼란을 겪었다는 사실이 주된 원인일 테고, 또 이로부터 60여 년 후 거란의 대대적인 침공으로 인해 초창기 국가의 역사기록 전체가 불태워져 사라지고 말았다는 점 역시 큰 이유일 것이다. 그럼에도 그가 즉위한 944년과 이듬해인 945년의 혜종의 행적과 관련해서 전혀 전해지는 내용이 없다는 것은 너무도 수상하다. 짐작컨대 이미 고려는 왕좌를 둘러싼 사실상의 내전 상태에 있었던 것은 아니었을까.

실제로 외교 활동을 제외하면 혜종 대의 첫 기록은 혜종의 두 동생 왕요와 왕소가 반역을 꾸미고 있다는 첩보이다. 혜종과는 각각 11살, 13살의 터울이 나는데, 이때만 해도 이들의 나이는 23세, 21세로 성년에 접어든지 몇 년 되지 않은 시점이었다. 이들의 이름이 대표로 거론되긴 하였으나 사실 뒤에서 따로 실력행사를 지원해주는 막강한 세력이 존재했음은 분명하다.

여기서 이러한 동향을 혜종에게 보고한 이는 다름 아닌 장인 왕규였다. 역시 태조 왕건이 믿고 섭외하였을 정도로 그는 정보력과 실행력 그 어느 하나 뒤지지 않았다. 다만 그의 입장은 우직하게 충성을 다하기만 하는 박술희와는 미묘하게 차이가 있었다.

음모론의 희생양, 호족 왕규

왕규(王規, ?~945)는 그가 갖는 역사적 중요도에 비해 출신 배경이 분명히 나와 있지는 않다. 과정은 어찌되었든 왕규는 왕건의 눈에 들어 그에게 자신의 딸 두 명을 바치게 된다. 바로 제15비 광주원(廣州院)부인과 제16비 소광주원(小廣州院)부인이 그들이다. 태조 왕건과 복수로 혼인관계를 맺은 인물은 왕규 외에는 김행파와 평주 박씨 가문을 제외하면 전무하다. 그러나 여기서 김행파는 서경을 방문한 태조를 각각 하룻밤씩 두 딸에게 시중을 들게 하여 형식상 국왕의 부인으로 만들기는 하였으나, 결국 수도 개경으로 데려가지는 않았기에 반쪽짜리 명예였을 뿐이다. 또 박씨 가문이 무려 세 명이나 딸을 바친 것은 물론 역대급이긴 하나, 다만 세 명의 아버지가 각기 딸을 한 명씩 혼인시킨 것이고, 그 우선순위 역시 제25비, 제27비, 제28비로 한참 후순위에 불과했다. 그에 비하면 왕규는 또 다른 딸마저 왕건의 맏아들 왕무에게 시집을 보냄으로써 왕가와 매우 밀접한 관계를 맺는 데 성공한 인물이었다. 즉 사실상 왕실과의 혼인동맹의 승자는 다름 아닌 왕규라고 할 수 있다.

아쉽게도 어떻게 그가 이런 특별대우를 받은 것인지는 역사에는 남아 있지 않다. 주요 개국공신에도 포함되어 있지 않은 것으로 보아 왕건의 쿠데타 당시 주도세력이 아니었던 것은 확실한 듯한데, 그나마 참고해볼 만한 부분은 그의 출신지가 광주(廣州)였다는 점일 것이다.

24세의 젊은 왕건이 궁예 휘하에서 정기대감(精騎大監)으로 임명된 다음 그의 명으로 지역 정복에 나서게 되는데 그 첫 번째 장소가 다름 아닌 광주였다. 오늘날로 치면 서울 일부와 경기도 양평 등 일대를 아우르는 지역인데, 아마도 이때부터 왕규 집안과 연을 맺고 승승장구하기 시작하였던 것은 아니었을까. 광주 지역은 후고구려군의 무력에 짓밟힌 게 아니라 아마도 순순히 성문을 열고 왕건에게 투항하였던 듯하고, 왕건 역시 별다른 군사적 피해 없이 전공을 거둔 덕분인지 궁예에 의해 아찬으로 승진하기까지 한다.

이후의 과정은 알 수 없지만 호족 왕규는 계속해서 광주 지역을 통치하면서 세력을 보전하였던 것은 분명하다. 왕건과 두 딸을 결혼시킨 다음에도 그 두 딸의 거주지 명이 여전히 광주원(廣州院)이었다. 더욱이 두 번째 딸이 낳은 손자의 호칭 역시 광주원군이었다. 이 손자는 제2대 국왕인 혜종에게는 한참 어린 동생이 되는 셈이었다. 그것이 정적들에게 빌미가 되어 고려 정계를 일대 파란으로 이끌게 될 줄은 처음에는 미처 몰랐을 테지만 말이다.

어쨌거나 장인 왕규가 혜종에게 두 동생의 쿠데타 모의를 보고하였음에도 정작 혜종은 아무런 조치도 취하지 않았다. 당시 천문을 담당하던 최지몽(崔知夢) 역시 똑같이 반란 동향을 보고하였지만 마찬가지였다. 하지만 당시 상황을 찬찬히 해석해보자면 사실 아무런 조치도 취할 수 없었다고 봄이 타당할 것이다. 오히려 혜종은 자신의 맏딸인 경화궁(慶化宮)부인을 두 동생 중 왕소와 결혼시키는 유화적 제스처를 취함으로써 이들의 반발을 누그러뜨리려고 노력하였다. 자신과 왕요는 김긍률의 두 딸과 이미 나란히 결혼한 관계여서 좀 더 어린 동생쪽을 매개로 관계개선을 시도하였던 것일 텐데, 한편으로는 이 당시 두 동생이 하나처럼 움직이는 것처럼 보이긴 했어도 사실 왕소는 친형 왕요와 달리 어렸을 적 왕건의 제22비인 신주원(信州院)부인 밑에서 따로 성장하였다. 그녀의 어린 아들이 일찍 죽어서 왕건의 배려로 왕소를 데려다 키울 수 있도록 해주었기 때문이다. 혜종은 이런 배경을 고려하여 왕소를 자신의 편으로 끌어들일 수 있지 않을까 내심 기대하였던 것은 아닐까.

하지만 그의 예상과는 달리 상황은 여의치 않게 흘러갔다. 이 무렵 박술희는 군사 1백 명을 거느리고 있었고, 왕규 역시 3백 명의 세력을 직접 휘하에 두고 있었다. 당연히 혜종을 지키기 위한 일종의 친위병력이었을 것이다. 그런데 이들도 나서서 쿠데타 모의 세력을 제거하지 못한 것은 곧 상대방이 이를 압도할 만큼 규모 면에서 우월하였기 때문이었다. 이때 수도 개경에는 서경, 곧 평양으로부터 왕식렴의 군대가 진주해 와 있었다.

역사 기록은 언제나 조심해서 살펴보아야 한다. 대개는 권력을 쥔 승자가 자신에게 유리하도록 기록을 남겨두기 때문이다. 이 무렵의 상황은 『고려사』의 왕규 열전에 다음과 같이 짤막하게 기록되어 있다.

혜종의 병이 위중해지자 정종(왕요)은 왕규가 다른 뜻이 있음을 알아차리고 은밀히 서경의 대광 왕식렴과 모의하여 변란에 대비하였다. 왕규가 장차 변란을 일으키려 하자 왕식렴이 군을 거느리고 들어가 숙위하니 왕규가 감히 움직이지 못하였다.

글자 그대로 보자면 왕규가 오히려 혜종을 헤치려 하였고, 동생 왕요가 다급히 서경측에 연락하여 군사를 이끌고 오도록 조치하였다는 내용이다. 심지어 입위(入衛)하였다는 기록에 따르면 왕식렴의 군대가 개경에서 자리를 잡은 곳은 외곽도 아니고 개경 한복판이었다. 그런데 이를 글자 그대로 믿기에는 당시의 상황과 빗대어 보면 그 논리가 허술해도 너무 허술하다.

변란에 대비하고자 한다면 혜종에게 직보를 하고 공권력을 동

원해 제거하면 될 일을, 군이 저 멀리 서경으로부터 군대를 불러
들여 대치를 하였다고 하니 도통 이해가 되지 않는 서술이다. 이
는 역으로 생각해보면, 수도 개경 내에서 혜종을 대신하여 강경파
인 왕규측이 경쟁자인 왕요 세력을 제거하고자 하는 동향을 빌미
삼아 이들 왕요 세력이 서경의 병력을 국왕의 동의 없이 자의적으
로 불러들여온 것이고, 그렇게 진주해온 물리력을 기반으로 혜종
의 신변을 가까이에서 압박한 상황임을 암시하는 것으로 봄이 더
타당한 해석일 것이다.

이외에도 논리적으로 맞지 않는 기술을 좀 더 살펴보자.『고려
사』의 최지몽 열전에 실린 기사이다.

> 최지몽이 (혜종에게) "가까운 시기에 변란이 있을 것이니, 수시
> 로 자리를 옮기셔야 합니다."라고 보고하였다. 정종(왕요)이 즉위
> 하자 왕규를 처형하였고, 최지몽이 사전에 일의 기미를 몰래 아뢴
> 것을 포상하였다.

앞서 최지몽이 동향 보고는 혜종에게 하였다고 하는데, 나중에
오히려 상관 없는 왕요가 그에게 포상하였다는 것은 정말 이상하
다. 이 혼란기의 기록은 매번 주체를 곱씹어 보아야 한다. 다시 잘
보면, 정확히는 이때 최지몽이 보고한 대상은 혜종이 아니라 동
생 왕요였고, 그랬기에 나중에 정종으로 즉위한 다음 자신에게 협

조적으로 나온 그를 치하한 것이라고 보는 게 순리에 합당할 것이다. 한편 왕규로서는 이 당시 정공법으로는 왕요 세력을 제압할 방도가 없자 계속해서 그를 암살할 시도를 하였다고 보는 게 더 합리적으로 보인다.

어쨌거나 혜종은 이 당시 개경까지 진주해온 서경의 군대가 자신을 겁박하는 상황에서 뾰족한 수가 없었을 것이다. 그는 사실상 궁궐을 포위하고 있는 왕식렴의 군대에 대항해 무장한 병사들을 가까이 배치해 자신을 지키도록 했는데, 혹여나 이들도 마음을 달리 먹을 것을 우려하여서였는지 『고려사절요』에 따르면 이들에게 넘치는 포상을 함으로써 자신의 곁에 붙잡아 두려고 노력했다고 한다.

하지만 그의 노력도 거기까지였다. 이미 왕요 형제와 서경 세력의 쿠데타는 개경을 잠식한 상태였다. 궁전에 틀어박혀 일신만 지키고 있는 혜종의 목숨이 언제 끊어질지만 이들은 기다렸던 것 같다. 당시 상황을 봐서는 독살 등의 가능성도 있지만 이를 입증할 증거는 없다.

945년 가을 9월 15일, 34세의 젊은 국왕은 시름시름 앓다가 중광전(重光殿)에서 마지막 숨을 쉬고는 세상을 떠났다. 길지 않은 인생이었지만 평생을 걱정과 우려로 보낸 후의 안타까운 죽음이었다. 참고로 그에게 주어진 혜종(惠宗)이라는 시호는 관대한 국왕이라는 뜻이다. 실제로 어떻게든 국가의 분열을 막고자 자신의 반대

세력까지도 유화정책으로 포용하고자 하였던 그의 온건한 태도를 상징적으로 말해주는 듯하다.

어쨌거나 혜종의 죽음과 동시에 왕요 세력은 신속히 움직였다. 혜종의 잔존세력인 충신 박술희와 장인 왕규 둘 다 강화도의 갑곶(甲串)으로 유배 보낸 다음 곧바로 처형시켜버렸다. 참고로 이 당시 기록에서는 이때 왕규가 박술희를 죽인 것이라고 나오는데, 자신도 같이 유배를 당한 처지였기에 당연히 말도 안 되는 일이다. 이를 바로잡자면, 서경 세력이 박술희를 제거하고는 정적인 왕규가 정종 왕요의 이름으로 저지른 일이라고 덮어씌웠다는 사실을 다르게 표현한 것일 뿐이리라. 왕요 세력의 끈질김은 잔인무도한 행동뿐만 아니라 이렇듯 역사기록의 조작으로까지 이어졌다.

역설적이게도 호족 세력의 등쌀로 인해 죽음에 이르게 된 혜종의 못다 이룬 꿈, 즉 고려 사회의 통합과 안정이라는 열망은 이때의 쿠데타의 일원이기도 했던 동생 왕소가 제4대 국왕, 곧 광종으로 등극한 이후 능수능란한 정치력을 발휘해 철저히 호족 세력들을 제압한 다음에야 비로소 이루어지게 된다.

그렇다면 실제로 쿠데타를 벌인 이들은 누구였으며, 왜 그렇게 행동한 것이며, 또 이후에는 어떻게 되었을까?

서경의 개척자, 왕식렴

왕식렴(王式廉, ?~949)은 삼중대광(1품) 왕평달(王平達)의 아들로, 태조 왕건의 사촌동생이었다. 그는 성격이 충성스럽고 용맹하고 또 부지런하였으며 신중한 스타일이었다. 처음에 군부서사(軍部書史)로 경력을 시작하였다고 하는데, 아마도 왕릉과 왕건 부자와 마찬가지로 송악 일대가 궁예에게 투항하였을 무렵에 군사업무를 담당하는 실무자로 함께 기용되었던 모양이다. 왕건은 신생국 고려의 전신인 고구려의 옛 수도 평양이 황폐해진 것을 늘 안타까워하였는데, 즉위 초에 평양에 인구를 채워서 도시로서의 기반을 마련토록 하고는, 특별히 왕식렴에게 명하여 평양에 가서 북방 지역을 총괄하는 임무를 맡겼다. 918년 9월 26일의 일이다.

"평양은 옛 수도로 이미 황폐해진지 오래지만 터는 그대로 남아 있소. 그런데 가시덤불이 무성하고 번인(蕃人)이 그 일대를 사냥하며 돌아다니고 있다보니, 그 여파로 우리 변경 지역도 자주 침탈을 당하여 그 피해가 매우 크오. 그러니 멀리 내다보고 우리 국민들을 평양에 이주케 하여 국방 강화에 힘써야겠소."

그리고는 황주(黃州), 봉주(鳳州), 해주(海州), 배주(白州), 염주(鹽州) 등 오늘날 황해도 지역의 주민들을 평양으로 옮겨 살게 하였으며, 평양을 대도호(大都護)로 지정하고는 왕식렴과 함께 전 광평시랑(廣評侍郎) 열평(列評)을 보내어 방비하도록 하면서 참모진으로

평양성도(조선시대) - 수원화성박물관

네댓 명을 붙여주었다. 참고로 광평시랑은 고려 초 정부의 최고기관인 광평성(廣評省)의 2인자 자리였다. 그리고 열평은 두 달 전까지만 해도 병부경(兵部卿) 즉 오늘날로 치면 국방부 장관으로 재직하고 있던 인물이다. 그만큼 비중 있는 인사를 평양에 파견하였을 정도로 왕건의 평양에 대한 관심은 지대했다.

왕건은 이후 고려시대 내내 서경(西京)이라고 불린 평양에 대해 지속적인 관심을 보였다. 그가 직접 서경을 방문하거나 관련하여 행정처리를 하였던 사례를 모아보면 다음과 같다. 물론 이는 모두 서경에 상주하고 있던 왕식렴과 함께 하였을 내용들이다.

919년 3월에 서경의 낡은 탑과 사당, 조각상 등을 수리하게 하였고, 겨울 10월에는 서경에 성을 쌓도록 했다.

920년, 왕건이 직접 북부 국경지대(北界)를 순행하였다. 당연히 중간에 서경에도 들렀을 것 같지만, 공식적으로 그가 서경을 단독 목적지로 하여 행차한 것은 921년 10월 20일이 첫 기록이다.

922년에 대승 박질영(朴質榮)과 행파(行波) 등의 가족들 및 여러 지역에서 뽑은 가문이 좋은 자제들을 이주시켜 서경 사회의 내실을 다졌다. 여기서 박질영은 918년 건국 후 최고위 관직인 시중(侍中)으로 임명되었던 인물이고, 또 행파는 통주(洞州, 황해도 서흥) 출신에 활쏘기와 말타기(射御)에 능해 왕건이 김(金)씨를 사성해 준 인물이었다. 특히 김행파는 앞서 한번 언급하였듯이 서경에 정착한 다음 왕건이 언젠가 서경에 행차하였을 때 왕건에게 두 딸을 바쳐 모시게 한 덕분에 왕의 장인이 되는 인물이다.

또한 이 해에 서경에 행차하여 새로 독립된 지방정부를 구성하고 관리들을 배치하였으며, 서경에 재성(在城)을 쌓게 했는데 무려 6년 만에 완공되었다고 한다.

925년 봄 3월, 서경으로 행차하였고, 이 해에 북부 국경지대도 순행하였다.

926년 겨울 12월에 서경에 행차하여 친히 제사를 주관하고 주진(州鎭)을 두루 둘러보았다.

929년 여름 4월, 서경에 행차하여 주진을 두루 순시하였다.

930년 여름 5월 29일 서경에 행차하였다가 6월 8일에 돌아왔다. 이 사례로 보건대 서경 방문에는 보통 일주일 정도 소요되었던 것 같다.

930년 겨울 12월 1일, 서경에 행차하여 학교를 처음으로 설립하였다. 그리고 당시 수재로 이름난 정악(廷鶚)을 서학박사(書學博士)로 임명토록 하였다. 따로 학원도 개설하여 6부(部)의 생도를 모아 가르치게 하였다. 그 덕분에 서경에서는 학업의 붐이 일어났다고 한다. 왕건은 의학과 천문학도 추가토록 하였으며, 창고 곡식 100석(石), 약 7.6t 어치를 하사하여 일종의 장학금 재원으로 운영할 수 있게 하였다.

931년 겨울 11월 28일, 서경에 행차하여 제사를 주관하였으며, 주진을 두루 순시하였다.

934년 봄 1월, 서경에 행차하여 북방의 진영을 두루 순시하였다.

935년 가을 9월 2일, 서경에 행차하였다가 황해도 일대를 순시하였다.

938년 7월, 서경에 나성(羅城, 내성을 둘러싼 외성)을 쌓았다.

이상에서 왕건이 지시한 내용은 결국 모두 왕식렴의 임무가 되었을 것이다. 물론 그가 직접 수행한 일도 기록으로 남아 있다. 929년 9월, 국방의 요충지인 안수진(安水鎭), 흥덕진(興德鎭) 등에 성을 쌓은 것이 바로 그였다. 둘 다 위치는 서경으로부터 북쪽 국경지대 근방이었고, 명칭 그대로 방어용 진지를 구축하였다는 내용이다. 왕건의 시대에만 20여 개의 축성이 이루어지고 있는데,

아마도 주체가 특정되지 않은 성들은 직간접적으로 그의 지휘 하에 축성이 이루어지지 않았을까 짐작된다. 이처럼 왕식렴은 오래도록 서경을 실질적으로 통치하였으며, 『고려사』에 실린 그의 열전에 따르면 국경 지역의 방어와 영토 개척을 자신의 소명으로 여겼다고 한다.

다만 너무 한 가지에만 몰입하면 그 주변의 것들이 눈에 잘 안 들어오게 되는 단점이 있을 수 있는데, 왕식렴에게는 서경이 바로 그러했다. 그에게는 서경이 전부였고 서경 외에는 보이지 않았던 것 같다. 그런 그가 먼저 제안한 것인지 아니면 조카인 왕요가 먼저 다가간 것인지는 분명치 않지만, 서경을 중심으로 하는 신생국 고려의 재설계 아이디어는 그에게 진정 매력적으로 다가왔을 것이다.

실제로 평양은 왕건에 의해 서경, 곧 수도 개경 다음 가는 제2의 중추적인 도시로 전략적으로 키워졌으며, 나아가 고려라는 국명이 잘 보여주듯이 다시 한번 고구려의 길로 나아가기 위한 가장 핵심적인 근거지가 되는 곳이었다. 왕식렴 자신도 왕건이 꾸었던 것과 똑같은 꿈을 꾸고 있었다. 그에게 고려는 언제든 다시 옛 평양, 즉 지금의 서경을 중심으로 저 북쪽으로 날개를 펼치고 날아올라야 할 운명을 타고난 나라였다.

그래서 그는 태조 왕건 사후에 혜종이 왕위를 이었을 때 자신의 커다란 꿈에 기꺼이 동조해준 왕요를 차기대권으로 밀었다. 그렇게 그는 평양의 군대를 이끌고 개경으로 진군하였다. 규모는 알려져 있지 않지만 정적들이 감히 정면대응을 하지 못할 정도로 위압적인 병력이었을 테니 결코 수백명 수준은 아니었음이 분명하다. 이로부터 약 65년 후에 서북면도순검사(西北面都巡檢使) 강조(康兆)가 서경의 군사 5천 명을 차출하였던 사례를 참고해보면, 최대 동원 가능한 규모는 어림잡아볼 수 있을 것이다. 어쨌든 왕식렴은 왕요와 함께 정치적 모략을 통해 혜종의 지원자였던 왕규를 반란 수괴로 규정짓고, 혜종의 임종 즉시 행동에 나서 그를 제거하는 데 성공하였다. 다만 오랜 동지였던 박술희까지 직접 손대는 것은 그래도 마음이 불편했는지, 굳이 왕규의 이름을 거짓으로 내세워 제거하였다.

이후 정종으로 즉위한 왕요는 그런 왕식렴을 이렇게 평하였다. 조금 길지만 한번 직접 그의 육성을 들어보자.

"왕식렴은 삼대(三代)의 으뜸 공신이며, 한 나라의 기둥이자 주춧돌이다. 지난 날 선왕(혜종)의 병세가 악화되어 혼란스러운 상황에서 충의로서 지조를 보여주었다. 어린 나를 추대하여 국정을 계승하게 하였다. 얼마 안 있어 포악한 간신이 흉악한 무리들과 결탁하여 별안간 궁 안에서 변란을 일으켰다. 하지만 공은 칼을 손에 쥐고 높은 의기로 죽음을 무릅쓰고 변란을 막아냈다. 흉악한 무리들이 와해되고 반역한 무리들이 처형됨으로써 조정의 기강이 땅에 떨어지려다가 다시 일어났고, 왕실과 국가가 무너지려다가 안정을 되찾을 수 있었다. 만약 공의 죽음을 무릅쓴 용기가 아니었다면 내 어찌 오늘에 이를 수 있었겠는가? '정국이 혼란스러울 때 진실된 신하를 알아보고, 거센 바람이 불 때 굳센 풀을 알아본다'는 옛말 그대로이다. 어떠한 포상으로 어찌 이 공훈에 보답하고 그 공명을 갚겠는가? 이제 광국익찬공신(匡國翊贊功臣)으로 삼으며, 대승(3품)의 관직과 충분한 재화로 나의 마음을 전하고자 한다. 이는 단순히 군주와 신하 사이의 의리에 머무는 것이 아니라 생사고락을 함께 하고자 함을 의미한다. 나는 언급한 바는 반드시 지킬 것이다. 또한 내 스스로 잘못은 꾸짖고 검소함은 결코 잊지 않을 것이니, 공은 항상 만족할 줄 알고 청렴함을 기르는 데 힘쓰도록 하라. 국민을 사랑으로 보살피고, 상벌을 공정히 하여 나라의 평화가 오래도록 지속되고 부귀영화가 대대손손 미치도록 하겠다."

왕식렴은 서경 천도를 서두르던 정종의 치세 막바지인 949년 1월 7일에 사망하였다. 태조 왕건의 동생뻘이었으니 아마도 천수를 누린 후의 죽음이었을 것이다. 정종 사후에는 배향공신으로서 왕식렴 한 명만이 지정되었을 만큼 정종의 생애에서 왕식렴의 비중은 매우 컸다. 다만 둘 다 결국 공통적인 꿈이었던 서경 천도를 완성시키지 못하고 생을 마감하였다는 것은 그 둘만의 비극이 되었지만 말이다.

막후의 실세, 야심가 박수경

　박수경(朴守卿, ?~964)은 평주(平州) 출신이라고 하는데, 그의 후손들은 그의 가문을 신라의 시조인 박혁거세까지 연결되는 것으로 인식하였다. 하지만 이를 곧이곧대로 믿기는 조금 어려워 보인다. 우선 평주 지역에 처음 자리를 잡은 것은 다름 아닌 그의 할아버지 박직윤(朴直胤) 때라고 하는데, 독특하게도 그는 평주에서 스스로 대모달(大毛達)이라고 칭하였다. 대모달은 옛 고구려의 무관직 명칭이었으니 당시에 박직윤은 그 지역에서 고구려의 후예임을 자임한 것과 마찬가지였다. 평주는 오늘날 개성과 평양의 중간쯤 되는 옛 고구려의 영토였다는 점을 참고해볼 수 있다.

　나중 일이지만 박직윤의 손자, 즉 박수경의 형 박수문(朴守文)은 서경에서 왕성을 쌓은 인물이고, 또 같은 집안 출신인지는 명확치 않으나 고려의 초대 시중, 즉 최고위 재상을 역임하였던 박질영(朴質榮)은 서경 건설과 아울러 서경으로 집안 전체가 이주하는 것을 보면, 박씨 일가가 서경과 직간접적인 연관이 있음은 자연스럽게 짐작해볼 수가 있다.

　그리고 박직윤의 아들, 곧 박수경 형제의 아버지는 삼중대광 혹은 대광위(大匡尉) 박지윤(朴遲胤)이었다. 895년경 패서 지역의 호족들이 대거 궁예에게 투항해오던 시절에 아마도 박지윤도 그때 후고구려에 합류하였던 것은 아니었을까 싶다. 다만 궁예에게 충성을 다하였던 것 같지는 않았는데, 오히려 그의 집안은 왕건 집안과 밀접한 관계를 가져갔다.

나중에 그는 태조 왕건에게 자신의 딸, 곧 박수경의 누이를 혼인시키기도 했는데, 제25비 성무부인(聖茂夫人)이 그녀이다. 이들 부부 사이에서는 한 명의 딸과 효제태자(孝悌太子)와 효명태자(孝明太子), 그리고 법등군(法登君)과 자리군(資利君)까지 네 명의 아들이 있었다. 여기서 딸은 이름이 전해지지 않지만 그래도 신라의 마지막 경순왕 김부와 혼인을 하였을 정도면 결코 낮은 대우는 아니었을 것이다. (참고로 똑같이 김부와 결혼을 한 낙랑공주(樂浪公主)라고 불린 딸과는 별개의 인물이다.)

놀라운 것은 아버지뿐만 아니라 아들 박수경, 박수문 두 형제도 태조 왕건에게 딸을 바쳤다는 사실이다. 형 박수문은 제27비 월경원(月鏡院)부인을, 동생 박수경은 제28비 몽양원(夢良院)부인을 왕건에게 시집보냈다. 두 부인 모두 자식에 대한 기록은 없다.

이렇듯 태조 왕건과 중복하여 혼인 동맹을 맺을 정도였던 박수경과 그의 집안은 어떤 존재였을까? 우선 박수경부터 살펴보자면, 그는 아주 용맹스러운 성격에 권모술수와 지략에도 밝았다고 한다. 그는 왕건 밑에서 원윤(6품)으로 경력을 시작하였다. 후백제가 자주 신라를 침략하자, 왕건이 박수경을 장군으로 임명하여 대응토록 하였는데, 시점은 불분명하지만 견훤이 다시 쳐들어오자 그가 기묘한 계책으로 후백제군을 무찔렀다고 한다.

그리고 아마도 924년 7월의 일이었던 것 같은데, 후백제군이 조물군(曹物郡)을 공격해오자 왕건 역시 장군 애선(哀宣)과 왕충(王忠) 등에게 부대를 3군으로 나누어 대응하도록 하였다. 그래서 대상(4품) 제궁(帝弓)이 상군을, 원윤 왕충이 중군을, 박수경과 은녕(殷寧)이 하군을 맡게 되었다. 조물군 전투가 시작되자 상군과 중군은 패하였고 심지어 장군 애선까지 전사하고 말았는데, 오직 하군의 박수경만은 승리를 거두었다고 한다. 왕건이 크게 기뻐하며 그를 원보(4품)로 승진시키려고 하였다. 이때 박수경의 말이 재미있다.

"형 박수문이 아직 원윤인데, 제 직위가 그 위가 된다면 어찌 부끄럽지 않겠습니까?"

왕건이 이를 듣고는 기특하게 여겼는지 둘 다 한꺼번에 원보로 승진시켜주었다.

그리고 나중에 발성(勃城) 전투 때에는 왕건이 포위를 당하였으나 박수경이 힘껏 싸운 덕분에 탈출할 수 있었다고 한다. 이곳 발성은 혹여나 왕건이 포위를 당했던 유일한 공식기록인 927년의 공산 동수 전투의 세부 지역명은 아니었을까 싶지만 어쨌거나 정확한 시점과 위치는 미상이다.

끝으로 후삼국 최후의 전투인 936년 9월 일리천 전투 때에는 대상으로 승진하여 우익에서 기병대를 이끌고 출전한 바 있었다. 여기까지가 그의 무장으로서의 활약상이다. 많은 기록은 아니지만 고려 초 수많은 영웅들 사이에서도 유능한 무인으로 손꼽히며 지속적으로 성공을 해온 커리어였다. 940년에 왕건이 역분전(役分田)이라는 이름의 새로운 토지제도를 시행하였을 때, 박수경은 특별히 토지 200결(結), 대략 오늘날 단위로 3백 헥타르의 땅을 하사받았다. 그만큼 그는 국가로부터 인정받는 공신이었다.

하지만 그는 단순히 무신으로서만 만족하였던 것은 아니었던 듯하다. 왕건 사후 차기 권력다툼에서 왕요의 편에 서서 친-혜종파와 맞서는 양대 인물 중 한 명이 바로 그였기 때문이다. 또 다른 한 명인 왕식렴의 경우 '서경'이라는 구체적인 목표 지향점이 있었지만, 사실 박수경에게는 뚜렷이 목적한 바가 드러나지 않는다. 아마도 여러 가지 이유가 있겠지만 그에게는 '야심'이 일순위가 아니었을까.

그는 정종 즉위에 대한 공을 인정받아 대광(2품)으로 승진하였다. 이때도 형 박수문과 함께였다. 그런데 서경의 군사들을 동원하여 쿠데타를 실행한 왕식렴은 그보다 아래인 대승(3품)으로 승진하였으니 오히려 공적을 더 인정받은 이는 박수경이었다. 이를 보면 왕요 형제의 쿠데타를 배후에서 기획하고 총괄한 최종 수뇌가 누구였는지 자연스럽게 알 수 있다. 왕식렴의 경우 대외적으로는 실전 경험이 나타나는 게 없는데, 그에 반해 박수경은 전장에서 치열하게 싸워온 용장이었기에 어쩌면 개경 쿠데타에서 현장 지휘를 담당한 이가 혹 그였던 것은 아니었을까.

여하튼 정종 치세에서 그의 움직임은 특별한 것이 없었다. 947

년 봄에 형 박수문이 덕창진(德昌鎭)에 성을 쌓고, 그해 가을에 자신은 덕성진(德成鎭)에 성을 쌓은 것이 전부였다. 하지만 그는 무인으로서뿐만 아니라 행정가로서의 역량도 갖추고 있었던 모양이다.

정종 다음으로 광종 즉위 직후인 949년 8월에 그는 광종의 명으로 정국 초기의 공로자들 대상으로 포상하는 임무를 맡았다. 참고로 정국(定國)은 본래 건국 혹은 개국의 의미로 사용되기도 하지만, 상황에 따라서는 혼란스러운 나라를 타파하고 질서를 되찾았다는 의미에서 쿠데타를 이르는 다른 표현일 수도 있다. 겉보기에는 전자의 의미로 사용하였겠지만, 실질적으로는 후자의 의미를 포함하여 포상을 추진하였을 것으로 자연스럽게 짐작해볼 수 있겠다.

박수경의 집안은 광종 치세 전반기까지도 승승장구하였다. 세 아들 모두 좌승(3품)부터 대상(4품)까지 고위직에 고루 올랐으니, 이대로라면 박씨 집안은 고려의 유력 가문으로 안정적으로 자리 잡을 것으로 누구나 예상할 만했다. 하지만 높이 오른 만큼 떨어질 때의 충격은 클 수밖에 없었다. 광종이 오랜 목표였던 왕권 강화를 위해 사실상 호족연합정권인 고려에서 물리적으로 '호족'을 걷어내는 대공사에 착수한 것이 960년의 일이었다. 10년이나 기다린 끝에 노비안검법과 과거제 도입 이후 드디어 호족을 향해 칼을 빼든 것이었다. 수많은 이들이 감옥에 갇히고 심지어 목숨을 잃었지만, 권세가 중에서도 핵심인 박수경 집안까지 손을 대는 데에는 4년을 더 기다려야 했다.

그렇게 964년의 어느 날 전격적으로 자신의 세 아들 박승위(朴承位), 박승경(朴承景), 박승례(朴承禮)가 투옥되자, 이에 충격을 받은 노년의 박수경은 결국 그해 가을 8월 9일에 세상을 하직하고 말았다. 그나마 다행이었던 것은 광종의 타깃은 박수경 한 명이었던 듯 그의 세 아들은 이후 풀려났다. 스스로 태조 왕건이 고려를 세우고 삼한통일을 이루는 데 크게 일조한 것은 물론, 또 연이어 정종과 광종을 옹립한 진정한 공신으로 여겨졌던 권신의 초라한 말로였다.

세기말의 천재들 :
최치원, 최승우, 최언위,
그리고 최응, 최지몽

후삼국은 천재적인 문필가들이 집단적으로 등장한 시기이기도 하다. 흔히들 난세가 영웅을 낳는다고 하지만, 한편으로 중국의 춘추전국시대가 제자백가(諸子百家)를 탄생시켰듯이 난세는 또한 세상의 혼란을 바로잡기 위해 각양각색의 천재들이 벌이는 백화 제방(百花齊放)과 백가쟁명(百家爭鳴)의 시기이기도 하다. 이들이 절체절명의 위기를 겪으며 사회문제의 원인을 찾고 근본적으로 어떻게 이를 해결할 수 있을지 깊은 고민 끝에 내놓는 사상적 해결책들이 쌓여 하나의 집단지성의 결과물을 만들어내기 때문이다.

그런데 후삼국시대에는 독특하게도 최씨들의 활약이 두드러진다. 특히나 이 시기의 3대 천재라 불린 이들은 최치원, 최승우, 그리고 최언위로, 일명 삼최(三崔)라고 일컬어진다. 이들은 각자 신라, 후백제, 고려를 위하여 자신들의 재능을 마음껏 뽐낸 인물로 유명하다. 뿐만 아니다. 후삼국을 통일하게 되는 고려에서는 이에 더하여 건국 초기에 최응, 최지몽, 그리고 한 세대 건너 최승로와 같은 또 다른 최씨 인재들이 활약을 보여준다. 이들의 엇갈리고 겹쳐지는 운명을 한번 살펴보자.

최치원

최치원(崔致遠, 857~?)은 신라 왕경의 사량부(沙梁部) 출신으로 전해진다. 다만 이설로 『삼국유사』에 따르면 본피부(本彼部) 출신으로도 나오는데, 그 증거로 고려까지도 황룡사(皇龍寺) 남쪽에 그의 옛날 집터가 남아 있다는 것을 언급하고 있다. 오늘날 이를 고증하기는 힘들지만 그가 신라의 수도 출생인 것만은 확실하다.

최치원은 어렸을 적부터 사고가 명민하고 두뇌회전이 빨랐으며 학문을 특히 좋아하였다. 868년에 12세가 되어 배를 타고 당나라에 가서 유학을 하고자 하였다. 아버지 최견일(崔肩逸)은 아들을 이렇게 독려하였다.

"10년 안에 급제하지 못하면 내 아들이 아니다. 가서 힘써 공부하거라."

착하고 성실한 아들이었던 최치원은 물론 배움을 결코 게을리하지 않았다. 실제로 6년 만인 874년에 18세의 나이로 과거에 급제하였다. 그렇게 관직 생활을 시작한 그가 널리 이름을 알리게 되는 일대 사건이 벌어졌다. 바로 당나라 전역을 뒤흔든 황소(黃巢)의 난(875~884)이었다. 이후 무려 10년 동안 진행된 이 농민반란 당시 최치원은 종사관으로 발탁되었고, 일명 토황소격문(討黃巢檄文)이라는 명문을 써서 유명세를 타게 된 것이다.

당나라에서 10년 간 관직 생활을 한 그의 나이도 어느덧 28세가 되어 고향으로의 귀국을 고민하기 시작했다. 조정의 허락을 받은 그는 황제의 국서를 지참하고 사신 자격으로 885년 3월 신라에 돌아갈 수 있었다. 그리고는 신라에 잔류하여 시독(侍讀) 겸 한림학사(翰林學士)·수병부시랑(守兵部侍郎)·지서서감사(知瑞書監事)라는 관직을 맡게 되었다. 처음에 최치원은 스스로 당나라 유학을 통해 얻은 선진 지식과 경험이 많다고 여겼고, 신라에 돌아온 김에 다방면으로 능력을 발휘하여 지식인으로서 사회를 위해 뜻한 바를 이뤄보고자 하였다. 하지만 신라는 이미 돌이키기 어려울 만큼 급속도로 쇠락해가는 와중이었고, 더욱이 주변의 시기 질투로 인해 조정 내에서 그는 제대로 쓰임을 받지 못했다. 그 대신 그에게 주어진 것은 외직인 대산군(大山郡) 태수였다.

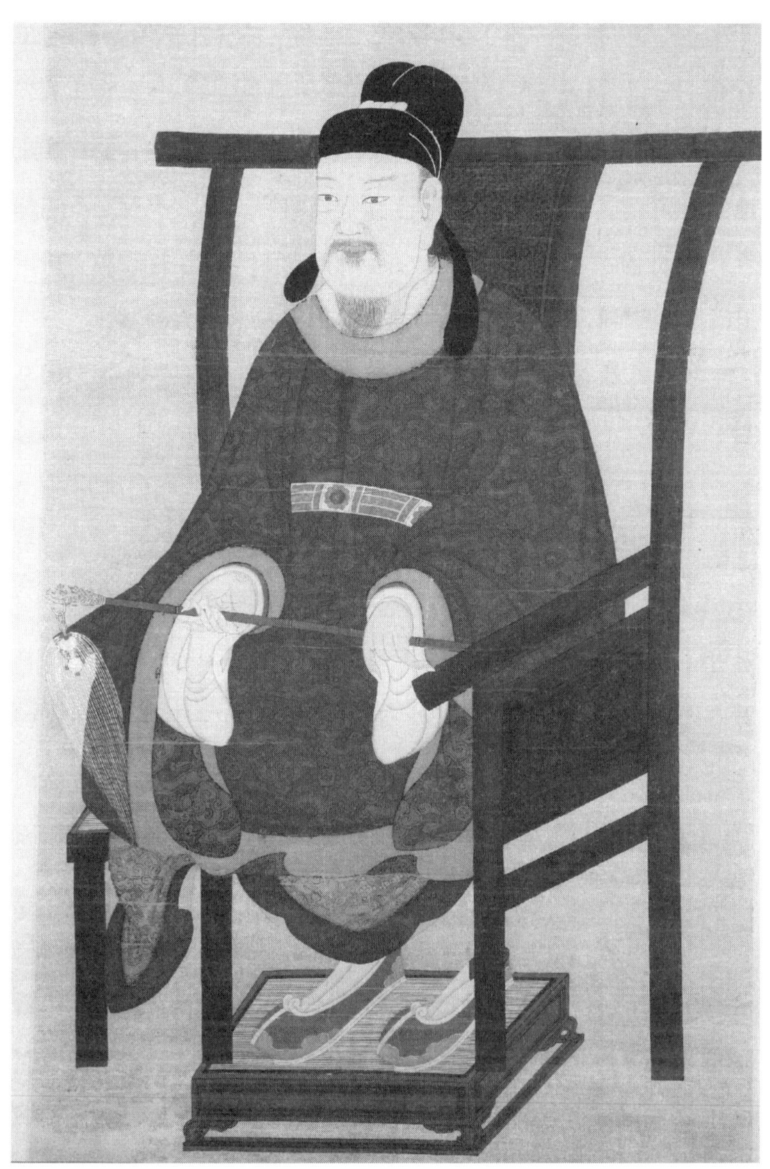

최치원 - 국립중앙박물관

시간은 흘러, 893년에 당나라로 보내는 사신이 익사하는 사고가 일어났다. 이에 당시 부성군(富城郡)의 태수로 재직 중이던 최치원은 급히 호출을 받아 새로 꾸려지는 사신단에 합류하게 되었다. 그런데 후삼국시대가 시작되던 무렵의 전국적인 기근으로 인해 살고자 하는 민중들의 봉기가 곳곳에서 잇달아 일어나 길이 막혀버리는 바람에 결국 사행길은 취소가 되고 말았다.

현재 신라가 처한 상황과 국정에 대한 깊은 고민 끝에 최치원은 894년 봄 2월에 자신의 생각을 정리하여 지금의 난관을 타파할 수 있는 나름의 개혁안, 곧 시무(時務) 10여 조를 진성왕에게 보고하였다. 이를 본 그녀는 그의 제안에 기꺼이 동의하고는 그를 아찬(6등급)으로 승진시켰다. 자세한 내용은 알려져 있지 않지만, 어쨌거나 그러한 그의 노력도 이 이상은 통하지 않았다. 최치원은 귀국 후 지금까지 줄곧 혼란한 세상 속에서 제대로 뜻한 바도 이루지 못했고, 신라 정부 내에서는 조금만 튀면 곧바로 모난 돌이 정 맞듯이 비난에 휩싸이다보니 깊은 좌절감을 맛볼 수밖에 없었다.

오랜 번민 후 결국 그는 스스로 관직을 그만두고 은퇴하여서는 유유자적 노니는 것으로 세상에 대한 시름을 풀었다. 그렇게 그가 돌아다닌 곳이 경주의 남산, 강주(剛州)의 빙산(氷山), 합주(陜州)의 청량사(淸涼寺, 해인사의 말사), 지리산의 쌍계사, 합포현(合浦縣)의 별장 등이다. 마지막에는 가족을 동반하여 가야산 해인사에 들

계원필경 - 국립중앙박물관

어가 머물렀는데, 그곳에서 한가로이 지내면서 노년을 마쳤다고 한다.

당대의 중국 역사서에 『사륙집(四六集)』, 『계원필경(桂苑筆耕)』 등 그의 저작들이 언급될 정도로 그의 이름은 국제적으로 널리 알려 져 있었다. 지금까지도 그의 문집은 물론 그가 각지에 남긴 여러 금석문들이 전해지고 있다.

최언위

신라의 수도 출신인 최언위(崔彦撝, 868~944)는 관대하고 후한 성 격에, 어려서부터 문장력이 뛰어났다. 신라 말인 885년 18세일 때 당나라에 가서 유학하였고, 뒤늦게 906년에 39세의 나이로 과거(빈공과)에 급제하였다. 이때 발해 재상 오소도(烏炤度)의 아들 오광찬(烏光贊)도 급제하였는데, 오소도가 당나라 조정에 들어왔다가 자신의 아들 이름이 최언위의 아래인 것을 보고는 빈정이 상했는지 합격결과를 수정해줄 것을 공식 요청하였다.

"제가 예전에 이곳에서 급제하였었는데, 그때는 제 이름이 (신라인) 이동(李同)의 위에 있었습니다. 이번에 제 아들 오광찬도 최언위 위에 올리는 것이 마땅할 것으로 사료됩니다."

하지만 최언위의 재주와 학식이 뛰어나다는 이유로 이는 받아들여지지 않았다. 3년 후인 909년에 42세의 나이로 비로소 신라에 돌아왔는데, 오늘날로 치면 차관급인 집사성(執事省) 시랑(侍郎) 및 서서원(瑞書院) 학사(學士)에 임명되었다.

고려가 개국하고 신라가 귀부하자 최언위 역시 집안을 이끌고 고려로 들어왔다. 태자사부(太子師傅)에 임명되었고, 그 인연으로 제2대 고려 국왕 혜종이 되는 왕무는 그에게 제왕 교육을 받게 되었다. 또한 문필에 관한 일을 맡았는데, 그 무렵 왕실 건물의 액호(額號)는 모두 그가 짓거나 정했다고 하며, 당시의 이름난 가문들은 모두 그를 스승으로 섬겼다. 관직은 대상(4품) 원봉대학사(元鳳大學士) 한림원령(翰林院令) 평장사(平章事)에 이르렀다. 한 마디로 재상급 대우였다. 참고로 한림원은 국왕의 각종 문서를 작성하는 부처였다.

그의 자식과 자손까지도 대대로 고려 역사에 이름을 남겼다.

첫째 아들 최광윤(崔光胤)은 일찍이 빈공진사(賓貢進士)의 자격으로 후진에 유학하러 가던 중 거란에게 사로잡혔는데, 재능이 있다고 하여 관직과 작위를 받았다. 구성(龜城)에 사신으로 갔다가 거란이 우리 고려를 침략하려는 것을 알고 몰래 서신을 써서 여진인에게 전달을 부탁하였다. 이것이 거란의 침략에 맞서기 위해 30만 명의 군인으로 구성된 광군(光軍)이라는 조직이 만들어진 계기였다. 둘째 아들 최행귀(崔行歸)도 당시 중국의 5대10국 중 하나인 오월국(吳越國)에 가서 비서랑(秘書郎)이 되었다. 후에 고려로 돌아와 광종의 신하가 되었는데 총애를 받았지만 나중에 연좌제로 죽임을 당했다.

그리고 셋째 아들 최광원(崔光遠)은 비서소감(秘書少監)까지 올랐는데, 역사에서는 그 자신보다는 아들 최항(崔沆, 972~1024)이 더 유명하다. 최언위의 손자가 되는 최항은 총명하고 침착했으며, 말수가 적고 판단력이 뛰어났다고 한다. 오랫동안 고위직에 있었으면서도 남의 물건 하나 욕심 낸 적이 없었고, 귀중품을 멀리 하였기에 집안의 여자들은 화장도 하지 않을 정도였다. 봉급으로만 생활하였기에 집안살림은 언제나 빠듯했다고 한다. 그는 성종 때에 스무 살의 나이로 과거에 급제하였고, 목종 때에는 과거를 주관하는 지공거(知貢擧)가 되었다. 대대로 유학을 가업으로 삼으면서 청렴함과 검소함으로 집안을 돌보는 것으로 그는 명성이 자자하였는데, 김치양(金致陽)의 반란 때 현종을 맞이하여 즉위시킨 공적까지 있어 그는 현종 치세 내내 승승장구하였다. 그러나 그는 벼슬을 좋아하지 않아, 나이 70도 안 되어 사직할 것을 요청하였다. 성종 때 폐지되었던 팔관회(八關會)를 되살린 게 그였을 만큼 불교를 숭상하였는데, 또한 청렴하고 검소한 성격이었기에 사망할 당시 유언으로 장례를 검소하게 치르도록 하여 심지어 국왕의 부의조차 감히 사양하도록 했다.

최승우

최승우(崔承祐, ?~?)는 890년에 당나라에 들어가, 3년 만인 893년에 과거(빈공과)에 합격하였다. 언제 귀국하였는지는 알 수 없지만 돌아와서는 후백제에 몸담았다. 927년 말에 견훤을 위하여 왕건에게 보내는 격문을 지은 적이 있는데, 후백제군의 압승으로 끝난 공산 전투 후 견훤의 승자로서의 자부심을 멋드러지게 보여주었던 글이 바로 그의 작품이다. 그가 지은 책이 다섯 권 있는데, 직접 서문을 쓰고 『호본집(餬本集)』이라고 이름 붙였다. 오늘날 전해지지는 않지만 다행히 『동문선』에 그의 시가 일부 남아 있다.

최응

　　최응(崔凝, 898~932)은 지금의 황해도 북부인 황주(黃州) 토산(土山) 사람으로, 아버지는 대상(4품) 최우달(崔祐達)이었다. 어려서부터 배움에 힘썼고 커서는 유학에 통달하였으며 글재주가 뛰어났다. 젊은 나이에 궁예의 한림랑(翰林郞)이 되어 국정 문서의 초고를 담당하였는데, 그의 글솜씨를 아주 마음에 들어 한 궁예가 이런 극찬까지 할 정도였다.

　　"아마도 성인(聖人)을 얻었다고 한다면 이러한 사람이 아니겠나 싶구나."

　　궁예가 왕권강화를 위해 철권통치를 펼치던 915년경 하루는 궁예가 갑작스레 왕건을 호출하였다. 급히 궁궐을 찾은 왕건 앞에는 성난 눈으로 자신을 바라보고 있는 궁예가 있었다.

　　"경이 어젯밤 사람들을 모아놓고 반역을 모의했다고 하던데, 이게 어찌 된 일인가?"

　　속으로 당황한 왕건은 어찌 그럴 리가 있겠냐며 능청스럽게 웃으며 대답하였지만, 궁예는 눈을 감고 뒷짐을 지더니 말없이 한참 하늘을 바라보았다. 그 자리에 함께 있던 젊은 문신 최응이 눈치를 보더니 일부러 붓을 떨어뜨리고는 뜰에 내려와 다시 주우면서 왕건의 곁을 지나며 작은 목소리로 속삭였다.

　　"지금은 인정하지 않으시면 오히려 위험해집니다."

이에 왕건은 아차 싶었던지 빠르게 태도를 바꾸었다.

"제가 반역을 꾀하였으니 죽어 마땅합니다!"

이를 본 궁예가 크게 웃으며 대꾸하였다.

"경은 참으로 정직한 사람이군. 다시는 나를 속이려 들지 말게."

이처럼 궁예로서도 예상치 못한 전개에 짐짓 대인배인양 경고를 주는 선에서 마무리 짓고 넘어갔다는데, 이 일화는 있는 그대로 받아들이기는 솔직히 조금 어렵다. 분명 궁예를 기인으로 보이도록 하기 위한 역사적 각색이 들어간 것으로 보이는데, 조금 해석을 가미해서 다시 보자면 궁예가 사실 의도한 것은 2인자 왕건이 고개를 숙이는 장면을 연출하고자 함이 아니었나 싶다.

어쨌거나 이때 약관의 천재 최응의 기지 덕분에 왕건은 자칫 탄핵당할 뻔한 위기를 모면할 수 있었다. 그는 궁예의 측근으로 가까이에서 계속 지켜봐온 인물이었기에 궁예가 실제로 원하는 바를 정확히 알고 상황을 잘 버무려냄으로써 자칫 비극적인 결말로 흐를 수도 있었던 궁예와 왕건의 대립을 부드럽게 넘어가도록 하는 가장 중요한 역할을 해주었다. 이처럼 그는 물론 궁예를 위하는 동시에 왕건의 마음을 사는 데도 성공한다. 대략 이때 왕건의 나이 39세, 최응은 18세 때의 일이다.

그렇게 큰 도움을 받은 왕건은 918년 고려를 건국하고는 그를 발탁하여 처음에는 후고구려의 관직명인 지원봉성사(知元鳳省事)로 삼았다가 얼마 후 다시 광평낭중(廣評郎中)으로 임명하였다. 최응은 최고위급 관료로 성장할 만한 자질이 있었고 실무에도 해박하여, 당시 사람들의 칭송을 받았고 왕건으로부터도 인정을 받을 수 있었다. 뿐만 아니라 그는 진정 워커홀릭이었던 듯 밤낮으로 부지런히 일했고 언제나 신중하였으며 심지어 매번 건의하는 것도 많았다. 이런 모습에 왕건은 늘 이를 기쁘게 받아들였다고 한다. 그는 최응을 이렇게 평가하였다.

"자네는 학식이 풍부하고 재주가 뛰어난데다 아울러 정치의 요체까지 잘 알고 있군. 나라를 걱정하고 공공을 위해 열의를 다하니 옛날 유명한 관료들도 그대보다 나을 수 없겠네."

그리고 그를 내봉경(內奉卿)으로 승진시켰다가, 얼마 지나지 않아 광평시랑(廣評侍郞)으로 또 옮기려고 하였다. 이때만큼은 최응이 사양하였다.

"동료인 윤봉(尹逢)이 저보다 열 살 연상이니 그를 먼저 임명해 주십시오."

"'예의로 사양할 줄 안다면 나라를 다스림에 무슨 어려움이 있겠는가'라는 말을 예전에 들은 적이 있는데, 지금 바로 그러한 사람을 만났구나."

똑똑한 이들이 대개는 자기만 잘난 줄 아는 것에 비해서, 주변까지 살필 줄 아는 젊은 최응의 참으로 모범생다운 태도에 또 다시 감탄한 것이다. 왕건은 그의 뜻대로 최응 대신 윤봉을 광평시랑으로 삼았다.

한편 이 둘은 『삼국지』의 유비와 제갈량처럼 언제나 뜻이 맞았지만, 근본적으로 최응은 유학자였고 왕건은 정치가라는 관점의 차이는 분명 존재했다. 하루는 최응이 당시 불교와 음양설을 적극적으로 활용하던 왕건에게 이렇게 건의한 적이 있었다.

"전하기로는 세상이 어지러우면 문(文)을 닦아야 민심을 얻을 수 있다고 하였습니다. 국왕께서는 지금 전쟁 중이라 하더라도 유교를 따라야 합니다. 불교나 풍수지리에 의지해서 세상을 얻을 수는 없습니다."

이러한 최응에 의견에 왕건은 자신도 유학의 중요성은 충분히 인정한다면서도, 한편으로 지금은 난세라는 점에서 한시적으로 무슨 도움이라도 다 받아야 한다며 유교 이념에 따라 정치를 하는 것은 전쟁 이후로 미룰 수밖에 없다는 융통성 있는 입장이었다. 하지만 이렇게 최응이 자신에게 대놓고 직언을 하더라도 왕건은 그를 언제나 감쌌다.

최응은 항상 몸과 마음을 정갈히 하고 완고한 채식주의자로 살았다. 동시대의 박술희가 진정한 고기 매니아였던 것과는 천지차이였다. 한번은 그가 병이 들었다기에 태조가 태자 왕무에게 대신 병문안을 가게 하였다. 그는 최응의 병세를 지켜본 다음 고기를 먹을 것을 권했다.

"직접 죽이지만 않으면 될 뿐이지 고기를 먹는 것이 무슨 문제가 있겠습니까?"

하지만 최응은 끝내 사양하며 먹지 않았다. 나중에는 태조가 직접 그의 집에 행차하여 다시 한번 그를 설득하였다.

"자네가 고기를 먹지 않는 데에는 두 가지 잘못이 있네. 건강 관리를 잘 못해서 오래도록 어머니를 모시지 못한다면 불효가 되고, 또 건강히 오래 살지 못해 내가 훌륭한 인재를 일찍 잃게 되면 불충이 되는 걸세."

마지못해 최응이 처음으로 고기를 먹었더니 과연 건강이 회복되었다고 한다. 하지만 사실 증세가 호전이 된 것뿐이지 완전히 치유까지 된 것은 아니었던 모양이다. 932년 11월 11일, 35세의 젊은 나이에 그는 병으로 결국 세상을 떠났다. 이때 마침 태조는 일모산성(一牟山城) 점령을 위해 연산군(燕山郡, 충청북도 청주와 보은 사이)에 나가 있었는데 이 비보를 전해 듣고는 몹시 애통해 하였다고 한다.

최지몽

최지몽(崔知夢, 907~987)은 남해의 영암군(靈巖郡) 출신으로, 아버지는 원보(4품) 최상흔(崔相昕)이었다. 성품은 청렴하고 인자하였으며, 대광(2품) 현일(玄一)에게 배워 고전부터 역사서까지 두루 섭렵하였고, 특히 천문(天文)에 능하였고 길흉을 잘 판단하였다고 한

고려의 문인석(개성 7릉군 3릉 출토, 일제강점기) - 국립중앙박물관

 후삼국, 영웅들의 시대

다. 그는 아마도 왕건의 나주 확보 이후 어린 나이에 아버지를 따라 수도 개경으로 올라와 학업을 쌓았던 것으로 보인다.

기본적으로 머리가 좋아 배움을 즐겼다는 평을 보면 그는 이미 어려서부터 나름 유명세를 탔던 것 같다. 그가 18세가 되던 924년에 태조 왕건이 그의 이름을 전해듣고는 한번 불러서 자신의 꿈을 해몽해보게 하였다. 서른 살 언젠가 9층 금탑(金塔)이 바다 한가운데에 서 있는 것을 보고는 그 위에 올라가는 꿈 내용이었다. 거의 20년 가까이나 된 꿈을 아직까지 기억하고 있었던 것을 보면 개인적으로 인상적인 꿈 내용이었던 모양이다. 꿈 내용을 듣더니 최지몽은 곧바로 길조임을 알아차리고는, "분명 삼한을 전부 다스리시게 될 내용입니다."라고 대답하였다. 태조가 기뻐하며 원래 이름이었던 '총진(聰進)' 대신 그에게 꿈을 잘 안다는 뜻으로 '지몽(知夢)'이라는 이름을 지어주었다. 이때부터 그는 최지몽이라고 불렸고, 처음 공봉(供奉)으로 임명되었다. 후삼국 쟁패 시기에는 항상 태조 곁을 수행하였고, 후삼국 통일 후에는 계속해서 궁전 내에서 일종의 자문 역할을 하였다. 이후의 행적을 살펴봤을 때에는 그저 그에게 단순히 신기가 있어서 그랬다기보다는, 그의 탁월한 정무적 판단력과 다방면에서의 깊이 있는 정보취득 능력이 왕건에게 크게 어필하였던 것 같다.

혜종이 즉위한 후 왕실 내의 권력암투로 한참 혼란스러운 와중에, 당시 사천관(司天官)이었던 최지몽은 여러 차례 위기 상황들에

대한 사전 예고를 하였다. 이때 그의 도움을 받았던 동생 왕요가
정종으로 즉위 후 최지몽에게 아낌없이 포상을 하기도 하였다.

하지만 그의 인생이 계속 순탄하기만 했던 것은 아니다. 광종 때
술에 취해 국왕 앞에서 크게 실수를 한 탓에 무려 11년 동안이나
귀양을 가야만 했다. 다행히 경종이 즉위한 이후 겨우 사면을 받
아 돌아올 수 있었는데, 오랫동안 쉬었음에도 그의 실력은 녹슬지
않았던 모양이다. 한번은 최지몽이 경종에게 조만간 위험이 닥칠
것을 예고하였는데, 정말로 왕승(王承)의 반역 모의가 발각된 일도
있었다.

저항하는 민중, 청주인

인간은 이상하게도 언제나 남들과 공통점을 찾기도 하지만 동시에 남들과 다름을 찾기도 한다. 지연, 혈연, 학연과 같은 말들은 자신과의 공통점을 찾아 하나 된 집단으로서의 힘을 강화하고자 할 때 발현되는 것이고, 성차별, 인종차별, 외국인혐오 등은 나와 다른 점을 찾아내어 집단 따돌림을 통해 내가 속한 집단의 상대적 우위를 공고히 지키고자 할 때 나타나는 증상이다.

이는 인간이라는 존재가 갖는 고유한 특성인가 싶을 정도로 그 뿌리가 깊고, 결코 쉽게 해소하기 어려운 문제이다. 최대한 적은 리소스로 정보처리를 효율적으로 하고자 하는 인간의 두뇌를 계속 그대로 놔두면 온갖 고정관념과 편견으로 점철될 수밖에 없기 때문이다. 바로 그래서 이는 우리가 의식적으로 끊임없이 자기 객관성을 잃지 않고 이성을 통해 결코 본성에 지배당하지 않기 위해 힘써야 하는 이유이다.

하지만 슬프게도 역사에서는 집단에 대한 편견이 쉽사리 사라지기 힘들다. 특히나 지배자가 피지배층에게 편견을 갖게 되는 순간 힘없는 민중은 온갖 차별을 감내해야만 한다. 가뜩이나 힘없고 죽도록 고생만 하는 것만 해도 억울할 텐데, 집단으로 싸잡아 일방적으로 차별대우의 대상으로 전락해버리는 상황은 사회적 약자가 갖는 근본적인 설움일 것이다. 후삼국시대도 이는 별반 다르지 않았다. 우리가 주목할 곳은 그 당시 집중적으로 집단 따돌림을 당했던 지역, 바로 청주이다.

청주는 원래 백제 시대의 상당현(上黨縣)이었는데, 삼한통일 후 신라에서 9주5소경을 설치하면서 서원경(西原京)이 된 곳이다. 오늘날과 같은 청주(淸州)라는 이름은 태조 왕건이 940년에 정한 것이었다. 후삼국 시기에는 인간군상의 복잡다단했던 활동양상만큼이나 지명 역시 혼란스럽기 그지없는데, 청주는 같은 발음의 다른 한자인 청주(靑州)라고 원래 쓰였었다.

게다가 후삼국 시기만 해도 청주라는 명칭이 정식으로 사용되기 전이어서 그런지 『삼국사기』에서는 청주를 다른 이름으로 ‘청

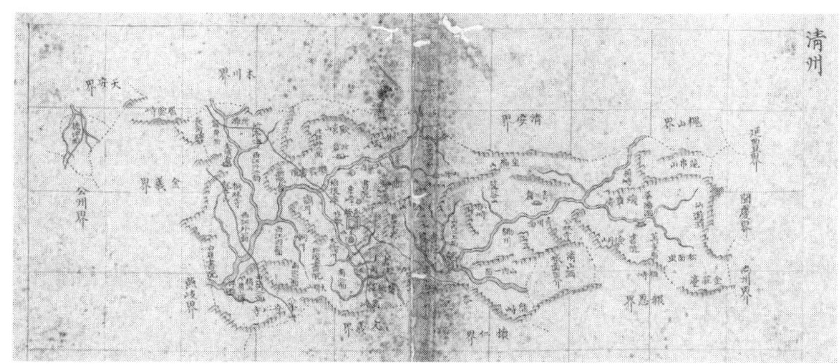

조선지도(朝鮮地圖, 18세기 중엽) 중 청주 지역 - 서울대학교 규장각한국학연구원

천(靑川/淸川)'이라고도 한다고 기재하고 있다. 즉 주(州)와 천(川)의 한자 생김새가 비슷하다보니 참고한 판본이 그렇게 두 종류로 나타나고 있었던 것은 아닐까 싶기도 하다. 더욱이 청주와 청천, 곧 오늘날 충청북도 청주와 괴산 남부는 서로 그리 멀지 않은 지역이다보니 혼선이 있을 수도 있었을 듯하다. 여기서는 후삼국 당시 가장 많이 사용된 호칭을 따라서 청주(靑州)로 통일하여 부르도록 하겠다.

이곳 청주는 궁예와 왕건 모두에게 초기부터 인연이 있는 지역이다. 900년에 궁예가 24세의 젊은 왕건에게 오늘날로 치면 경기도 남부부터 충청북도 일대의 정복을 명하는데, 그 대표적인 지역 중 하나가 바로 청주이기 때문이다. 이때가 바로 처음으로 청주가 후삼국 시기에 등장하는 시점이다. 궁예가 '고려'를 건국하고 정식으로 즉위하기 바로 전 해의 일이다.

그리고 904년 7월, 『삼국사기』의 궁예 열전에 따르면 그는 새롭게 건설한 철원성(鐵圓城)을 새로운 수도로 선포하면서 청주인들 1천 가구를 이주해 오도록 했다. 그런데 왜 굳이 청주인들이었을까? 불과 4년 전에 새로 확보한 지역민들을 자신의 직접 관할 하인 수도의 주민들로 받아들이겠다고 결정한 것이니 조금 의외일 수밖에 없다. 청주인들이 반골의 상이어서 직접 통제를 해야 했기 때문이라고 하기에는, 오히려 수도 한복판에서 민중봉기가 일어나기라도 한다면 그야말로 위험천만한 일이 아닐 수 없으니 이는 타당한 이유는 아닐 것이다. 보다 정확한 이유는 다름 아닌 궁예의 인맥 때문이었던 것 같다.

왕건이 궁예의 명으로 지방 복속에 나섰던 그해 겨울 10월에 청주, 국원(충청북도 충주), 괴양(충청북도 괴산) 지역을 관할하고 있던 인물들이 궁예에게 투항해 왔다. 그 중 한 명은 이름이 신훤이었는데, 궁예가 890년을 전후한 시점에 죽주의 기훤에게 가담하였을 때 친하게 지냈던 친구였다. 즉 궁예는 꿈 많던 젊었을 적의 친구를 믿고 받아들인 것은 물론 자신과 미래를 함께 하기로 하고 중요한 역할을 맡긴 것이었다. 하지만 성공한 인간은 누구나 변하기 마련이다. 대개는 좋은 쪽보다는 안 좋은 쪽으로.

신도시 철원이 이주민들로 채워진 다음 해인 905년 가을 7월에 궁예 자신도 정식으로 이주를 하였다. 그런데 이때 그는 자신의 새로운 궁궐을 매우 화려하게 지었다고 한다. 뿐만 아니라 그가 행차할 때에는 정말 황제처럼 백마를 타고 황금색 두건을 쓰고, 또 수백 명의 행렬을 앞뒤로 이끌고 다녔다. 이러한 황제 수준의 의전을 위해 자주 동원된 이들은 다름 아닌 철원경의 청주인들이었다.

더욱이 치세 후반 들어서는 왕권 강화를 위해 강력한 철권통치를 추진하면서 고위관료부터 일반 평민에 이르기까지 온갖 사유로 처벌을 받는 경우가 늘어나다보니, 특히 철원 등 수도 근방의 주민들이 피해를 많이 보았다고 전해진다. 예컨대 청주인 아지태(阿志泰)는 시류를 눈치 빠르게 알아채고는 궁예의 입맛에 맞게 동향 사람들인 입전(笠全), 신방(辛方), 관서(寬舒) 등의 어떤 잘못을 고발하기도 했다. 정부에서 이 사건을 조사하였지만 몇 년 동안 해결을 못하였는데, 『고려사』에 따르면 아지태의 잘못된 고발이었음을 밝혀낸 이가 곧 왕건이었다.

그래서 918년 왕건이 이곳 철원성에서 쿠데타를 일으켰을 때 많은 주민들이 동참하였다고 한 것을 보면, 그만큼 청주인들한테도 억눌린 감정이 적잖이 있었던 것 같다. 왕건도 그러한 사실을 잘 알았는지, 쿠데타 이틀 후인 6월 17일 온갖 문제로 가장 정신없이 바쁠 시점에 그가 처음으로 조치한 것은 다름 아닌 청주인에 대한 처분이었다. 그는 청주 출신의 한찬(5등급) 총일(聰逸)에게 특별히 이와 같이 지시하였다고 한다.

"전왕이 참소를 곧잘 믿었던 탓에 경의 고향인 청주가 땅이 비

옥하고 또 사람들은 호걸이 많아 혹 반란을 일으킬까 두려워하여 모두 죽이려고 하였소. 지금 군인 윤전(尹全), 애견(愛堅) 등 80여 명이 붙잡혀 호송되어 오고 있는데 모두 죄가 없는데도 끌려오는 것이니, 경이 서둘러 가서 그들을 풀어주고 고향으로 돌려보내도록 하시오.”

내용만 봐서는 나무랄 데 없는 조치였지만, 이 정도 일이 국정 전반을 책임지는 신임 국왕의 첫 일성이었다는 사실이 조금 어색하기는 하다. 물론 철원경 구성원의 다수를 차지하는 청주인들의 마음을 사기 위한 조치였을 것으로 이해하려면 이해하지 못할 것도 없긴 하다. 그런데 흥미로운 것은 『고려사절요』에 따르면 이 당시 “청주인들은 변덕이 심하여 미리 대비를 하지 않으면 반드시 후회할 일이 있을 것”이라며 의심을 품었던 인물은 다름 아닌 왕건이었다.

즉위한 지 얼마 되지 않아 그는 청주를 잘 아는 같은 청주인인 능달(能達), 문식(文植), 명길(明吉)을 기용하여 청주를 염탐하게 하였다. 실제로 모종의 언질을 들은 것인지 혹은 정치인 특유의 촉이 작동한 것인지는 알 수 없지만, 왕건은 청주인들의 불온한 움직임에 대해 내심 걱정을 하고 있었다. 비밀 임무를 마치고 돌아와서는 능달이 이들을 대표하여 청주 지역에서 별다른 동향은 보지 못했다며 믿으셔도 된다고 왕건에게 보고하였다.

하지만 사실 다른 두 명은 상황 판단이 달랐다. 이들은 고향 지인들인 김근겸(金勤謙)과 관준(寬駿)에게 사석에서 그런 생각을 토로했다.

"능달이 비록 문제가 없다고 보고는 하였지만, 수확이 끝나면 변란이 일어날 지도 모르겠소."

이들의 예언은 무서울 정도로 정확했다.

비슷한 시기인 7월 25일에 청주의 영군장군(領軍將軍) 견금(堅金)이 부장 연익(連翌), 흥현(興鉉)을 대동하고 와서 왕건을 알현하였다. 이에 왕건은 이들에게 각각 말 1필씩을 하사하고, 비단을 선물하였다. 그런데 그가 따로 왕건에게 귀뜸을 해준 것이 있었다.

"수도에 거주하고 있는 제 고향 사람들인 김근겸, 관준, 김언규(金言規) 등은 그 충정이 의심스럽습니다. 이들 몇 명만 제거하시면 크게 걱정하실 일은 없을 것입니다."

마치 청주 염탐 사실에 대해 이미 알고 있다는 듯 정확히 청주의 동향을 의심하는 이들을 콕 집어 말한 것이었다. 하지만 왕건은 그의 제언을 완곡히 거절하였다.

"내 마음은 살육을 그치게 하는 데에 있기에 죄가 있는 자라도 오히려 용서해주려고 하고 있소. 하물며 저들은 모두 적극적으로 의거를 도운 공이 있으니, 청주 하나를 얻겠다고 충성스럽고 현명한 이들을 내치는 일은 하지 않으려 하오."

표면적인 사유는 그들이 자신의 쿠데타를 도운 공이 있기 때문이라는 것이었다. 하지만 속마음은 달랐을 것이다. 우선 이제 갓 충성서약을 해온 견금을 내심 어디까지 믿어야 할지 모르겠다는 것이 첫 번째일 테고, 아마도 쿠데타 세력의 다수를 차지하고 있는 청주인들을 의심만으로 섣불리 제거할 수 없다는 현실적인 이유가 두 번째가 아니었을까 싶다.

어쨌거나 견금은 괜히 속마음을 내비쳤다가 소문이라도 나면 문제가 되겠다 싶었던지 황망히 자리를 떴다. 하지만 그에게 제거 대상으로 지목받은 청주인 김근겸, 김언규 등이 왕건과 견금의 대화내용을 어찌 전해들었는지 이번에는 자신들이 왕건을 직접 찾아갔다.

"일전에 능달이 청주인들에게 다른 뜻이 없다고 보고드렸었지만, 저희는 사실 그렇지 않다고 생각했습니다. 이번에 견금이 했다는 말을 들어보니 청주인들이 다른 마음을 먹지 않았다고 확신할 수 없겠습니다. 저들을 억류해두시고 변란의 조짐이 있는지 한번 살펴보시지요."

쿠데타 공신들의 말이었다. 왕건도 그들의 말을 따르지 않을 수 없었다. 한동안 조심스레 견금 일행을 억류해두었던 왕건은 관심이 멀어지기를 기다린 다음 얼마 후 그들을 다시 풀어주며 말했다.

"내 지금은 그대들의 말을 따를 수는 없지만 그 마음만은 충분히 받아들이오. 이제 얼른 돌아가서 지역민들을 안심시켜주시오."

"저희가 괜히 충성심과 진정성을 보이고자 이해득실을 말씀드렸다가 마치 무고한 이들을 밀고한 것처럼 되었습니다. 그럼에도 죄를 묻지 않으시니 그 은혜가 이보다 클 수 없습니다. 돌아간 후에는 성심성의껏 나라를 위해 힘쓸 것을 맹세합니다. 그러나 청주 사람들도 각자 생각하는 바가 서로 다를 테니, 만약 정말로 변란이 일어난다면 통제하기 어려울까 염려됩니다. 미리 관군을 파견하여 지원해주시길 부탁드리겠습니다.”

왕건도 그 말이 타당하다고 여기고는 마군장군 홍유와 유금필에게 군사 1천5백 명을 주고 청주 북쪽의 진주(鎭州)에서 주둔하게 하였다. 참고로 진주는 같은 충청도로 묶이긴 해도 원래는 고구려의 영토였던 곳이다. 그런데 얼마 후 청주 바로 위에 위치한 도안군(道安郡, 충청북도 증평)에서 추가 보고가 올라왔다. 청주에서 비밀리에 후백제와 내통하고 있다는 중요한 첩보였다. 이에 왕건은 추가로 마군장군 능식(能植)을 급파하여 무력으로 진압하게 하였다. 다행히 발빠른 조처로 청주의 이탈은 겨우 막을 수 있었다. 하지만 그외에 청주 서쪽의 웅주(熊州, 충청남도 공주), 운주(運州, 충청남도 홍성) 등 10여 개 지역이 후백제로 이탈해나가는 것까지는 막지 못했다. 그 때문에 이탈 지역들의 제압 및 국경선 방어를 위해 8월 23일 고려의 초대 시중이었던 김행도(金行濤)를 동남도초토사(東南道招討使) 지아주제군사(知牙州諸軍事)로 임명하여 파견하였다.

이상과 같이 태조 왕건의 즉위 초 청주 일대를 둘러싼 상황은 지극히 혼란스러웠다. 왕건의 말마따나 다들 속마음을 읽을 수 없었기에 누가 아군이고 누가 적군인지 피아식별은 거의 불가능했다. 아직 철원성을 새 정부의 수도로 사용 중이던 때여서 수도 안에도 청주인들이 다수였고, 또한 그런 철원에서 쿠데타를 일으켰다보니 3등급으로 분류된 개국공신들 중에도 자연히 청주인들의 비중이 높을 수밖에 없었다. 앞서 언급된 인물들의 면면만 봐도 그렇다. 건국 초 첫 인사발령에서 김언규는 백서성경(白書省卿)으로 임명되는 인물이고, 나중에 능달은 승진하여 일리천 전투 때 좌익의 대장군으로 등장한다. 명길의 경우는 조금 독특한데, 같은 전투에서 후백제군 장군으로 나타나는 것을 보면 청주 주변 지역이 후백제로 물밀듯이 빠져나가던 당시에 그 역시 함께 투항한 것은 아닌지 의심된다.

아마도 태조 왕건의 첫 인사발령 리스트에도 청주인들이 상당수 포진되어 있었을 텐데, 김언규 외에도 예컨대 초대 병부령(兵部令)으로 임명되는 임희(林曦)의 경우는 청주 북쪽의 진주 출신으로 나온다. 그외에도 더 많은 임씨들이 등장하고 또 능달과 이름이 비슷한 이들도 여럿 발견된다. 아마도 더 많겠지만 역사기록에서는 모든 인물의 출신지가 기재되어 있는 것은 아니니 참고만 할 수 있겠다.

어쨌거나 왕건은 여러 모로 청주인들을 신경쓰지 않을 수가 없었다. 그리고 문제는 계속해서 터져나왔다. 슬픈 사실은 즉위 첫해인 918년이 아직도 지나가지 않았다는 점이었다.

9월 15일, 왕건은 마군장군 복지겸의 고발로 청주 출신의 순군(徇軍) 소속 관리인 임춘길(林春吉) 및 같은 고향 사람인 배총규(裵悤規), 계천(季川, 전라남도 장흥) 출신의 강길(康吉)과 아차귀(阿次貴), 매곡(昧谷, 충청북도 보은) 출신의 경종(景琮) 등이 함께 반역을 꾀하고 있다는 첩보를 들었다. 이에 곧바로 이들을 잡아들여 신문을 하니 모두 자백하였다. 이들 중 배총규만 혼자서 겨우 도망치는 데 성공하였다.

이에 나머지 일당은 모두 처형하려 하니, 같은 청주인인 현율(玄律)이 나서서 만류하였다.

"경종의 누이는 매곡성의 성주 공직(龔直)의 아내입니다. 매곡성은 매우 견고하기에 쉽게 함락시킬 수가 없고 또한 적진과 가까우니, 만약 경종을 처형하면 공직이 반드시 분란을 일으킬 것입니다. 차라리 용서해주고 회유하느니만 못합니다."

그 말에 일리가 있다고 생각한 왕건이 현율의 제안을 따르려고 하자, 2등급 개국공신이기도 한 마군대장군(馬軍大將軍) 염상(廉湘)이 반대의견을 내놓았다.

"제가 들은 바가 있습니다. 경종이 얼마 전 마군(馬軍) 기달(箕達)에게 '누이의 어린 아들이 지금 수도에 있는데 서로 떨어져 있는 것을 생각하면 마음이 아프오. 그런데 현 시국이 이토록 어지러워 언제 만날 지 기약조차 할 수 없으니 기회를 봐서 함께 도망쳐서 청주로 돌아갈까 하오.'라고 말했다는 것입니다. 즉 경종의 음모가 이로써 증명되는 셈입니다.”

왕건이 듣고 깜짝 놀라서는 그 즉시 이들의 처형을 명하였다. 그런데 조금 이상한 점은 경종이 했다는 말이다. 누이의 아들이면 다름 아닌 공직의 자식을 말하는 것인데, 그가 자신의 장남 직달(直達)과 차남 금서(金舒) 그리고 딸 한 명을 인질로 보낸 곳은 후백제였기 때문이다. 그의 또 다른 자식들인 영서(英舒), 함서(咸舒)가 고려에 오게 되는 것은 이보다 후의 일이다. 즉 경종의 누이와 관련된 한탄 섞인 이야기는 어찌 보면 고려에서 청주로의 집단적 도주가 아니라 후백제에서 외조카를 빼오겠다는 내용일 수도 있고, 아니면 단순히 고향 청주로 가서 모든 가족들이 모여 살아야겠다는 푸념일 수도 있는 것이다. 염상은 고의적으로 어느 나라의 수도인지를 명확히 하지 않음으로써 마치 왕건에게 경종 일당이 집단적으로 고려에서의 이탈을 준비중이라는 인상을 심어주어 일부러 처형을 유도한 셈이다.

다만 그렇다고 처형에 반대의견을 낸 현율에게 불이익을 줄 의사는 왕건에게 전혀 없었다. 오히려 5일 후인 9월 20일에 왕건은 그를 병부낭중(兵部郎中)으로 임명하였다. 사실 처음에는 그를 순군낭중(徇軍郎中)으로 발령내려고 하였으나, 마군장군 배현경과 신숭겸 등이 나서서 불과 며칠 전의 임춘길 반란모의 사건을 들어 반대했다. 임춘길이 그럴 수 있었던 것은 병권을 쥔 데다가 뒷배로 청주 지역을 믿고 있었기 때문이라는 것이었다. 그러니 이번에 또 다시 청주인 현율을 병권이 있는 순군낭중으로 삼으면 위험하다는 의견에, 염상 때처럼 또 다시 귀가 솔깃했던 왕건은 결국 그를 순군 대신 병부로 소속을 변경하여 임명하였다.

어쨌거나 청주의 불온한 움직임은 지속되고 있었다. 이번에는 청주의 통치자가 직접 반란을 모의하였다. 그는 진선(陳瑄)이라는 인물이었다. 그외에 달리 기록이 남아 있지 않아 자세한 내막은 알 길이 없지만, 그의 직급이 파진찬이었다는 사실은 주목해볼 만하다. 참고로 신라의 관등 체계를 후백제와 고려 모두 다 사용하고 있었기 때문에 그가 신라의 관등으로 불린 것 자체는 별다른 문제는 아니지만, 파진찬이 17관등 중 4등급으로 신라로 치면 진골의 왕족쯤 되어야 받을 수 있는 높은 등급이라는 게 놀라운 부분이다. 비교하자면 왕건이 궁예 휘하에서 시중이라는 최고위 직책을 받았을 때 그의 직급이 파진찬이었다. 나름 그 당시 청주의 위상이 얼마나 높았었는지를 미루어 짐작할 수 있겠다. 여하튼 진선은 동생 선장(宣長)과 함께 사전 모의한 것이 발각되어 10월 21일 처형되는 것으로 사건은 종결되었다.

그렇게 다사다난했던 918년의 후반이 겨우 지나가고, 이제 919년이 되어 가을에 처음으로 왕건은 말도 많고 탈도 많은 청주를 전격 방문키로 하였다. 이상의 여러 사건들은 겉으로 드러난 문제들이었을 뿐, 여전히 청주가 고려에 완전히 복속되지 않은 상태이다보니 왕건이 직접 나서서 온갖 유언비어가 난무하는 청주의 지역 민심을 잡아보겠다는 복안이었던 것 같다. 8월 9일에 그는 직접 청주에 들러 위무한 후 성을 쌓도록 명하고는 수도 개경으로 돌아갔다. 참고로 한참 후인 930년에 청주에 나성(羅城)을 쌓았다는 기록이 있는 것을 보면 이때부터 나성을 쌓기 시작하여 930년에 마무리가 된 것인가 추정된다. 다만 축성 기간이 너무 긴 것은 아마도 그 사이에 후백제와의 격전이 계속해서 이어졌다보니 집중해서 작업을 마무리하지 못한 탓은 아닐까 싶다.

그래도 이때의 방문 덕분이었는지 청주에서의 사건사고는 확연히 줄어들었다. 허나 그렇다고 해서 청주의 신세가 개선된 것은 아니었다. 927년 8월에 청주에서 그리 멀지 않은 고사갈이성(高思葛伊城, 경상북도 문경)의 성주 홍달(興達)이 자진해서 고려로 투항해 오는 일이 있었다. 그러자 인근의 후백제 관할의 성들도 여럿 고려에 성문을 열었고, 이 소식에 왕건은 너무도 기쁜 나머지 홍달에게 청주를 녹읍(祿邑)으로 주겠다며 선심을 썼다. 참고로 현대적인 세금 체계와 달리 이 당시만 해도 정부는 관리들에게 봉급을 줄 때 조세를 수취하여 나누어주는 방식이 아니라 아예 세금을 받을 지역을 관리에게 배정해주는 방식으로 운영하였는데 이를 녹읍 제도라고 한다. 조세 수취권일 뿐 지역 통제의 직접 권한을 준 것은 아니었지만 사실상 지역에 대한 영향력을 갖게 되는 효과가 있는 만큼, 가뜩이나 골칫거리인 청주 이슈를 넘겨버린 건 아니었을까 싶기도 하다. 그의 근거지와 청주 사이에는 속리산이 가로막고 있어서 직선 거리에 비해서 실질적인 이동이나 교류는 쉽지 않기 때문이다.

또 다음 해인 928년 7월 왕건이 직접 군대를 동원하여 삼년산성(三年山城, 충청북도 보은) 공격에 나섰을 때였다. 다만 함락시키는 데에는 실패하고 가까운 청주로 퇴각하였다. 이때 마침 후백제의 장군 김훤(金萱), 애식(哀式), 한장(漢丈) 등이 3천 명의 병력을 이끌고 청주를 침공하였다. 아마도 후퇴하는 왕건을 노렸던 것이 아닐까 싶은데, 그래서 왕건은 좀 더 후방인 중원부(中原府, 충청북도 충주)로 물러나야만 했다. 다행이었던 점은 당시에 유금필이 청주보다 서쪽에 위치한 탕정군(湯井郡, 충청남도 아산)에 있다가 소식을 듣고는 곧장 청주로 달려가서 후백제군을 패퇴시켰다는 것이었다. 자칫 청주 땅에서 왕건의 운명이 갈릴 뻔한 위급한 사건이었다.

930년 8월 12일에 왕건은 재차 청주를 방문하였는데, 아마도 이때 완공된 나성을 보러 온 것은 아니었을지 싶다. 어쨌든 공식적으로는 왕건이 청주를 방문한 것은 이때가 마지막이 된다. 더 이상 청주에는 신경을 쓸 필요가 없어졌다고 판단하였던 것일까.

물론 왕건이 청주인을 한없이 홀대만 한 것은 아닐 테지만, 그역시 누구나 그렇듯 고정관념과 편견을 가졌던 한 명의 불완전한 인간이었을 따름이다. 그의 속마음을 알 수 있는 글이 있다. 바로 「훈요」이다. 대외 공표를 위해 작성한 것이 아니라 후대의 국왕들을 위해 그가 남겼다는 글이니 있는 그대로의 그의 생각을 읽어볼 수 있을 것이다. 원문은 조금 길지만 관련된 부분만 발췌하여 살펴보자.

차현(車峴) 이남과 공주(公州)의 강 바깥쪽은 산의 모양과 땅의 기세가 모두 배역(背逆)의 형세이니 그곳 사람들의 마음도 마찬가지이다. 그 아래 지방 사람들이 정부 요직에 들어오거나 왕실과 혼인하여 국정을 장악하게 되면 국가에 변란을 일으킬 수도 있고, 혹은 병합당한 원한을 품고 왕좌를 넘보고 반란을 일으킬 수도 있다. 또 일찍이 관청 및 사원에 속해 있는 노비나 포구 및 역참에서 일하는 천민들이 권력자에게 의지하여 신분을 옮기거나 부역을 면제받기도 할 것이며, 왕가의 궁전에 빌붙어 간교한 말로 권력을 농단하고 정사를 어지럽힘으로써 변고를 일으키는 자가 반드시 있을 것이다. 비록 양민이라 할지라도 관직을 주어 큰일을 하게 두어서는 안 된다.

김정호의 『대동여지도』를 찾아보면 사실 차현(車峴)은 지금의 천안 서쪽에, 비슷한 이름의 차령(車嶺)은 천안 남쪽에 위치한다. 역사속에는 워낙에 동명의 장소들이 동시다발적으로 여럿 존재하고, 차령도 령(嶺) 치고는 높이 190m에 불과해 상대적으로 낮은 현(峴)으로 불러도 무방한 데다가, 또 둘의 거리 차가 아주 크지 않으므로 엄밀히 구분하지 않아도 무방할 듯하다.

여기서 중요한 부분은 차현이남(車峴以南) 공주강외(公州江外)라는 표현이다. 이를 전통적으로는 전라도 차별의 오랜 근거로 들기도 하였지만, 정말로 전라도를 지목하려고 했으면 차현이남만 쓰든 공주이남이라고 통칭하든 그저 남쪽 방향을 가리키는 표현 하나면 충분했을 것이다. 그런데 차현 아래이자 공주의 강 바깥 부분이라고 콕 집어 말했다는 것은 사실 어느 한 지역을 특정하기 위해서였음이 분명하다.

참고로 조선시대 실학자 이중환의 『택리지(擇里志)』에서도 예컨대 청주와 맞닿아 있는 공주(公州)를 설명할 때 "차령 남쪽 금강의 양지(車嶺南 錦水之陽)"라고 표현하였다. 양(陽)은 산의 남쪽이나 하천의 북쪽, 혹은 바깥 지역을 일컫는 말인데, 이를테면 『발해고』의 저자로 유명한 류득공의 기행문인 난양록(灤陽錄)은 난양, 곧 난하(灤河)의 북쪽 땅에 대한 기록이란 뜻이다. 이로써 보면 왕건이 말한 공주의 강 바깥이라고 표현한 것과 이중환이 충청도 일부를 설명하면서 한 기술은 사실상 일치하는 셈이다.

즉 「훈요」에서 지칭하는 지역은 택리지에서 묘사한 공주와 마찬가지로 차령 이남에 오늘날 금강 지역의 북부 어딘가이고, 그렇다면 그곳은 왕건의 속을 그렇게도 썩였던 청주였을 가능성이 매우 높을 수밖에 없다. 물론 속마음 그대로 아예 청주 지역이라고 호명하였다면 이런 추론을 거칠 필요도 없었겠지만 말이다.

지역 차별에 대한 오랜 오해를 풀자면, 딱히 후삼국시대를 거치면서 왕건이 전라도 전역에 대해 앙심을 품을 만한 일이 있지는 않았다는 점이다. 후백제의 견훤과 오랜 대립을 하였던 것을 떠올릴 수도 있겠으나, 사실 견훤은 오히려 왕건에게 항복하여 후백제군의 자멸을 도모하는 촉매제로 큰 역할을 해주었고, 그 직후에 신라 역시 견훤을 따라 고려에 자진하여 투항하게 되니 그 역시 왕건에게 큰 도움이 된 사례일 뿐이다. 그는 견훤을 상보로 모시고, 함께 투항해온 박영규와 그의 아내를 형님과 누님이라고 부를 정도로 각별히 대우했다. 심지어 박영규의 딸을 왕건은 자신의 17번째 아내로 받아들인 것은 물론, 자신의 둘째 아들인 정종의 아내로도 그의 또 다른 딸을 둘이나 맞아들이게 하였다. 이렇듯 혼인관계상 왕건과 견훤 가문은 직접적 혈연관계로 맺어지게 된 셈이니 신라의 경순왕 김부와 마찬가지로 고려 왕가의 일원으로 공식적으로 후백제 왕실을 대우한 것이다.

오히려 이 차현과 공주강이라는 지역을 유심히 따라가보면, 오늘날 차령산맥의 동남쪽 아래와 공주를 둥글게 휘어 흐르는 금강의 동북쪽 바깥 지역에는 바로 청주 일대가 자리잡고 있다. 해석하기에 따라서는 특정하기도 어려운 그 넓은 전라도의 모든 땅을 가리키는 것이 아니라, 구체적으로 어느 한 곳, 즉 청주만 정확히 지목하고 있는 것이 아닐까 싶은 부분이다. 지금도 그렇지만 조선시대 한양에서 충청·전라·경상도의 삼도로 이어지는 교통의 요지는 천안인데, 이곳을 자주 통과하였던 왕건의 지리적 경험에 따르면 이곳에서 차현을 건너 남쪽으로 내려가면 공주를 따라 흐르는 강이 있고, 그 둥글게 휜 모습의 강 바깥쪽에는 그리도 그의 속을 썩였던 청주가 평야 한복판에 떠하니 자리잡고 있는 게 유달리 눈에 띄었을 것이다. 더욱이 「훈요」의 원문대로 강제로 '병합당한 원한'을 가질 만한 지역으로는 후삼국 시기에 청주를 으뜸으로 꼽지 않을 수가 없다.

실제로 왕건을 긴 시간 동안 괴롭혔던 지역은 역사기록 그대로 따라가보면 전라도 지역이 아니라 청주 일대였다. 그의 건국 직후부터 지속적으로 크고작은 반란을 일으킨 이들이 바로 청주인들이었다. 청주인이 명확한 임춘길 외에도 출신은 나와 있지 않지만 왕건의 쿠데타에 동참한 철원경 주민이었던 환선길(桓宣吉) 형제 같이 나중에 왕건을 상대로 반란을 모의한 이들도 본래는 청주 출신이었을 개연성이 높다. 아무리 궁예가 황제로서의 권위에 심취하여 지역민들을 너무 괴롭히는 바람에 마음이 돌아섰다고는 해도 수도 철원경의 실질적인 주인은 곧 청주인들이었다. 왕건은 치세 기간 내내 이들 청주인을 끊임없이 신경썼다. 이들이 어떤 생각을 하는지 모르겠기에 더욱 더 의심하고 점점 더 차별의식이 강화되었던 것은 아닐까.

게다가 29명의 그의 아내들 출신지를 보면 전라도에서 두 명이 있고, 충청도에서는 충주나 홍주(충남 홍성)까지도 나타나지만, 그와 그토록 인연이 길고도 깊었던 청주만큼은 여기서 열외이다. 뿐만 아니라 왕건의 휘하 장수들과 신하들 중에서도 청주 출신은 찾아보기가 어렵다. 『고려사』「열전」을 보면 유일하게 청주에서 항복해온 장군 견금이 나오는데, 그마저도 같은 청주인들의 배신 움직임을 밀고하는 에피소드만 전하고 있을 따름이다.

물론 청주인들 중에도 신생국 고려에 협조적인 사람들이 있었고 또 당연히 쿠데타의 정당성에 의문을 던지고 마음으로 복종하지 않는 이들도 있었을 것이다. 다만 철원경의 인구구성상 청주 출신들이 상당수였다보니 왕건의 눈에 이들이 자꾸만 밟힐 수밖에 없었을 듯하다. 그러나 청주인들도 결국엔 자신들의 정의와 또 그들만의 이익을 위해 사고하고 행동했을 뿐이었다. 그렇기에 의리보다 실리가 중요했던 난세를 살았던 그들은 신생국 고려든 경쟁국 후백제든 자신들 나름의 선택을 하였던 것뿐이다.

영웅들의 시대를
마감하며

후삼국은 수많은 잠룡과 이무기들이 판을 친 시대였다. 죽주(경기도 안성)를 기반으로 잠깐이나마 지역에서 기세를 떨쳤던 기훤(箕萱)은 인재를 못 알아보는 좁은 시야로 인해 빠르게 소멸되었고, 북원(강원도 원주)의 강자 양길(梁吉)은 처음에는 포용력 있는 자세로 인재들을 끌여들였지만 체계적인 관리능력의 부족으로 중앙집권화에 실패하면서 실력자를 양산해주는 마중물 역할로 머물고 말았다. 또 강주(경상남도 진주)의 왕봉규(王逢規)나 김해의 소율희(蘇律熙)처럼 국제외교에까지 뛰어들 정도로 지방에서 세력을 쌓아 나름의 야심을 펼쳐보였던 인물들도 있었지만, 시대의 격랑 속에 자연히 휩쓸려 사라져버린 이들도 여럿 있었다.

하지만 시간이 흐름에 따라 야심은 있었어도 스스로 인생의 승부를 볼 만큼의 무모함은 갖추지 못한 다수는 거대한 세력에 합류하는 선택을 보였다. 궁예 휘하에 있다가 시류에 따라 고려의 건국과 함께 말을 갈아탄 광해도(강원도 춘천)의 박유(朴儒), 염주(황해도 연안)의 윤선(尹瑄)이나 태평(泰評)같은 이들도 부지기수였다. 또 명주(강원도 강릉)의 순식(順式)은 고민 끝에 고려로 뒤늦은 합류를 했고, 후백제 출신으로 연산(충청북도 청주와 보은 사이)의 공직(龔直) 역시 견훤을 배신하고 왕건을 선택하였으며, 후백제에서 견훤의 사위였던 순주(전라남도 순천)의 박영규(朴英規)는 견훤을 따라 고려로의 귀순을 결정하였다. 당연히 끝없이 쇠락해가던 신라에서도 재암성(경상북도 청송)의 장군 선필(善弼)처럼 미래를 내다보고 고려로 투항해온 이들이 많을 수밖에 없었다. 이들 중 다수는 그 덕분에 태조 왕건과 혼인 동맹을 맺는 관계까지 나아갈 수 있었고, 일부는 심지어 왕실의 성씨를 하사받기까지 하였다.

그럼에도 모두가 거시적인 시대의 흐름에 올라타지는 않았다. 난세 속에 누군가는 인생의 베팅을 하였고, 또는 난세여도 누군가는 충성을 다하는 선택을 하였다. 그들 각자는 자신에게 이익이 되는, 혹은 자신이 옳다고 생각하는 그런 자신만의 인생을 살았던 것이다. 역사란 모름지기 승자의 기록인 만큼 이들을 일일이 찾아서 호명할 수는 없지만, 영웅들에 가려져 한낱 배신자로 낙인찍힌 수많은 이들이 바로 그들이다.

이뿐만이 아니다. 지배층에 의해 기록된 역사를 읽다보면 종종 마주치게 되는 존재들이 있다. 표현은 다양하긴 해도 결론적으로는 모두 동일하다. 바로 도적떼이다. 흥미롭게도 이들은 결코 평화롭고 풍요로운 시기에 나타나는 법이 없다. 언제나 사회가 혼란한 시절에 등장한다. 『삼국지』의 황건적(黃巾賊)을 떠올리면 정확히 들어맞는다. 그들도 이름 끝에 도적(賊)이라는 꼬리표가 붙어 있다. 그리고 대부분은 자신들의 이름을 남기지 못한다. 간혹 우두머리라는 명목으로 한두 명의 이름이 남으면 그나마 다행이다.

그런데 역사에서 기록한 대로 이들은 정말 일개 도적단에 불과할까? 오늘날 실체를 구체적으로 규명할 길은 없지만 이들도 처음부터 약탈자가 될 생각은 없었을 것이다. 이들도 결국은 어려운 시대가 낳은 불운한 존재들이지 않았었을까? 힘이 없으면 끝내 굶어죽는 것이고, 그나마 모여서 힘을 갖추면 도적단 내지 반란세력이 되는 것이며, 그러다 우연히 한 지역을 차지해 자리잡는 데 성공한다면 지방 호족이 될 테고, 이들 모두를 아우르는 규모로 성장한다면 건국까지 노려볼 수 있는 어마어마한 인생의 기회를 갖게 되는 것이 아니겠는가. 다수의 불행이 누군가에게는 일생일대의 기회가 되기도 한다는 것은 인간 사회가 갖는 본질적 비극일 것이다.

참고자료

고려사(高麗史), 고려사절요(高麗史節要), 삼국사기(三國史記), 삼국유사(三國遺事), 제왕운기(帝王韻紀), 발해고(渤海考), 동사강목(東史綱目), 요사(遼史), 금사(金史), 고려도경(宣和奉使高麗圖經), 부상략기(扶桑略記), 동경잡기(東京雜記), 보한집(補閑集), 택리지(擇里志), 대동여지도(大東輿地圖)

강봉룡 外, 『해양강국 고려와 전남』, 민속원, 2019

강봉룡 外, 『후백제와 견훤』, 서경문화사, 2021

국사편찬위원회, 『한국사 11 : 신라의 쇠퇴와 후삼국』, 탐구당, 2013

이정철, 『권력이동으로 보는 한국사』, 역사비평사, 2021

김갑동, 『고려 태조 왕건정권 연구』, 혜안, 2021

김갑동, 『고려의 후삼국 통일과 후백제』, 서경문화사, 2010

김갑동 外, 『고려의 왕비』, 경인문화사, 2015

김광철 外, 『고려시대 경남 사람들』, 도서출판 선인, 2019

김당택 外, 『고려의 후삼국통합과정과 나주』, 경인문화사, 2013

김대식, 『고려전기 중앙관제의 성립』, 경인문화사, 2010

김명진, 『고려 태조 왕건의 통일전쟁 연구』, 혜안, 2014

김명진, 『통일과 전쟁, 고려태조 왕건』, 혜안, 2018

김보광 外, 『고려의 국왕』, 경인문화사, 2015

김용선, 『고려 사회 사람들』, 일조각, 2018

김용선, 『궁예의 나라 태봉』, 일조각, 2008

김창겸, 『고려 초기 정치사회사』, 선인, 2022

김창현, 『고려의 여성과 문화』, 신서원, 2007

김창현, 『광종의 제국』, 푸른역사, 2008

김학준, 『남북한문전 3 - 중세: 통일신라·발해·후삼국·고려』, 단국대학교출판
부, 2019

남무희, 『김부대왕 연구』, 서경문화사, 2013

류영철, 『고려의 후삼국 통일과정 연구』, 경인문화사, 2004

문경호, 『바다에서 발굴한 고려사』, 푸른역사, 2023

문안식, 『후백제 전쟁사 연구』, 혜안, 2008

박순교, 『경애왕 - 과거의 기록, 그리고 진실』, 도서출판 지성인, 2022

박종기, 『고려 열전』, 휴머니스트, 2019

박종기, 『고려의 부곡인, <경계인>으로 살다』, 푸른역사, 2012

변동명 外, 『견훤의 후백제 건국과 광주』, 전남대학교출판부, 2023

부경역사연구소, 『10세기 인물 열전, 쇠유리부터 능창까지 후삼국 22인의
삶』, 푸른역사, 2002

사람으로 읽는 한국사 기획위원회, 『왕조의 마지막 풍경』, 동녘, 2008

신성재, 『후삼국시대 수군활동사』, 혜안, 2016

신성재, 『후삼국 통일전쟁사 연구』, 혜안, 2018

신호철 外,『나말여초 신숭겸 연구』, 경인문화사, 2016

신호철,『후삼국사』, 개신, 2008

신호철,『후삼국시대 호족연구』, 개신, 2003

우재훈,『개혁군주 광종』, 북랩, 2017

유득공,『열하를 여행하며 시를 짓다』, 휴머니스트, 2010

이경식,『고려전기의 전시과』, 서울대학교출판부, 2007

이도학,『궁예 진훤 왕건과 열정의 시대』, 김영사, 2000

이도학,『진훤이라 불러다오』, 푸른역사, 1998

이도학,『후백제 진훤대왕』, 주류성, 2015

이도학,『후백제사 연구』, 학연문화사, 2022

이도학,『후삼국시대 전쟁 연구』, 주류성, 2015

이문영,『하룻밤에 읽는 남북국사』, 페이퍼로드, 2025

이바른,『고려시대 외국인 이주 연구』, 고려대학교 민족문화연구원, 2022

이병희,『고려시기 사냥꾼 양수척과 정주 사회』, 경인문화사, 2022

이재범,『슬픈 궁예』, 역사인, 2011

이정철,『권력이동을 보는 한국사』, 역사비평사, 2021

이정훈,『고려전기 정치제도 연구』, 혜안, 2007

이홍두,『한국중세 부곡 연구』, 혜안, 2006

전북전통문화연구소,『후백제 견훤정권과 전주』, 주류성, 2001

정해은,『고려, 북진을 꿈꾸다』, 플래닛미디어, 2009

조인성,『태봉의 궁예정권』, 푸른역사, 2007

최규성, 『고려 태조 왕건 연구』, 주류성, 2005

충남대학교 백제연구소, 『후백제와 견훤』, 서경문화사, 2000

태봉학회 外, 『신라의 쇠퇴와 후삼국의 성립』, 주류성, 2021

태봉학회 外, 『태봉 철원도성 연구』, 주류성, 2019

태봉학회 外, 『태봉의 문화유산』, 주류성, 2023

홍원기, 『고려전기군제연구』, 혜안, 2001

웹사이트

국사편찬위원회 한국사데이터베이스(db.history.go.kr)

한국고전번역원 한국고전종합DB(db.itkc.or.kr)

국립중앙박물관 e뮤지엄(emuseum.go.kr)

국가유산청 국가유산포털(heritage.go.kr)

국립문화유산연구원 국가유산지식이음(portal.nrich.go.kr)

한국학중앙연구원 한국민족문화대백과사전(encykorea.aks.ac.kr)

서울대학교 규장각한국학연구원(kyudb.snu.ac.kr)

위키피디아(wikipedia.org)

태봉국 궁예왕 역사공원(cwg.go.kr/tour/contents.do?key=1904)

지은이 | 우재훈

펴낸이 | 최병식

펴낸날 | 2026년 5월 11일

펴낸곳 | 주류성출판사

주소 | 서울특별시 서초구 강남대로 435 주류성빌딩 15층

전화 | 02-3481-1024(대표전화)   팩스 | 02-3482-0656

홈페이지 | www.juluesung.co.kr

값 20,000원

잘못된 책은 교환해 드립니다.

ISBN 978-89-6246-573-0 03910